O TEMPO
DOS
HISTORIADORES

Dados Internacionais de Catalogação na Publicação (CIP)
(Câmara Brasileira do Livro, SP, Brasil)

Barros, José D'Assunção
O tempo dos historiadores / José D'Assunção
Barros. – Petrópolis, RJ : Vozes, 2013.

Bibliografia
ISBN 978-85-326-4671-2

1. Historiografia 2. Tempo – Filosofia
I. Título.

13.10057 CDD-907.2

Índices para catálogo sistemático:
1. Tempo histórico : Historiografia 907.2

JOSÉ D'ASSUNÇÃO BARROS

O TEMPO DOS HISTORIADORES

Petrópolis

© 2013, Editora Vozes Ltda.
Rua Frei Luís, 100
25689-900 Petrópolis, RJ
Internet: http://www.vozes.com.br
Brasil

Todos os direitos reservados. Nenhuma parte desta obra poderá ser reproduzida ou transmitida por qualquer forma e/ou quaisquer meios (eletrônico ou mecânico, incluindo fotocópia e gravação) ou arquivada em qualquer sistema ou banco de dados sem permissão escrita da editora.

Diretor editorial
Frei Antônio Moser

Editores
Aline dos Santos Carneiro
José Maria da Silva
Lídio Peretti
Marilac Loraine Oleniki

Secretário executivo
João Batista Kreuch

Editoração: Maria da Conceição B. de Sousa
Projeto gráfico: Alex M. da Silva
Imagem da capa: Batalha de Campo Grande – 1877, Pedro Américo de Figueiredo e Melo
Capa: WM design

ISBN 978-85-326-4671-2

Editado conforme o novo acordo ortográfico.

Este livro foi composto e impresso pela Editora Vozes Ltda.

SUMÁRIO

Apresentação, 7

Primeira parte – Tempo histórico: horizontes e conceitos, 11

1 Introdução ao tempo histórico, 13

2 O tempo, conceitualmente, 30

Segunda parte – Tempos para entender a História, 45

3 Os tempos da História: do tempo mítico aos tempos da historiografia, 47

4 Contribuições dos *Annales* para uma nova visão do tempo histórico, 95

5 Relações entre presente, futuro e passado: Koselleck, Hannah Arendt e Kafka, 135

Terceira parte – Tempos para escrever a História, 165

6 Tempo e narrativa: as propostas de Paul Ricoeur, 167

7 Retrodição: um problema para a construção do tempo histórico, 205

8 Novos modos de narrar o tempo histórico, 246

Referências, 265

Índice onomástico, 285

Índice remissivo, 289

Índice geral, 293

APRESENTAÇÃO

As tentativas de compreender o tempo são tão antigas quanto a humanidade. Filósofos, cientistas, poetas, historiadores e antropólogos, entre outros tipos de pensadores, há muito fazem perguntas sobre o tempo: ele existe mesmo fora do homem? O quanto dele é criação humana? Que forma tem o tempo? Será ele um círculo, uma espiral, uma linha reta? No caso da História – ou do tempo dos historiadores – como conciliar o tempo da história vivida, o tempo da pesquisa, e o tempo da narrativa?

Este livro é atravessado por indagações como estas. Seu objeto central de interesse, todavia, é o tempo histórico. Em oito ensaios interligados, busca-se abordar o tempo conceitualmente, historicamente, estilisticamente, sendo que cada uma destas três operações corresponde às três partes da obra que abrigam os diversos capítulos. Veremos, então, que há um tempo que precisa ser compreendido conceitualmente, um tempo que precisa ser evocado para o entendimento da História, e um tempo que interage com a escrita da História. Ao examinarmos o tempo em suas relações com cada uma das três operações, discutiremos temas como a apreensão do fluxo histórico, as relações entre presente e passado, as maneiras de conceber e representar o tempo, a pesquisa e constituição de um tema histórico de estudo, ou os modos narrativos disponíveis aos historiadores.

O primeiro capítulo, ao inaugurar a primeira parte, apresenta uma reflexão sobre os principais aspectos que estão envolvidos na construção do tempo histórico. Partindo inicialmente de uma discussão da própria definição de História em relação ao tempo, veremos que o tempo dos historiadores integra necessariamente instâncias que remetem a um tempo humano, social, flexível, mensurável, ordenado, territorializado e narrativo. Aqui são apresentados aspectos que serão discutidos com maior profundidade nos demais capítulos deste livro.

No segundo capítulo, tentaremos apreender o tempo conceitualmente, bem como discutir todas as noções que são fundamentais para o trabalho dos historiadores com a temporalidade. Conceitos como os de duração, evento, estrutura, processo, entre diversos outros, constituem a base do segundo ensaio desta série.

O terceiro capítulo – introduzindo a parte do livro que aborda as relações do tempo com as formas criadas pelos historiadores para o entendimento da História – aventura-se por uma investigação histórica sobre duas diferentes concepções do tempo: como círculo, ou como uma linha que aponta irreversivelmente para o futuro. O tempo circular do mito, um modelo de compreensão do tempo familiar a diversas sociedades, é contraposto aqui ao tempo linear que surge com o cristianismo, e que prossegue com a historiografia ocidental. O ensaio busca compreender os modos de representação do tempo que foram desenvolvidos em momentos diversos da história do pensamento ocidental, como no mundo do Iluminismo revolucionário, do historicismo oitocentista ou do tempo dialético trazido ao cenário historiográfico pelo materialismo histórico.

Propondo uma continuidade em relação a este ensaio, o quarto capítulo analisa um dos conjuntos mais consistentes e criativos de inovações na renovação das formas de representar o tempo. As novas possibilidades de tratamento historiográfico do tempo trazidas pela Escola dos *Annales* – este importante movimento de historiadores franceses do século XX – permitirá que aqui abordemos conceitos e concepções como a "longa duração" e a possibilidade de pensar o tempo a partir da ideia de uma "dialética de durações".

O quinto capítulo tem por objeto as densas reflexões e pesquisas sobre o tempo desenvolvidas por Reinhart Koselleck, historiador recente que ofereceu à História um dos sistemas mais consistentes para pensar o tempo e as relações entre as três instâncias da temporalidade: passado, presente e futuro. O trabalho de Koselleck será contraposto a reflexões análogas que foram desenvolvidas pela cientista política Hannah Arendt, em uma série de pequenos ensaios nos quais esta pensadora húngara examinou a sensação contemporânea de quebra entre o presente e o passado.

Em seguida, iniciando a terceira e última parte deste livro, uma aprofundada discussão sobre as abordagens do tempo desenvolvidas por Paul Ricoeur – filósofo francês que tinha a História e a temporalidade como dois de seus principais temas de reflexão – possibilitará que nos aproximemos de algumas perguntas fundamentais que se relacionam à conciliação entre tempo e narrativa. Entre os tempos externo e interno ao homem, como se situa este terceiro tempo que pode ser considerado o "tempo narrativo dos historiadores"? Quais as relações entre um autor, o seu texto e os leitores de uma obra? Como se dão as relações entre a narratividade histórica e a própria língua que a prefigura?

O problema da retrodição, um aspecto que afeta as possibilidades de narrativa historiográfica, é o objeto de reflexão do sétimo capítulo. Autores como Nietzsche, Walter Benjamin, Josep Fontana, Renajit Guha – os quais refletiram sobre este problema através de obras específicas ou de suas próprias realizações historiográficas – constituem a base para a discussão deste tema. Neste, e no último capítulo, já adentramos uma análise sobre os modos e estilos de se narrar a História, considerando que esta é a última etapa da operação historiográfica.

O oitavo capítulo, por fim, pergunta-se pelos modos criativos de trabalhar com o tempo ao nível da narrativa historiográfica. O que podem os historiadores, na ânsia de desenvolver novas possibilidades de expor os resultados de suas pesquisas, aprender com os literatos, artistas e cineastas? Como lidar mais criativamente com o tempo, quando se trata de construir uma narrativa que interesse mais vivamente ao leitor e que permita iluminar de novas maneiras os diversos processos históricos? A base fundamental deste último capítulo é a compreensão de que, além de cientistas e pesquisadores, os historiadores são também escritores que devem se preocupar com aspectos estéticos e estilísticos relacionados às formas de exposição de seus trabalhos.

Espera-se que o livro interesse não apenas aos historiadores e estudantes de História, como a todos aqueles que desejem compreender como os historiadores pensam, como eles enfrentam os dilemas trazidos pela temporalidade, como eles criam suas narrativas e conciliam uma história que deve ser contada com uma história que precisa ser pacientemente pesquisada nos arquivos, antes de ser trazida aos leitores de livros de história.

Primeira parte

TEMPO HISTÓRICO: HORIZONTES E CONCEITOS

1

INTRODUÇÃO AO TEMPO HISTÓRICO

O tempo na definição de História

O que traz à História a sua especificidade mais irredutível – aquilo que dela faz um campo de saber que não pode ser confundido com nenhum outro? Imaginem que nos fosse dada a tarefa de escolher, entre todas, uma única palavra que expressasse o que há de mais singular na História. Dificilmente encontraríamos uma palavra mais adequada para isto do que "tempo". De fato, se por acaso fosse possível excluir a perspectiva temporal do trabalho do historiador, este facilmente se transformaria em sociólogo, antropólogo, geógrafo, ou, em alguns casos, em psicólogo, linguista ou crítico literário. Não que a perspectiva temporal esteja necessariamente ausente de disciplinas como a sociologia, a geografia ou a antropologia (existem mesmo subáreas das demais ciências humanas que estendem um importante fio interdisciplinar em direção à História, tal como a sociologia histórica ou a linguística histórica). A questão é que, no caso da História, a perspectiva do tempo é visceral. Sem ela, os historiadores simplesmente não existem.

Esta consciência do tempo entre os historiadores pode ter variado consideravelmente no decurso da história da historiografia, ao adquirir as mais diversas formas e intensidades, mas de alguma maneira ela esteve sempre ali, desde os primórdios da prática historiográfica. Heródoto (485-420 aC) – responsável por consolidar a figura do historiador entre os gregos antigos – atribuía à palavra *istorie* as ideias de "relato" e "investigação" sobre as ações humanas[1]. Embora a noção de tempo ainda não ocupasse explicitamente o centro definidor do novo campo de práticas e saberes que ele estava apresentando aos seus contemporâneos, o fato é que as ações humanas que se passavam no tempo eram o seu objeto de investigação e relato[2].

Também não puderam se furtar à perspectiva temporal os escribas akkadianos do terceiro milênio antes de Cristo, que muito antes de Heródoto haviam sido incumbidos de escrever uma história laudatória da monarquia de Akkad (2270-2083 aC), na Mesopotâmia[3]. Eles tiveram a seu cargo a tarefa de registrar as vitórias e realizações de seus reis e de seu povo, rigorosamente inscritas em uma sequência temporal demarcada no interior de

---

1 Heródoto nasceu em 484 aC em Halicarnassos, uma localidade não muito distante de Miletos. O primeiro historiador grego viajou por inúmeros lugares, desde as cidades do Peloponeso e as cidades da Ásia Menor que eram colonizadas pelos gregos, até a Babilônia, Assíria, Pérsia, Egito, regiões da África, e também regiões ao norte, em torno do Rio Negro. No decurso destas viagens recolheu os materiais a partir dos quais produziu a sua *História*, um relato que leu publicamente em Atenas, o que lhe valeu um prêmio de dez mil talentos. Com isto, Heródoto estabelecia literalmente um novo gênero literário, e um novo tipo de saber, entre os gregos antigos.

2 Na *História* de Heródoto (450 aC), podemos surpreender dois sentidos para a palavra *Istorie*: "pesquisa" e "relato". De fato, no Prefácio da obra, "história" se refere a uma "pesquisa" conduzida sistematicamente e com o uso da razão; ao mesmo tempo, em diversas passagens do livro, aparecem os sentidos de "relatório", "relato", "narrativa"; em uma palavra: de "exposição dos resultados de uma pesquisa realizada". Cf. o livro VII, item 96 (1988: 365).

3 Sobre o estabelecimento de uma prática de relato histórico na monarquia de Akkad, antes de Heródoto, cf. Hartog, 2003, p. 13.

um ciclo demarcado pela dinastia a quem serviam. Podemos discutir até se este modelo de tempo era o mesmo dos historiadores de hoje, e considerar que de alguma maneira já tínhamos aqui uma espécie de tempo cíclico, uma vez que cada dinastia refundava o mundo mais uma vez e a medição do tempo voltava ao seu ponto de partida. De todo modo, o tempo já estava ali, soberano e altissonante, como dimensão instituidora de uma nova prática. A consciência do tempo, portanto, acompanha os historiadores desde os seus primórdios.

À medida que a prática historiográfica avança em direção à historiografia científica do período moderno – passando antes pelas experiências historiográficas da Antiguidade, Idade Média e primeira modernidade – a necessidade de definir a História nos termos de sua relação específica com o tempo vai se reconfigurando como uma questão de primeira ordem. A definição ou a forma desta relação entre História e tempo podia mudar, e de fato mudou muito em diversos momentos da história da historiografia, mas estabelecê-la e atualizá-la tornou-se a primeira tarefa dos historiadores. Houve uma época em que os historiadores, já sob a perspectiva de que a História é um saber dotado de cientificidade, contentaram-se em compreender a História como "estudo do passado humano". Marc Bloch considerou esta definição deficiente, e propôs um reajuste que até hoje é considerado eficaz: "a História é o estudo [ou a ciência] dos homens no tempo"[4].

---

4 No início do segundo item do primeiro capítulo de *Apologia da História*, Marc Bloch confronta a antiga definição: "Diz-se, algumas vezes, 'a História é a ciência do passado'; é [no meu modo de ver] um modo errado de se falar" (BLOCH, 2001: 5). Mais adiante, Bloch estabelece a sua própria definição: "a história é a ciência dos homens no tempo" (BLOCH, 2001: 55).

Já discutimos em um texto anterior[5] o fato de que a ideia de "estudo", a qual aparece em ambas as definições acima citadas, é particularmente sintomática, pois assinala um momento decisivo no século XIX em que a História passa a ser considerada uma forma de saber científico – no caso, uma ciência interpretativa, com seus métodos próprios e abordagens teóricas, e que deve se processar sob o *métier* de um novo tipo de estudioso e especialista que é o historiador (no sentido acadêmico)[6]. O historiador – no sentido moderno, e não no antigo – era a partir daqui esta figura de conhecimento que passava a contrastar com aquela que, no século XVIII, ainda estivera inserida embrionariamente dentro da polivalência do filósofo de tipo iluminista, a qual apresentava a História apenas como uma de suas inúmeras facetas.

Voltaire, David Hume, Montesquieu, assim como muitos outros intelectuais do período ilustrado, eram homens de extraordinária erudição que escreveram eventualmente obras de História, ao mesmo tempo em que se dedicavam à reflexão metafísica, estética, política, epistemológica, e isto no interior de uma mesma vida intelectual na qual também se dedicavam à literatura, à dramaturgia ou a outras formas de expressão. Jean-Jacques Rousseau (1712-1778), além de obras como o *Discurso sobre a origem da desigualdade* (1755), escreve óperas como *Le devin du village* (1752). Voltaire (1694-1778), além de suas obras históricas, escreve romances, peças de teatro, verbetes filosóficos, ensaios dedicados a variados campos de

---

5 O artigo ao qual nos referimos, publicado na revista *Vária História* (vol. 22, série 36, p. 460-475), deu origem à conferência "Espaço e História", publicada no livro *A expansão da História* por esta mesma editora (2013: 135-163).

6 Sobre a emergência da figura do historiador profissional, ver também o segundo volume da série *Teoria da História*, publicada por esta editora (BARROS, 2011-b).

estudo. David Hume (1711-1776), ao lado de sua *História da Inglaterra* (1754-1795), escreve tratados sobre ética, religião, pensamento científico, ou outros assuntos. Montesquieu (1689-1755), ao lado de obras literárias e filosóficas diversas, incluindo o notório ensaio de teoria política que recebeu o título de *O espírito das leis* (1748), é também o autor de uma acurada análise sobre as *Causas da grandeza e declínio do Império Romano* (1734). Essa tendência à livre circulação através dos mais diversos objetos de interesse científico, artístico e literário contrasta bastante com a imagem de especialista que vai ser construída para o historiador no século XIX.

Vamos nos permitir a uma rápida digressão. Perceba-se que, imediatamente atrás de cada um dos nomes citados no parágrafo anterior, e de cada uma das obras às quais nos referimos, foram colocadas datas que se relacionam, respectivamente, a um período de vida humana ou a uma realização autoral inscrita em um momento muito específico no tempo. Esta prática é tipicamente historiográfica. Quando já não conseguimos escrever um único nome humano sem datar entre parêntesis o início (e, se for o caso, o fim) de sua existência vital, ou quando não conseguimos mencionar uma única obra literária ou artística sem registrar o ano de sua autoria ou apresentação pública, já nos tornamos historiadores. Situar todas as coisas no tempo – enxergá-las sob a perspectiva de que cada uma delas interage e ajuda a constituir um contexto, unindo-se a uma vasta rede de outras coisas que também se inscrevem no tempo – é típico da História. Os historiadores estão presos ao tempo, literalmente. As datas, obviamente, estão longe de ser aqui o que mais importa. O que é visceral mesmo, em cada historiador, é a ideia de que tudo se inscreve no tempo, de que tudo se transforma – e de que devemos refletir de modo problematizado sobre cada uma destas transformações, deixando que incida sobre elas uma análise que será a nossa e que, de resto, também se inscreve no tempo.

Entrementes, voltemos ao nosso ponto. Se no século XVIII são produzidas muitas obras de história a partir da multiplicidade de talentos cultivados pelos filósofos iluministas, já a figura especializada do historiador moderno surge com uma História que, no trânsito do século XVIII ao século XIX, autodefine-se como um campo de saber científico, com assento na universidade ou em associações próprias que organizam a ideia de uma comunidade especializada de historiadores. É no seio desta comunidade de historiadores modernos – profissionais que se dedicam diretamente ao estudo da história humana, e, em geral, com exclusividade – que se estabelece com especial clareza a ideia de que a História é um "estudo", a qual aparece nas duas definições antes citadas.

Antes de se tornar "estudo", a História fora muitas coisas, inclusive algo que podia ser definido como o "*registro* do passado humano". A passagem do mero "registro" ao "estudo" é, como se disse, particularmente sintomática de uma nova postura dos historiadores frente a outros campos de saber. A História, aqui, estava reivindicando um certo estatuto de cientificidade. Por hora, retornemos ao que há de propriamente distintivo em definir a História como "estudo do passado humano" ou como "estudo do homem no tempo".

Quando se diz que "a História é o estudo dos homens no tempo", rompe-se com a ideia de que a História deve examinar apenas e necessariamente o passado. O que ela estuda, na verdade, são as ações e transformações humanas (ou permanências) que se desenvolvem ou se estabelecem em um determinado período de tempo, mais longo ou mais curto. Tem-se aqui o estudo de certos processos que se referem à vida humana numa *diacronia* – isto é, no decurso de uma passagem pelo tempo – ou que se relacionam de outras maneiras, mas sempre muito intensamente, com uma ideia de "temporalidade" que se torna central neste tipo de estudo. Vista desta maneira a partir da terceira década do século XX, a História expandia-se extraordinariamente no campo das ciências humanas. Com esta nova redefinição – constantemente confirmada por uma considerável e progressiva variedade de novos objetos e modalidades – a História assenhoreava-se, por exemplo, do mais recente de seus domínios: o tempo presente. Estudar o momento presente, com vistas a perceber como este momento presente é afetado por certos processos que se desenvolvem na passagem do tempo, ou como a temporalidade afeta de diversos modos a vida presente – incluindo aí as temporalidades imaginárias da memória ou da ficção – passava a ser também uma das tarefas do historiador.

Aqui retornamos ao início deste capítulo. Mesmo ao estudar o tempo presente, o historiador está ainda assim impregnado da perspectiva temporal. Isso o diferencia muito claramente do sociólogo ou do antropólogo que se volta para os mesmos objetos de estudo. De igual maneira, os historiadores também tomaram para seu objeto de estudo a literatura de todas as épocas, inclusive da sua própria. Todavia, a perspectiva temporal – a consciência permanentemente atualizada de que o seu objeto está enredado pelo tempo, e de que a própria análise do historiador que examina este objeto está ela mesma inscrita no seu tempo específico – diferencia o historiador do linguista ou do crítico literário que se debruçam sobre os mesmos objetos de análise. O tempo, enfim, é visceral entre os historiadores. Por outro lado, o tempo também é importante para os físicos, para os psicólogos, ou para os médicos que examinam a evolução de determinados sintomas em um organismo. Devemos nos perguntar, então, pela especificidade do "tempo dos historiadores". O que traz ao tempo histórico a sua própria especificidade?

Tempo humano e social

A primeira noção à qual precisamos dar forma de modo a refletir sobre o tempo histórico é a de que este é um tempo necessariamente *humano*. O tempo dos historiadores refere-se essencialmente à existência dos homens. O que de fato interessa a um historiador é a passagem do homem sobre a Terra, o que inclui tudo aquilo que, tocado pelo homem, transformou-se, e também aquilo que, vindo de fora, transformou a vida humana. As modificações na vida humana ao longo dos séculos, o confronto entre diversas sociedades, as múltiplas maneiras como se desenvolveu o poder no decorrer da existência das sociedades humanas, o surgimento e a elaboração da cultura, a luta pela sobrevivência com a concomitante edificação de um sistema de práticas que podem ser consideradas como a base da economia, o surgimento e desenvolvimento das mais diversas formas de expressão e criação, as mudanças nos modos de pensar e de sentir ao longo dos séculos, tudo isto, e também as interferências impostas pelos homens no seu meio ambiente, constituem objetos de interesse dos historiadores, sempre considerados sob a perspectiva de suas transformações e permanências no tempo.

O tempo dos historiadores, portanto, é sempre um tempo humano. Ele não é o tempo dos físicos ou dos astrônomos. Tampouco é o tempo dos calendários ou da mera cronologia, ainda que destes modos de situar o tempo objetivamente o historiador precise se valer no decorrer de suas narrativas e análises historiográficas. Ao lado disto, um físico ou um astrônomo que observam os fenômenos celestes, materiais ou geológicos também podem pensar historicamente; mas não se trata aqui, obviamente, da mesma história dos historiadores.

> É verdade, a linguagem, essencialmente tradicionalista, conserva o nome de história para todo estudo de uma mudança na duração. O hábito traz perigo, pois não engana ninguém. Há, nesse sentido, uma história do sistema solar, na medida em que os astros que o compõem nem sempre foram como os vemos. Ela é da alçada da astronomia. Há uma história das erupções vulcânicas que é, estou convencido disso, do mais vivo interesse para a física do globo. Ela não pertence à história dos historiadores (BLOCH, 2001: 53).

Um terremoto, ou uma erupção vulcânica – objetos de interesse de geólogos e cientistas de outros campos de saber – têm a sua história, por assim dizer. A duração de um fenômeno como esses será medida, monitorada, relacionada a um tempo no qual diversos fatos vão surgindo sequencialmente. O tempo da medida interna de fenômenos como o terremoto ou a erupção vulcânica é o tempo dos relógios de quartzo; entrementes, estes eventos serão datados objetivamente, com relação ao calendário, além de serem relacionados ao tempo específico do planeta. O tempo histórico, contudo, não está ainda presente. Ele é de outra ordem.

O terremoto, contudo, pode vir a interessar aos historiadores quando ele interage com as sociedades humanas. Neste momento, ele deixará de ser simplesmente um fenômeno físico mensurável com a escala de Richter para se transformar em um acontecimento de outra ordem. O terremoto de Lisboa, ocorrido em 1755, interessa aos historiadores na medida em que afetou determinadas sociedades. Ao afetar a vida de homens inseridos em determinado momento – e, mesmo, ao continuar interferindo na vida humana de outras épocas através da memória – o terremoto de Lisboa entrou para a história dos historiadores. Isto ocorre porque o terremoto, um acontecimento físico, passou a fazer parte aqui de um conjunto de fatos sociais, redefinindo a vida das sociedades que foram por ele afetadas e contribuindo para impor à sua história novas direções.

Se, decididamente, o tempo dos historiadores não é o tempo dos físicos – embora deste o tempo os historiadores possam se valer para operações objetivas de datação – o tempo da História também não é o tempo dos psicólogos que encaminham um determinado tratamento em relação a um indivíduo específico. Isto ocorre porque, embora tanto a História como a Psicologia tenham sua inscrição no mundo humano, o tempo dos historiadores, além de humano, é um tempo necessariamente coletivo. Podemos pensá-lo como um tempo social. A História, obviamente, pode interagir com a Psicologia – mesmo com aqueles campos da psicologia que se dedicam exclusivamente ao indivíduo – mas neste caso será sempre uma obrigação do historiador inserir o indivíduo em um tempo maior, que não é apenas o seu, mas também das comunidades em que ele vive, da civilização em que ele se inscreve, da política e das práticas culturais que o enredam.

Tempo elástico, tempo mensurável

O tempo dos historiadores – aliás, como o tempo dos psicólogos, de uma outra maneira – contrai-se e se dilata conforme as sensibilidades humanas que ele afeta:

> Cinquenta e dois meses de guerra entre 1914 e 1918 mantêm certa analogia com as semanas passadas entre a vida e a morte em um hospital. O tempo da guerra é muito longo... Por sua vez, o da Revolução ou o do Maio de 1968 passam bastante rapidamente. O historiador faz a contagem, às vezes, em número de dias, até mesmo de horas; e outras vezes, em meses, anos ou períodos mais longos (PROST, 2008: 96-97).

Assim como os homens tomados individualmente, as sociedades humanas também podem ser afetadas por distintas sensações de passagem do tempo. O tempo ora se alonga, ora se contrai. Ao mesmo tempo, o próprio historiador, em sua narrativa, terá de lidar com os efeitos de dilatação e contração do tempo, conforme veremos em um capítulo específico. Isto ocorre, obviamente, porque o historiador é também um escritor, que deverá construir um tempo narrativo para discorrer sob fatos e aspectos que pertencem ao tempo vivido.

Embora o tempo dos historiadores não possa ser confundido com o tempo do relógio e do calendário, em algum momento ele precisa comportar uma medição objetiva. Deste modo, os historiadores interagem com processos de medição diversos. Por isso, se o tempo dos historiadores comporta objetividades – se metaforicamente ele é um tempo elástico – aqui também teremos um tempo que não pode se furtar à datação, à inscrição do mundo humano no mundo extra-humano, no universo dos físicos e astrônomos. Os sistemas de datação, por outro lado, também são históricos. Ainda que tomem por referência os fenômenos físicos, existem inúmeras maneiras de se dividir o tempo (o calendário solar, o calendário lunar, são apenas dois exemplos de matrizes de medição do tempo que deram origem a uma diversidade de calendários criados nas mais diversas civilizações).

Com relação à utilização, pelos historiadores, de datas – estas que são os sinais mais visíveis de um esforço de medição objetiva – algumas palavras precisam ser ditas. Os leigos em História não raramente desenvolvem uma imagem bastante equivocada da História. Muitos imaginam que as datas constituem o produto que justifica a existência da História como um campo de saber que é ensinado nas escolas, e acreditam que o aprendizado de História faz-se na medida em que os estudantes tornam-se capazes de decorar datas. Quando encontram os historiadores, gostam de testá-los perguntando datas de acontecimentos, como se fosse isto o que atestará o conhecimento historiográfico.

Esse imaginário ampara-se na imagem de uma história factual, que não corresponde de nenhuma forma ao modelo de história problematizada que é o dos historiadores modernos. Se os historiadores utilizam-se de datas, elas não são obviamente o mais importante. Digamos que as datas desempenham um papel análogo ao que é desempenhado pelos tubos de ensaio (ou pelos aparelhos de medição de temperatura) na atividade dos químicos. Seria ridículo supor que os tubos de ensaio constituem o que há de mais importante na Química. Eles são apenas necessários. Os problemas da Química, evidentemente, vão muito além deles. Podemos indagar a partir daqui: O que representa uma data para um historiador?

Existe uma diferença muito grande entre a consideração de uma data por uma pessoa comum e por um historiador (ou por alguém que aprendeu a pensar historiograficamente, mesmo que não seja um historiador profissional). Ocorre algo similar a um "sintoma", quando este é observado diferenciadamente por um médico ou por uma pessoa desprovida de conhecimentos de Medicina. Quando uma pessoa comum percebe um sintoma, no seu próprio corpo ou no de outra pessoa, apreende-o apenas na sua externalidade. Ela o vê como uma corisa, um sangramento, uma pressão alta. Quando o médico percebe um sintoma, ao contrário, imediatamente ele pensa nas doenças, indisposições ou condições que podem estar por trás do sintoma. Através dos sintomas, os médicos enxergam distúrbios, doenças, crises que os produziram.

Essa capacidade de enxergar mais além e mais profundamente é o que se manifesta também quando um historiador olha para uma data. Enquanto uma pessoa comum vê na data apenas uma data, o historiador vê através dela um contexto, situa-a quase que automaticamente em conexão com certos processos, vislumbra um jogo de relações, apercebe-se da data como um ponto a partir do qual se pode estabelecer uma série de problematizações. Se um historiador assinala, entre parêntesis, que Montesquieu viveu entre duas datas específicas (1689-1755), ele o faz não apenas por um mero fetiche em relação às datas. Essa operação é apenas a ponta de uma operação à qual ele não pode se furtar. Ao situar uma vida entre duas datas, o historiador põe-se a perceber o contexto sob o qual floresceu aquela vida; pode examinar um homem ou uma mulher como filhos de seu tempo, ou como pessoas que viveram a transição entre dois tempos. As datas que pontuam uma trajetória de vida permitem conectar um indivíduo a outros de sua própria época, e também situá-los relativamente a indivíduos de outras épocas. As datas são apenas um instrumento a mais para a elaboração do tempo histórico, e para, a partir deste tempo, pensar problemas históricos específicos.

Ao olhar para uma data em uma folha de papel, portanto, o historiador enxerga muito mais além dos seus algarismos: ele enxerga uma época, uma sociedade, vidas humanas que foram vividas de uma maneira específica, e não de outra;

constrói uma distância em relação a si mesmo, formula determinados problemas. Não há nada mais irritante para um historiador, acredito, do que confundi-lo com um estudioso de datas. O tempo histórico é constituído por problematizações, por questões que são criativamente formuladas; apenas lateralmente o tempo dos historiadores se serve do tempo cronológico. Confundir um com o outro é pensar o historiador como um simples colecionador de fatos. É reduzir o seu trabalho a mera confecção de tubos de ensaio.

Um sinal evidente da necessidade de diferenciar enfaticamente o tempo cronológico e o tempo da História é a não coincidência entre os séculos dos historiadores e os séculos da cronologia, estes últimos contados de cem em cem anos. A proposta historiográfica que encontra mais respaldo entre os historiadores atuais, por exemplo, atribui novos limites ao século "XX", que não os do calendário secular tradicional. Ao invés de começar em 1901, o "século XX dos historiadores" inicia-se em 1914 – data de eclosão da primeira das duas grandes guerras mundiais, as quais encaminham a devastadora crise dos imperialismos europeus e preparam todo o contexto da Guerra Fria e do estabelecimento de uma política internacional bipolarizada entre os Estados Unidos e a URSS. Este mesmo século que começou um pouco mais tarde termina um pouco mais cedo, em 1989 ou 1991, conforme se queira – já que estas são as datas, respectivamente, da queda do Muro de Berlim e da desagregação da União Soviética, encerrando o período de bipolarização política. Ao mesmo tempo, os anos 1990 já introduzem uma verdadeira reconfiguração tecnológica. Por isso, o historiador Eric Hobsbawm subtitulou seu livro sobre o século passado (a *Era dos extremos*, 1994) como "o breve século XX". De igual maneira, os limites entre duas "eras" são sempre móveis, de acordo com a análise de cada historiador. Quando se encerra a Antiguidade Romana? Com o saque de Roma em 410, com a invasão vândala em 455, ou com a deposição de Rômulo Augusto em 476? Ou, mesmo antes, será que não devemos considerar, para finalidades de datação do fim da era antiga, a vitória devastadora dos godos sobre as legiões romanas em 378 dC? Ou talvez, quem sabe, rejeitando todas estas datas pontuais, o fim da Antiguidade não será melhor assinalado pelo novo papel que passa a desempenhar o cristianismo nas sociedades agrupadas sob a égide do Império Romano? Os tempos dos historiadores, enfim, não precisam fazer nenhuma concessão, se não quiserem, aos limites bem arrumadinhos dos séculos cronológicos.

Tempo ordenado, tempo territorializado

O tempo dos historiadores, deste modo, *ordena* (define origens para os processos que examina, atribui-lhes um sentido). Nesta operação, é já também um tempo territorializado. Ao definir sentidos e criar significados para os períodos de tempo que examina, os historiadores exercem poderes de diversos tipos (ou tornam-se instrumentos para o exercício destes poderes).

A demarcação das diversas épocas, conforme vimos no item anterior, constitui um dos sinais mais visíveis desta territorialização do tempo pelos historiadores. Vimos atrás como estão abertos os limites entre os grandes recortes que são habitualmente denominados de "eras", "idades", ou outras designações mais amplas. Quando termina a Antiguidade, e quando começa a Idade Média? Em que momento(s) esta última já começa a se transformar em uma Idade Moderna? Como denominar cada um destes períodos? Como lidar com recortes e designações que foram herdados de uma cultura histórica que já não é mais necessariamente a nossa, mas às quais já estamos demasiadamente habituados? Quais os limites destas escolhas de recortes no tempo, e quais são os seus potenciais de convencimento como períodos ou épocas que podem ser propostos para serem instrumentalizados, para questões mais gerais, por todos os historiadores?

Delimitar um grande período historiográfico no tempo, separando-o de outro que se estende atrás dele e de outro que começa depois, é uma operação que traz marcas ideológicas e culturais que nos falam da sociedade na qual está mergulhado o historiador, dos seus diálogos intertextuais, de visões de mundo que de resto vão muito além do próprio historiador que está estabelecendo seus recortes para a compreensão da História. Os próprios desenvolvimentos da historiografia – os novos campos históricos e domínios que surgem, a emergência de novas relações interdisciplinares, os enfoques e abordagens que se sucedem como novidades ou como reapropriação de antigas metodologias – trazem obviamente uma contribuição importante para que a cada vez se veja o problema da passagem de um a outro período histórico sob novos prismas. Ademais, é preciso lembrar que, ao se trabalhar sobre um determinado problema histórico, específico de uma certa pesquisa, essas grandes balizas já nem sempre serão úteis para o historiador. Pensar um problema histórico já é propor novos recortes no tempo.

Tempo narrativo

O tempo histórico, por fim, inclui uma dimensão narrativa. O historiador lida com um "tempo vivido" que vai encontrar referido em suas fontes; movimenta-se através de um "tempo de pesquisa" quando se apropria gradualmente de seu objeto de estudos; e, ao fim de tudo, precisará apresentar o resultado de suas pesquisas através de um tempo narrativo.

Este tempo narrativo (um tempo que também é o da análise historiográfica) é ainda mais claramente uma construção do historiador. Ele pode ser percorrido em múltiplos sentidos; pode-se ir e vir de um ponto a outro, de trás para a frente, da frente para trás; pode-se saltar livremente de um ponto a outro, ou pode-se estabelecer uma relação comparativa entre dois momentos da narrativa. Pode-se acelerar o tempo, retardá-lo, suspendê-lo. O historiador que produz a sua narrativa adquire poderes e direitos, com relação ao tempo, que não possui na vida comum, quando precisa se resignar às leis temporais da sua vida cotidiana. Na operação historiográfica, ao contrário, ele se torna o senhor do tempo.

Tudo se dá como se o historiador tivesse diante de si todos os momentos do tempo (em relação ao que lhe for permitido saber ou pensar no que concerne ao seu objeto específico de estudo) e fosse capaz de enxergar todos os momentos sucessivos como se eles estivessem em simultaneidade. O tempo, para este historiador, torna-se aqui um espaço no qual ele pode escolher seus vários trajetos e se movimentar à vontade. Se for o seu desejo, ele pode levar o leitor junto de si nessa viagem; mas para tal, conforme veremos no último capítulo deste livro, o historiador precisará adquirir as habilidades de um bom escritor – as mesmas que são necessárias aos autores de literatura imaginativa.

2

O TEMPO, CONCEITUALMENTE

O sistema conceitual relacionado ao tempo

Propor definições de tempo é adentrar um desafiador e rico debate que tem envolvido filósofos, cientistas, antropólogos, historiadores e pensadores os mais diversos. Da possibilidade de se pensar um "tempo absoluto" às concepções revolucionárias propostas pela *Teoria da Relatividade* de Einstein, que abalou definitivamente a já tradicional ideia de um tempo absoluto e independente, sem deixar de lembrar a concepção da Física Quântica, que aprendeu a enxergar a sucessão em simultaneidade, os debates são intermináveis. O tempo existe externamente ao homem? É consequência de sua maneira específica de apreender o mundo? Altera-se conforme as circunstâncias que envolvem o ser humano pensante? Percebemos o tempo, todos – e em todas as sociedades –, da mesma maneira? Como se relaciona o tempo com a *História*, compreendida como o universo de processos históricos e acontecimentos, e com a *historiografia*, aqui entendida como o campo de saber que estuda estes mesmos processos? Como definir, enfim, esta instância tão ambígua e enigmática que percebemos como "tempo"?

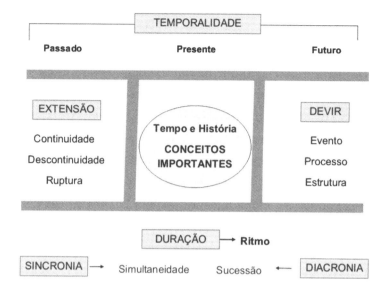

Figura I

As dificuldades de definir o tempo – e mesmo os sentimentos de frustração dos pensadores frente a estas dificuldades – são já bastante antigos. Santo Agostinho (354-430), nas suas *Confissões*, já se contorcia intelectualmente diante desse desafio de definir o tempo, evocando-o inicialmente como "aquilo que se sabe, mas não se consegue dizer". Os séculos passaram, e não se pode dizer que as ambiguidades que envolvem as tentativas de definir o conceito de tempo tenham se dissipado.

Muitos filósofos reconhecem que é muito mais fácil nos aproximarmos do conceito de tempo de maneira enviesada, através de algumas noções que lhes são correlatas: *temporalidade*, *duração*, *processo*, *evento*, *continuidade*, *ruptura* (figura 1). Estas várias noções, entre outras, serão aqui examinadas do ponto de vista de suas relações com a História, campo de estudos do qual nos ocuparemos neste livro.

Temporalidade

A primeira noção ligada ao conceito de tempo é a de *temporalidade*. Heidegger, que tomou o tempo como um de seus principais objetos de reflexão, percorre esse caminho na conferência de 1930 intitulada *O conceito de tempo*. Ao delinear a noção de "temporalidade", ressalta que esta se refere mais intrinsecamente ao mundo humano. É também o que faz Comte-Spomville (2000: 31) em seu estudo sobre *O ser-tempo*, no qual se define a "temporalidade" como a "unidade – na consciência, por ela, para ela – do passado, do presente e do futuro. A temporalidade, portanto, é uma ideia que apenas adquire sentido através da percepção humana, da imaginação, das vivências do ser humano, e pouco ou nada tem a ver com o tempo físico da natureza. São também produtos da vivência e da percepção humanas estas mesmas dimensões que a temporalidade abarca e define, e que são tão familiares ao vocabulário cotidiano: o passado, o presente e o futuro.

"Temporalidade", pontuaremos desde já, é o primeiro conceito importante para a reflexão historiográfica no que concerne às relações entre tempo e História. Entramos no âmbito conceitual da "temporalidade", e abandonamos o sempre vasto e enigmático universo das polêmicas sobre o tempo, quando começamos a examinar as instâncias humanas, psicológicas e políticas que foram ou são agregadas às sensações e percepções que se dão em torno da passagem do tempo, ou ainda em torno das alteridades geradas pela comparação entre períodos distintos da história humana ou mesmo da vida individual. Assim, por exemplo, quando os historiadores começam a singularizar e a partilhar o devir histórico em unidades mais operacionais e compreensíveis – como a Antiguidade, Medievalidade, Modernidade, Contemporaneidade – estamos já diante de temporalidades históricas. Temos aqui algo similar ao que se dá com o espaço, sobre o qual o pensamento histórico ou geográfico pode pensar unidades de compreensão como a América, Ásia, África, e também espacialidades regionais, espacialidades climático-naturais, ou mesmo espacialidades culturais mais amplas que correspondem a civilizações.

"Temporalizar" (estabelecer temporalidades) é de certa maneira territorializar o tempo, tomar posse do devir aparentemente indiferenciado, percebê-lo simbolicamente – operacionalizá-lo, enfim. As temporalidades definidas pelos historiadores, é evidente, não existem por si mesmas, e nem os seus limites são dados de uma vez por todas. Onde termina, de acordo com a historiografia, a Antiguidade? E quando começa a Idade Média? Quando, mais precisamente, tem-se a passagem para a Modernidade? Vivemos nos dias de hoje, no seio de uma nova época que já deveria ser definida como uma nova temporalidade pelos historiadores futuros? De igual maneira, estas palavras que são tão familiares ao vocabulário cotidiano – passado, presente, futuro – o que significam propriamente? Como administrar a fugaz relação entre estas três instâncias temporais cuja evocação é tão inevitável na vida comum, mas que se torna ambígua no mesmo instante em que cada momento presente mais do que rapidamente se transforma em passado, para ser imediatamente seguido pelo momento que no segundo anterior se situava no futuro, e que também mergulha no seu inexorável destino de ser igualmente engolido pelo eterno abismo do tempo?

O que nos importa neste momento é a compreensão de que, mesmo no interior de uma única sociedade sujeita ao devir histórico, os modos de perceber a *relação* entre passado, presente e futuro diversificam-se, e é este um dos objetos de estudo de Reinhart Koselleck (1923-2006) em *Futuro-passado*, uma coletânea de 1979 na qual, em um de seus ensaios, o historiador alemão procura examinar como diferentes sociedades perceberam de modos distintos a relação entre o "campo da experiência" (o passado) e o "horizonte de espera" (o futuro). A esta conceituação desenvolvida por Koselleck voltaremos oportunamente.

Duração

Outra noção importante com a qual precisaremos lidar é a de "duração", conceito que foi filosoficamente elaborado por Henri Bergson (1987: 7-23) e que seria logo reapropriado, de maneira muito específica, pela historiografia moderna, a exemplo da obra de Fernand Braudel sobre *O mediterrâneo e o mundo mediterrânico na época de Felipe II* (1949). Deve-se ressaltar que a "duração" refere-se ao ritmo, ao modo e à velocidade como se dá uma transformação no tempo, à durabilidade ou permanência de algo até que seja substituído por algo novo ou por um novo estado. O conceito de "duração" – e as concomitantes sensações de variação na velocidade do tempo, independentemente da passagem do tempo cronológico (o tempo do relógio e do calendário) – remete de certo modo ao que classificaremos mais adiante como um "tempo interno" (um tempo que é sentido ou percebido subjetivamente pelo ser humano, e não meramente um tempo cronométrico).

A sensação de variações na "velocidade do tempo" dá-se, de fato, em função do ritmo menos ou mais acelerado nas mudanças que se tornam perceptíveis ou sentidas pelos homens, na sua percepção dos estados diferentes que se sucedem uns aos outros, ou mesmo em relação à quantidade perceptível de acontecimentos que introduzem alguma novidade ou significação diferente a uma experiência humana, seja ela individual ou coletiva. A noção de "duração", desta maneira, faz-se acompanhar pela sensação de "mudança" (ou, pelo seu oposto, a sensação de "permanência"). Desta forma, uma "longa duração" corresponderia àquilo que muda muito lentamente (ou cuja mutação pode ser percebida como muito lenta), e uma curta duração corresponderia ao ritmo rápido dos estados de ser que se transformam mais ou menos rapidamente, mas também à sucessão de acontecimentos que se sucedem um ao outro impondo àqueles que os percebem a sensação de mudança incessante e continuada (ao invés da sensação de "permanência", que, obviamente, vem a ser outro importante conceito para a historiografia).

Por outro lado, devemos também ter em vista – sobretudo no que diz respeito a análises historiográficas como as de Fernand Braudel – que a realidade social e humana é muito complexa, envolvendo inúmeros processos que podem remeter à percepção de "durações diferentes". Dito de outra forma, com relação aos diversos processos que se entrelaçam na História, o tempo pode avançar em velocidades diferentes, produzindo durações diferenciadas para distintos aspectos da realidade histórica. É esta complexidade que levou o historiador Krysztof Pomian, em seu livro *A ordem do tempo*, a propor a imagem de que o tempo histórico é uma "arquitetura", e não uma "dimensão" (1990: 326).

Apresenta-se como território para diversificadas polêmicas entre historiadores e filósofos a questão de saber como se daria este jogo de durações múltiplas, ou como se organizaria esta arquitetura de durações. Haverá alguma lógica imanente à dialética das durações históricas, ou algum padrão mais organizado na complexa arquitetura de durações gerada pelos acontecimentos, estruturas e processos históricos? Seria possível pensar em um certo padrão de regularidades que permita pensar agrupadamente certos tipos de eventos ou de processos que estejam sujeitos à mesma tendência de velocidade do tempo, por oposição a eventos e processos de outros tipos, que já estariam sujeitos a outras tendências de velocidade do tempo? Colocando em termos mais práticos, será possível dizer que o conjunto dos eventos políticos tenderia a uma velocidade de tempo sempre caracterizada pela "curta duração", enquanto que o tempo da demografia ou das mentalidades seria um tempo necessariamente mais longo?

A ideia de que cada área particular de fenômenos ou acontecimentos apresenta a sua própria "lógica imanente", terminando por amarrar todos os acontecimentos e processos de mesmo tipo em um único padrão de velocidades temporais, parece estar na base das reflexões de Sigmund Krakauer em seu estudo sobre o "Tempo histórico e filosófico" (1966: 56-58). Diante desta e de outras proposições, pode-se então perguntar se uma história atenta às temporalidades múltiplas deveria ser construída mais como uma arquitetura que harmoniza os diversos andares de um belo edifício, ou como uma sofisticada composição musical que expõe os seus temas sonoros sob a forma de uma polifonia de muitas vozes e melodias, as quais se encontram defasadas umas em relação às outras e cada qual produzindo o seu próprio ritmo.

Estas várias perguntas não têm obviamente uma resposta consensual entre filósofos e historiadores. Braudel, em especial a obra *O mediterrâneo e o mundo mediterrânico na época de*

Felipe II (1949), tendeu a compor uma bela arquitetura de durações, através da qual todos os ritmos temporais, por mais distintos e singulares que sejam, terminam por se encaixar em um vigoroso edifício. Ou, pelo menos, parece ter sido sua intenção encaixar as diversas instâncias humanas sujeitas a diferentes durações (a política, a economia, os padrões demográficos), de modo a obter uma representação histórica coerente do Mediterrâneo no século XVI[1].

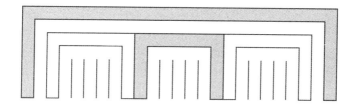

Julio Aróstegui, por outro lado, ao comentar a questão dos "tempos diferenciais da sociedade" (2006: 346), critica a associação estereotipada de um único tipo de duração a determinadas instâncias da vida humana. Se Braudel tendia a ver as relações entre o homem e o espaço mediterrânico como uma instância de longa duração, e a agitada política do início da modernidade europeia como uma instância sujeita a curta duração, já para Aróstegui pode-se pensar perfeitamente em fatos econômicos de curta duração ou fatos políticos de longa duração. De todo modo, há em muitas das modernas correntes historiográficas uma tendência a perceber cada uma das grandes áreas relacionadas às atividades sociais – a economia, política, demografia, mentalidades, cultura, e outras – como dotadas de uma lógica própria de mudança, de uma velocidade de tempo mais

---

[1] Voltaremos depois aos modelos de tempo propostos por Fernand Braudel e outros historiadores ligados à Escola dos *Annales*.

recorrente. Esta discussão, contudo, é bastante complexa, e a ela retornaremos em um capítulo mais específico.

Evento, processo, estrutura

Às noções e conceitos de "temporalidade" e "duração" podemos acrescentar outras. Dentro da ideia de "devir histórico" – ou de um tempo que sugere à percepção humana um ininterrupto movimento – o "evento" (acontecimento) parece opor-se simultaneamente às ideias de "processo" e de "estrutura". Surge, certamente, uma prática historiográfica relacionada ao evento, e outra relacionada à estrutura, notando-se que o historiador pode se valer concomitantemente das duas, já que o tempo histórico a ele se apresenta sob a forma de sequências de *eventos*, *estruturas* que se sucedem e *processos* que se desenvolvem. Tal como assevera Koselleck em *Futuro-passado*, pode-se partir da diretriz de que o evento (ou uma sucessão de eventos) só pode ser narrado; e de que a estrutura só pode ser descrita (KOSELLECK, 2006: 133).

A análise de um "processo", de certo modo, traz um pouco das duas práticas. Afinal, se um processo histórico encadeia uma sucessão de eventos em uma determinada direção histórica, ao mesmo tempo pode ser visto a distância, pela análise historiográfica, como um padrão que adquire nas narrativas e análises dos historiadores uma certa coerência, uma determinada identidade.

Por fim, é preciso sempre considerar que o tempo não se apresenta à compreensão humana apenas como "devir" (como algo que se movimenta e traz transformações), mas também como "extensão" (isto é, como algo que perdura). Uma determinada "extensão" ou período de tempo, ao ser comparada com períodos anteriores, tanto parece introduzir mudanças como re-atualizar permanências, e é daqui que surgem as noções igualmente importantes de "ruptura", "continuidade", "descontinuidade".

Se, para o olhar que examina certo "devir histórico" nos limites de determinada "extensão de tempo", as permanências parecem sobressair em detrimento das mudanças, pode-se começar a falar em uma "estrutura", ou em qualquer outra metáfora que evoque a unidade do conjunto. Se, ao contrário, as mudanças sobressaem, e ao olhar historiográfico parecem se encadear ou se articular de modo compreensível, pode-se falar em "processo". Tanto a permanência estrutural como o processo gradual podem gerar a sensação de "continuidade". De modo inverso, mudanças radicais podem reforçar a sensação de "ruptura". O historiador que compara extensões de tempo deve estar pronto para perceber tanto continuidades, como rupturas e descontinuidades, e isto porque o mundo humano é a ele apresentado – pela documentação e vestígios que lhes chegam das diversas épocas – como um tecido muito complexo, crivado de continuidades, rompimentos e recomeços (no limite, há autores que só percebem um caótico universo de descontinuidades na aventura humana).

Situados estes conceitos auxiliares – temporalidade, duração, devir, evento, processo, estrutura, rupturas, continuidades, permanências – será nosso objetivo, a seguir, o de nos aproximarmos um pouco mais de uma compreensão mais direta sobre o próprio conceito de Tempo, e do que este representa ou tem representado para o trabalho historiográfico. Consideraremos antes de tudo uma primeira divisão mais geral que tem sido habitualmente evocada por aqueles que se empenharam em abordar o tempo com vistas a uma compreensão deste que é o elemento fundamental e irredutível do próprio ofício historiográfico. Seria o tempo um elemento externo ao homem, ou uma criação dele?

Tempo externo e tempo interno

Os antigos filósofos gregos, bem como inúmeros outros pensadores para os quais a medição do tempo tornava-se imperativa, tendiam a considerar o tempo como exterior, como um movimento dos astros. É assim que, da poética definição que Platão nos dá do tempo no diálogo *Timeu*, evocando-o como uma "imagem móvel da eternidade", ao operacional conceito que é encaminhado por Aristóteles no livro IV de sua *Física*, ao abordar o tempo como "número do movimento em relação ao antes e ao depois", temos aqui definições variadas que habitualmente situam o tempo em uma instância externa ao homem. Denominaremos a este primeiro modelo de tempo, que tende a situá-lo fora do homem e do mundo humano, como "tempo físico". Isto porque este modelo de tempo externo é não apenas o de Aristóteles ou Platão, mas também o tempo dos físicos modernos.

Santo Agostinho (354-430) agregou ao debate filosófico sobre a temporalidade – no livro XI de suas *Confissões*, particularmente no trecho 10-27 – o outro lado da questão: para ele, o tempo seria *interno*, essencialmente uma experiência humana, uma espécie de "movimento da alma". Ele o delineia mais propriamente como uma tríplice presença: "presença do passado, como *memória*; presença do presente, como *visão*; presença do futuro, como *expectativa*". O tempo presente, enfim, é por ele apresentado como extensão da alma humana (*distentio animi*)[2]. Na verdade, este novo campo de concepções do tempo como interno ao homem ou ao mundo humano já havia sido abordado por Plotino (205-270), filósofo neoplatônico que concebia o tempo como "alma em movimento, quando esta passa de um estado ou ato de experiência a outro". Assim, com Plotino, e mais tarde com Santo Agostinho, o tempo passa do movimento dos astros ao movimento da alma[3]. A este modelo de tempo, interior e intrinsecamente ligado à experiência humana, será coerente chamarmos de "tempo filosófico".

Uma vez que a História é, na sua instância mais irredutível, um estudo do mundo humano, a abordagem interna do tempo mostra-se imprescindível aos historiadores. Entrementes, uma vez que entre as tarefas destes mesmos historiadores está a de situar os eventos uns em relação aos outros, em sucessão ou simultaneidade, e que para tal operação torna-se fundamental uma datação segura e confiável, também a História não pode deixar de lidar com o tempo externo, lançando-se aqui mão de mediadores como o calendário, ou como a contagem de gera-

---

2 As *Confissões* de Santo Agostinho, aliás, ao percorrerem suas diversas temáticas, são todas construídas em torno das tensões e relações entre o interior e o exterior da vida humana. Sobre isto, ver o ensaio *Religião e sociedade na época de Santo Agostinho*, de Peter Brown (2007: 10).

3 A repercussão do neoplatonismo no acorde teórico de Santo Agostinho é visível não apenas na sua concepção de tempo, mas em diversos outros temas percorridos pela reflexão agostiniana. De acordo com alguns estudiosos da obra do Bispo de Hipona, o pensamento platônico lhe chega através de Porfírio – discípulo de Plotino que realizara uma compilação, em latim, de textos platônicos. É a esta compilação que Santo Agostinho parece se referir em certa passagem do livro VII (capítulo 9) das *Confissões* (AGOSTINHO, 2011: 151). Sobre a influência de Plotino em Santo Agostinho, cf. Brown, 2008: 113. Cf. tb. Chadwick, 2009.

ções. De todo modo, a relação entre o tempo e a experiência humana, evocada nas *Confissões* de Santo Agostinho, tornou-se tão fundamental para que se pudesse pensar mais tarde um terceiro tempo, encaminhado pela História, que os filósofos e historiadores que têm tomado a cargo uma reflexão sobre o tempo partem frequentemente de suas divagações, antes de adentrar questões mais específicas da temporalidade histórica.

O viés agostiniano seria mais tarde considerado por Paul Ricoeur em suas propostas para compreender a relação entre *tempo e narrativa histórica*, conforme veremos no sexto capítulo. Vale lembrar ainda, para acompanhar as proposições de Reinhart Koselleck, que há também mediações possíveis entre o tempo físico da natureza ou dos astros e o tempo filosófico da alma e do mundo humano. Koselleck cita entre estas mediações o calendário e a genealogia. O primeiro, o calendário, busca estabelecer uma mediação entre o tempo dos astros e o mundo humano, enquadrando este último em um tempo relacionado ao movimento dos corpos celestes (e existirão muitos tipos de calendários, já que há vários corpos celestes e movimentos de corpos celestes que podem ser tomados como referências). O segundo recurso – o das genealogias – busca estabelecer uma relação entre o tempo da natureza, no caso o tempo biológico, e o mundo humano, medindo a experiência humana através da sucessão de gerações.

Naturalmente que, tal como atesta Whitrow (1988), a história humana está repleta de sistemas vários para a construção de calendários, de cronologias de sistemas para datar a História. Através do calendário, mas também da cronologia, da genealogia, do registro da sucessão de gerações humanas, abre-se a possibilidade de que seres humanos concretos, com suas ações, sejam de algum modo inscritos no movimento repetitivo dos astros, das estações e em outros movimentos presentes na natureza – esboçando-se aqui uma forma de conciliação entre o "tempo externo" da medição cronológica e o "tempo interno" das vivências sociais e humanas. Estas mediações são complexas, e a um mesmo e único tempo cronológico podem corresponder distintos tempos internos, tal como já observamos para o caso das "durações" (aspectos que mudam menos ou mais lentamente). Algumas destas questões são abordadas sistematicamente por Paul Ricoeur em *Tempo e narrativa* (1982-1983), obra à qual voltaremos oportunamente.

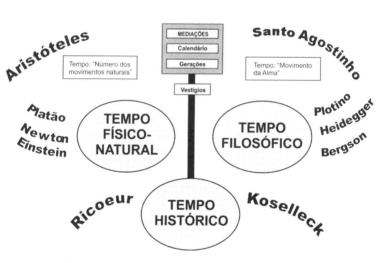

Figura 2 Três leituras do tempo histórico

Se abordar o tempo em seus aspectos meramente externos, ou mesmo nos fatores que se relacionam às operações de mediação, constitui uma operação de considerável complexidade, tomar o "tempo" em sua dimensão subjetiva, humana, dependente da experiência vivida, acarreta ainda muito mais problemas. Esta operação, contudo, é de alguma maneira incontornável pela historiografia, uma vez que o tempo do historiador é em última instância uma construção – deste mesmo historiador, mas também de uma sociedade e de uma tradição que o envolve, e com a qual este necessariamente deve se relacionar. Há estudos, por exemplo, que buscam contrastar grandes sistemas de percepção e elaboração da História ou da memória coletiva a partir da contraposição dos modos como determinadas sociedades compreenderam, construíram ou representaram para si mesmas o tempo. É já um debate clássico, por exemplo, aquele que opõe a temporalidade cíclica da Antiguidade Pagã ao tempo linear judaico-cristão – este último instituidor de um modo de pensar a passagem do tempo que teria fortalecido o próprio padrão historiográfico-temporal que logo se imporia no Ocidente. É este tema que abordaremos no próximo capítulo.

Segunda parte

TEMPOS PARA ENTENDER A HISTÓRIA

3

OS TEMPOS DA HISTÓRIA: DO TEMPO MÍTICO AOS TEMPOS DA HISTORIOGRAFIA

O tempo do mito

Diversas formas de entender ou representar o tempo foram elaboradas tanto na história (isto é, na realidade histórica das diversas sociedades humanas) como pela Historiografia (isto é, pelos historiadores). De um lado, sociedades as mais diversas desenvolveram variadas representações do tempo. De outro lado, os próprios historiadores – ao escreverem a historiografia em diversas épocas – também conceberam variadamente a possibilidade de representar o tempo e de incorporá-lo às suas narrativas. Neste capítulo examinaremos esta variedade de formas de conceber o tempo. Nosso ponto de partida será o antigo tempo mítico, elaborado em diversas das antigas civilizações. Começaremos por esta indagação. Como funcionava, ou ainda funciona em diversas sociedades, o tempo mítico? Consideremos a figura da página seguinte.

O tempo mítico, de modo geral, apresenta estrutura circular. Além disto, trata-se de um tempo reversível – se não através do próprio mito, que realiza o retorno em sua própria narrativa ou repetição cíclica, ao menos através do "rito", que corresponde a um retorno ritual às origens, conforme veremos mais adiante. A passagem do tempo e o seu ritmo também são bem

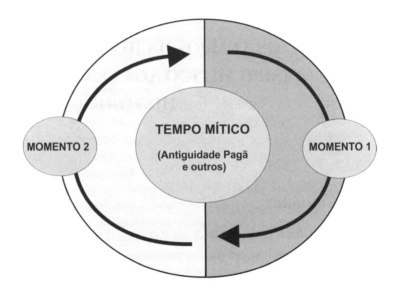

Figura 3 O tempo cíclico: um exemplo binário

distintos do que se dará com o tempo linear, medido cronologicamente. De fato, tal como assinala Jean-Pierre Vernant (1973: 71-112), com o mito não se tem propriamente uma cronologia, mas sim uma "genealogia"[1].

O padrão circular acima representado, alternando dois momentos, é apenas exemplificativo. Há mitos que articulam três, quatro, doze, ou mais momentos em sua narrativa cíclica. O ciclo natural das quatro estações, por exemplo, pode dar susten-

---

[1] "Esta gênese do mundo, cujo decurso narram as musas, comporta o que vem antes e depois, mas não se estende por uma duração homogênea, por um tempo único. Ritmando este passado, não há uma 'cronologia', mas 'genealogia'" (VERNANT, 1973: 71-112).

tação a uma narrativa mítica, ou também às fases da lua. Uma observação sistemática do céu em sociedades antigas como a dos maias ou astecas podia levar à percepção do retorno regular de determinado corpo celeste, tal como a reaparição de um cometa a grandes intervalos de tempo, e daí se originar uma narrativa mítica menos ou mais complexa. Um padrão bastante simples podia se inspirar na alternância natural entre o dia e a noite, gerando um esquema binário, como o acima representado. De igual maneira, outros modelos de movimento binário extraídos da natureza podem inspirar mitos subdivididos em dois momentos, como é o caso do vai e vem das águas do oceano, ou ainda o duplo movimento de inspiração e expiração dos seres vivos.

Sobre esta última matriz está construída a cosmogonia hindu da "respiração de Brahma", que apresenta a ideia de que, quando o deus expira, o universo se manifesta, e, quando inspira, o universo se retrai e retorna ao não manifesto. A matriz da respiração, neste caso, também pode ser articulada à matriz da oposição entre as duas fases do dia, gerando as imagens do "dia de Brahma" e da "noite de Brahma", respectivamente relacionadas à expiração e inspiração do deus. Na primeira metade do *kalpa* (o "dia de Brahma" completo), o universo é criado; a certa altura, é destruído pelo deus Shiva para que se inicie a "noite de Brahma". Aqui, a narrativa mítica circular, articulada em dois momentos, projeta-se diretamente sobre o alfa e o ômega, sobre a questão primeira e última: a da própria criação e destruição (renovação) do universo[2].

---

2 Para os hindus, existem os "anos do homem", os "anos do mundo" e os "anos de Brahma". Cada ano dos homens é um "dia do mundo". Ao mesmo tempo, atribui-se quatro idades para o mundo e que são chamadas *mahayuga*, durando cada qual 12.000 anos de mundo. Um *mahayuga*, portanto, dura 4.320.000 anos do homem, já que no calendário hindu o ano é dividido em

Na verdade, o *Rig Veda* – livro sagrado extremamente complexo que teria sido produzido na Índia durante o século XX aC – apresenta pelo menos quatro grandes cosmogonias referentes à criação do universo. Uma das sequências mais simples é aquela que aparece em inúmeras outras mitologias que têm na água o seu elemento primordial. (1) *Hiranyagarbha* (o embrião dourado) paira sobre as águas, e a certo momento incorpora estas mesmas águas, fecundando-as. Isto produz o nascimento de *Agni* (deus do fogo), gerando-se em seguida o universo a partir da interação entre estes dois princípios (água e fogo). O fundo deste mito também é circular, pois tudo procede da água e a ela retorna. Aqui somos levados a pensar também na cosmogonia filosófica de Tales de Mileto, filósofo grego pré-socrático que afirmava que a água é a origem de todas as coisas e também a matéria para a qual tudo retorna, constituindo-se na verdadeira fonte do movimento e da vida no universo. A água, também aqui, é apresentada como um elemento divino, e Deus corresponderia à inteligência que tudo faz a partir da água.

Outra sequência mítica (2) é trazida pelo mais famoso hino do *Rig Veda*. No princípio, não havia nem homens nem deuses. A única coisa que existia era um impulso, sem qualquer respiração: Brahma, que tinha derivado do calor. Deste gérmen em potencial desenvolveu-se o desejo, que correspondeu à primeira semente do conhecimento. A primeira semente dividiu-se

---

360 dias. Seguindo adiante, mil *mahayuga* completos não são mais que um dia de Brahma, sendo que uma noite de Brahma dura o mesmo tempo. Um dia e uma noite completa de Brahma é denominada *kalpa*, e constitui um ciclo completo para o universo desde sua criação até sua destruição.

então em uma "elevação" e em um "ponto baixo", gerando um princípio masculino e um princípio feminino[3]. Nesta narrativa mítica, Brahma precede o universo e cria o mundo derivando-se do seu próprio ser. O padrão ajusta-se à já mencionada estrutura binária da respiração bramânica[4].

Os *Vedas* ainda trazem uma terceira ordem mítica, que corresponde ao (3) *mito da separação do céu e da terra*, no qual ocorre uma violenta divisão da totalidade primordial com a finalidade de criar o mundo. Em seguida ao caos originado por essa separação entre céu e terra, efetiva-se a criação de um universo já diferenciado através da ação de um ser divino, uma espécie de artesão universal chamado *Visvakarman*, que dá forma ao mundo como faria um artífice. Esta narrativa mítica é apresentada pelos poetas védicos como tema relacionado à ideia da "criação-sacrifício", e poderemos reencontrar versões da mesma em diversas outras sociedades e culturas.

Por fim, outra sequência cosmogônica similar (4) aparece em um dos hinos do *Rig Veda* – o *Purusasukta* – e também aborda o tema do desmembramento de uma totalidade primordial, mas agora girando em torno de um gigantesco ser antropomórfico e andrógino chamado *Purusa*, e que corresponderia à totalidade primordial. A criação é resultado de um "sacrifício cósmico" encaminhado pelos deuses, que resolvem desmembrá-lo para gerar não apenas a natureza, como também a própria sociedade humana e mesmo novos deuses (o que reforça o caráter cíclico

---

3 O conhecimento, nesta versão, é representado por Sarasvati, a consorte de Brahma, que se manifesta a partir dele mesmo.

4 Por outro lado, esta narrativa mítica também pode se ajustar a uma versão na qual Brahma brota do umbigo de um outro deus, chamado Vishnu.

do mito): "Sua boca tornou-se Brahma; o guerreiro foi o produto de seus braços; suas coxas deram origem aos artesãos; de seus pés nasceram os servos. Sua cabeça transformou-se no céu, seus pés na terra, a lua resultou de seu conhecimento, o sol de seu olhar, a sua boca [já vertida em Brahma] e agora transformada em *Indra* e *Agnie*, produziu o vento da respiração [cósmica]". Este mito, que ilustra um padrão de narrativa cosmogônica no qual a criação é produzida pelo sacrifício de um ser divino de características antropomórficas, também pode se articular ao mito da expiração e inspiração bramânica (já que o mito contém dentro de si a origem do próprio Brahma e de sua respiração a partir da boca do ser primordial).

Os labirintos da mitologia indiana – inaugurados pelo bramanismo, mas depois desdobrados no budismo, no janaísmo, e posteriormente em formas diversas do hinduísmo – são extremamente complexos. Em uma das mais conhecidas versões, *Brahma* – deus de quatro cabeças que olha para todas as direções e que está sentado sobre uma flor de lótus – brotou do umbigo de *Vishnu*, o Deus que, dormindo, sonha o universo e tudo o que há nele. Nesta versão, Brahma é quem organiza os mundos (correspondendo à força criadora ativa), mas não é quem os cria primordialmente, já que os vários mundos são gerados pelos sonhos de Vishnu[5].

Em vista de seu poder de criar e recriar os mundos através de sua atividade onírica, Vishnu – "aquele que está em tudo" –

---

5 Por outro lado, há também a versão de que no início tudo era repouso e equilíbrio, e só Brahma existia. Houve então a primeira vibração – *Om*, o "som primordial" – a partir da qual o universo foi criado com o surgimento da trindade hindu formada por Brahma, Vishnu e Shiva. A partir daqui, entramos na sequência anterior.

torna-se a representação do equilíbrio, sendo o responsável pela sustentação, proteção e manutenção do universo[6]. O ciclo de fluxo e refluxo, nesta versão, origina-se de Vishnu. Quando Vishnu expira, universos inteiros saem de seus poros, manifestam-se através da "ação criadora ativa" de Brahma e são habitados; e a cada final dos tempos, no momento da inspiração de Vishnu, serão novamente sugados pelos seus poros. Este é também o momento em que Brahma se recolhe para dormir, e no qual Shiva se põe em atividade destruindo tudo pelo fogo. Shiva é o dançarino cósmico, deus da destruição que a tudo incinera com o abrasivo calor do fogo da renovação, nos instantes em que abre seu terceiro olho. Depois que o universo é destruído por Shiva, há como que um momento fora do tempo cíclico da respiração, no qual Vishnu se encontra dormindo sem sonhos e flutuando sobre o oceano primordial. Depois deste instante, quando o próximo universo está para ser recriado, reinicia-se a respiração onírica e reaparece Brahma do umbigo de Vishnu para criar tudo mais uma vez.

Ao mesmo tempo em que sonha novos mundos, Vishnu é também capaz de penetrar em todos os átomos de cada um dos universos gerados por sua atividade onírica, bem como no coração de todas as criaturas vivas que os habitam, e em todos e cada um destes lugares permanece como observador imperturbável. Por outro lado, há ainda a figura de Durga – mãe do universo – que representa o poder do sono que age sobre Vishnu no momento do interciclo entre a criação e a destruição[7]. Po-

---

6 A consorte de Vishnu – ou seja, a sua shakti, ou aspecto feminino – é *Lakshmi*, deusa da prosperidade, da riqueza e da beleza.

7 Em um dos mitos menores dentro do grande mito, Durga por duas vezes (em duas encarnações) desposou Shiva. O que também se conforma à natureza cíclica do mito.

de-se dizer que a posição de Brahma é um pouco ambígua nesta versão da mitologia hindu, pois depois de ter criado o mundo a partir da respiração de Vishnu, deus do qual ele mesmo saíra, parece se esgotar por um instante a sua função (ao menos nos limites dos mundos já criados, se considerarmos que Brahma continua criando mundos durante toda a parte do "dia de Brahma" que corresponde à expiração de Vishnu). Assim mesmo, há aqui uma intrincada dialética a considerar, pois no panteão primordial dos deuses hindus há três aspectos manifestos: o criador (Brahma), o preservador (Vishnu) e o destruidor (Shiva)[8]. Além disso, Brahma reaparece mais uma vez entregando aos seres humanos os *Vedas* – livros que já trazia em suas mãos no momento mesmo em que brotara do umbigo de Vishnu[9].

O mito da separação violenta entre o céu e a terra, que apontamos como uma das narrativas míticas incluídas nos *Vedas* com relação à criação do mundo, também reaparece em culturas várias. Marshall Sahlins o encontrou entre os maori. O mito de criação do mundo deste povo parte da união inicial entre o céu (ranci) e a terra (papa). Da união entre os espaços

---

8 Estes três aspectos se desdobram de um deus ainda anterior: Adhinatha, o "imanifestado".

9 A cosmogonia bramânica também pode se achar adaptada ao mito da decadência através das quatro "eras" do mundo. A idade da Terra, formando a *Mahayuga*, é dividida em quatro "eras" ou *yugas*. A cada *Yuga* que se passa, a virtude do mundo vai se perdendo progressivamente. Na *Satya-Yuga* a virtude prevalece e o mal é desconhecido; na *Treta-Yuga* a virtude cai para três quartos; na *Dwapara-Yuga* a virtude já caiu pela metade; na *Kali-Yuga*, por fim, só restará um quarto de virtude. Depois disto, virá a destruição renovadora, após a qual Brahma precisará recriar o mundo. Mais adiante, voltaremos a este padrão mítico, que concebe o mundo em termos de idades decaídas.

elementais masculinos e femininos teriam nascido os diversos deuses, que depois separaram o céu e a terra em âmbitos distintos. Surge posteriormente um deus chamado *Tane* que molda uma mulher com a matéria extraída da própria terra, para depois inseminá-la e dar origem à humanidade (SAHLINS, 2008: 38). Todos os homens, saídos da própria terra, a ela retornam inevitavelmente, reatualizando eternamente o mesmo ciclo.

Os mitos cíclicos, conforme documentam as pesquisas etnográficas e as fontes míticas que nos foram legadas de civilizações já históricas através da escrita, aparecem de inúmeras maneiras tanto nas diversas mitologias das grandes civilizações como em culturas mais localizadas. Entre os gregos, Gaia (a terra) dá à luz Urano (o céu), que depois irá fertilizá-la. Cronos (saturno), filho de ambos e o primeiro dos Titãs, irá romper a conjugação entre o céu e a terra ao castrar o próprio pai, na verdade a pedido da própria mãe, configurando um "ato edípico de substituição", para utilizar uma expressão de Marshall Sahlins (2006: 87). A partir daí inicia-se a segunda geração de deuses gregos, presidida por Cronos. Durante o reinado de Cronos, a humanidade teria vivido a sua "Idade de Ouro", conforme o padrão mítico de eras progressivamente decaídas que comentaremos mais adiante. Ao casar-se com sua irmã Reia, Cronos teve três filhas e três filhos (Hades, Poseidon e Zeus). Uma vez que – em vista de seu próprio crime patricida, e também por temor a uma maldição que havia sido rogada por Urano ao profetizar que um dia Cronos também seria destronado por seu próprio filho – o deus do tempo desenvolvera o hábito de devorar todos os seus filhos homens ao nascerem. Mas Reia consegue enganá-lo por ocasião do nascimento de Zeus (Júpiter), oferecendo-lhe uma pedra enrolada em um pano, que Cronos engoliu sem perceber a troca. Mais tarde, Zeus voltará para se vingar de Cronos, que também é levado a beber uma poção mágica que o faz vomitar os outros dois filhos (já adultos) que um dia tinha devorado (Hades e Poseidon). A partir daí, depois de vencer uma guerra de cem anos e de banir os tios Titãs para o Tártaro e acorrentar Cronos no mundo subterrâneo, Zeus torna-se senhor do Olimpo e líder da terceira geração de deuses, enquanto seus irmãos Hades e Poseidon irão se tornar respectivamente os senhores do mundo dos mortos e dos mares.

As três sequências constituem ciclos: Uranos, que representa a geração inicial de deuses gregos, é destronado pelo filho Cronos, que será por fim destronado por Zeus[10]. Também se articula à narrativa dos deuses gregos[11] um mito à parte que se refere à humanidade, e cujo padrão reaparecerá de modos variados em outras culturas: trata-se de um singular padrão mítico que encaminha uma narrativa sobre diversas eras que vão sucessivamente se degradando, e que muito habitualmente corresponde a uma perspectiva pessimista destinada a explicar a deficiente natureza humana.

---

10 Outro elemento cíclico é a presença dos *Hecatônquiros*, três gigantes que possuíam cem braços e cinquenta cabeças, e que eram filhos diletos de Gaia. Tanto Urano como Cronos cometeram o erro de os hostilizarem, e por isso atraíram a fúria de Gaia, que acabou conspirando para a sua deposição.

11 A *Teogonia* de Hesíodo (final do século VIII aC) retrocede mais além na narrativa sobre a sucessão de gerações de deuses. O poeta conta que no início era o *Caos*, o "vazio primordial". Depois vieram *Geia*, a Terra, o *Tártaro*, deus das profundezas, e por fim *Eros*, a força do desejo e pai de toda a vida. O Caos deu origem a *Érebo* (escuridão profunda) e a *Nix* (a Noite). De Geia nasceram *Urano* (o Céu), *Montes e Pontos* (o Mar). A partir da união de Geia com seu filho Urano, entramos na sequência anterior. Cf. Brandão, 1986: 183s.

No caso da mitologia grega, a degradação humana encontra seu mito maior na *Teogonia* de Hesíodo, um poeta que viveu em fins do século VIII aC. Depois de descrever a já discutida narrativa relativa às várias gerações de deuses gregos, Hesíodo interpola em sua *Teogonia* os célebres episódios de Prometeu e de Pandora, que irão precisamente justificar a condição humana. Prometeu havia roubado o fogo divino para dá-lo aos homens, e com isso atrai a ira de Zeus, terminando por ser condenado à tortura cíclica de ter o fígado eternamente devorado por uma ave. Para os mortais, o castigo foi ardiloso: é criado um ser à imagem e semelhança das deusas imortais que irá oferecer aos homens um presente em nome dos deuses olímpicos. Epimeteu, irmão de Prometeu, recebe o presente e, ao abrir o que ficaria conhecido como "caixa de Pandora", deixa escapar todos os males do mundo, conseguindo aprisionar apenas a esperança.

Quando a caixa de Pandora se abre, inicia-se a decadência humana. A partir daí, Hesíodo registra quatro eras da humanidade que se degradam sucessivamente: a Idade do Ouro ficaria para trás, e se iniciariam, em seguida, a Idade da Prata, a Idade do Bronze, a Idade do Ferro. Entre a Idade do Bronze e a Idade do Ferro, Hesíodo na verdade encaixa mais uma era, a "Idade dos Heróis". Mas isto não altera muito a ideia geral deste mito, que procura essencialmente retratar a progressiva degradação da humanidade através de sucessivas eras.

Figura 4 Um mito de degradação humana

O padrão mítico apresentado por Hesíodo não é um caso isolado na história do pensamento mitológico. Muitas outras sociedades produziram narrativas similares, em geral para explicar as evidentes deficiências humanas. É assim que o imenso repertório de mitos nas várias sociedades e civilizações oferece muitas variações que envolvem sequências míticas de degradação da humanidade. Podemos citar o interessante exemplo do janaísmo, que é uma das mais antigas religiões indianas, ao lado do budismo e do hinduísmo. Aqui se apresenta uma imagem bastante peculiar do tempo, descrito como um "giro cosmogônico" que inclui dentro de si a sequência da degradação humana. O que ocorre, porém, é que a "série descendente de degradação" será contrabalançada por uma "série ascendente" de recuperação da virtude, de modo que ao fim de tudo se constitui um círculo que se repete eternamente.

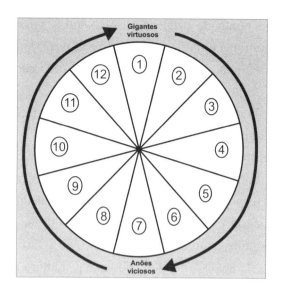

Figura 5 O tempo como uma roda de 12 raios
na mitologia jainista

Na mitologia jainista, o tempo é representado por uma roda de doze raios (idades), sendo que seis idades constituem uma "série descendente" (*avasarpini*) e seis idades constituem a "série ascendente" (*upsarpini*). O circuito descendente, no qual a felicidade começa a se misturar com a tristeza e a virtude com os vícios, corresponde à ocorrência de sucessivos decréscimos na estatura física e moral dos seres humanos, que de colossais gigantes geminados, plenos de virtudes, ao final da série descendente já terão se transformado em anões entregues a toda sorte de vícios e já sem nenhum resquício das virtudes primordiais. Mas então se iniciará, deste que é o ponto mais baixo possível da decadência humana, a série ascendente, que através de seis novas idades restituirá progressivamente aos seres humanos a sua estatura moral e física, levando-os

59

de novo ao ponto de origem, no qual todos possuíam uma altura descomunal em relação ao padrão atual. Depois disso, o círculo se reinicia, e assim ocorreria indefinidamente através de imensos ciclos de tempo.

Além da diminuição na estatura e da degradação das virtudes, à medida que o tempo avança pela série descendente também ocorreria uma gradual redução na duração da vida dos seres humanos. Na quinta idade da série descendente (no esquema, correspondente à figura 6, a duração máxima da vida humana poderia chegar a 120 anos. Depois desta idade, que segundo os jainistas teria se iniciado em 522 aC, irá se iniciar uma "idade de anões", na qual não apenas a altura máxima se restringiria a 50 centímetros, como também a duração da vida poderia chegar no máximo a 20 anos.

O mito jainista da degradação humana faz parte do grupo de narrativas que, além da fase de degradação, incluem uma série ascendente de recuperação da virtude ou da bem-aventurança, de modo a contrabalançar a série descendente e negativa. Mas há também aquelas narrativas míticas, tal como foi o caso da sequência das quatro ou cinco eras de Hesíodo, que registram apenas a degradação, sem prever o retorno cosmogônico à situação primordial. Isto não impede, contudo, que a circularidade mítica possa ser alcançada através de outros artifícios. Há um poderoso elemento que pode reinstaurar desde sempre o equilíbrio, ou mesmo resgatar o homem da angústia da finitude, ao transportar o indivíduo humano (ou o grupo) ao tempo primordial: o recurso do rito.

O ritual é frequentemente concebido como um recurso capaz de assegurar uma "redenção na origem". Através do ritual – sob a forma da festa, do transe, dos cânticos, da sessão de cura, da narrativa – o indivíduo humano retorna às suas origens e reintegra-se ao cosmos. Supera, portanto, a sua limitada natureza humana[12]. Desta maneira, pode-se dizer que, também aqui, refaz-se o tempo cíclico. Através do ritual, o indivíduo pertencente a uma humanidade decaída encontra a sua redenção na origem: torna-se ele mesmo deus[13].

Figura 6: Um mito de idades decaídas e seu retorno ritual

---

[12] Entre as funções do retorno mítico através do ritual inclui-se a função da cura. Adentrar o tempo mítico com vistas à purificação constitui, em várias culturas, um caminho para vencer ou superar enfermidades. Assim, não raro o xamã, empenhado na cura de um indivíduo, recita o mito de origem da tribo ou mesmo a cosmogonia. A ideia é que a recriação do mundo pode curar o doente.

[13] Identificar-se ritualmente com o deus, com o animal totêmico ou com o ancestral comum a toda a tribo é, além disso, assegurar a coesão do grupo e firmar a sua própria identidade, por oposição a indivíduos pertencentes a outras culturas e que não partilham daquela tradição em comum. De igual maneira, recitar em ritual um mito cosmogônico é recriar o mundo mais uma vez, e portanto assegurar a manutenção do universo.

É também através do rito que, em muitas sociedades ágrafas, o indivíduo reencontra o ancestral da tribo, unindo-se a ele durante o ritual. O ritual permite refazer a outra metade de um tempo cíclico, restabelecendo um equilíbrio perdido. Rito e mito, portanto, se completam, estabelecendo uma unidade cíclica.

Ao estudar os havaianos, o antropólogo Marshall Sahlins (1981) registra um interessante mito cíclico de caráter binário, que se reatualiza através da alternância ritual anual entre os deuses Lono e Kú. Lono faz a sua entrada com as chuvas de inverno, fertilizadoras da natureza, e institui um período produtivo e pacífico de quatro meses que, depois, será substituído pelo semicírculo de Kú. Para o pensamento mítico binário, não existe forçosamente simetria entre as duas metades de um ciclo. No mito em questão, a era de Lono corresponde a quatro meses do ano, e a era de Kú corresponde a oito meses, portanto a dois terços do ano. Isto não tem muita importância do ponto de vista do pensamento mítico. O que importa é que as duas metades se equiparam simbolicamente. Em termos de produção econômica, pois este mito liga-se também ao trabalho, o que assinala a passagem de Lono a Kú é a transição da pesca da cavala para a pesca do peixe-serra. Por outro lado, a sucessão de Lono por Kú corresponde a um mito de fundação bem conhecido dos havaianos. Lono é um deus/rei deposto. Kú, que lhe toma o poder, está associado a ritos sacrificiais. Na época em que o Havaí foi "descoberto" pelo Capitão Cook (1728-1779), em 1776, os rituais dirigidos a Kú eram praticados com sacrifícios humanos. O Capitão Cook, segundo Sahlins, teria sido assimilado pelos havaianos ao deus Lono, que no mito ancestral de fundação do Havaí havia sido deposto pelo deus Kú. Cook terminará tendo seu sacrifício ritual reivindicado pelo chefe havaiano, representante da linhagem do deus Kú. Desta maneira, uma intervenção histórica – esse evento externo que corresponde à chegada do Capitão Cook ao Havaí – termina por ser engolido pelo mito, ao ser reincorporado no ciclo.

O tempo cristão: faça-se a linha, e a linha se fez

Tal como nos atesta Mircea Eliade em *O Mito do Eterno Retorno* (1969), mas também Germano Pattaro em *A concepção cristã do tempo* (1975), os hebreus, com seu "monoteísmo profético", estariam entre os primeiros – seguidos pelos cristãos – a introduzir como concepção de ordenação cósmica um tempo linear, irreversível, teleológico, através do qual os eventos datados e localizados desempenhariam um papel fundamental para as narrativas bíblicas[14]. Ao substituir pela "salvação futura" prevista nas profecias a "redenção na origem" que era proposta pelos rituais e concepções míticas, e ao introduzir os eventos como peças-chave neste caminho linear em direção ao grande acontecimento do juízo final, os hebreus e cristãos preparam, tal como observam

---

14 Vale ressaltar que, entre os gregos antigos, a ideia de um tempo linear aparece excepcionalmente em Epicuro e Lucrécio. Na Roma Antiga, Políbio também elabora no século II aC uma abordagem da História que também insinua o tempo linear, pois pretende elaborar pela primeira vez uma História que é já universal (e não mais um múltiplo conjunto de várias histórias) ao organizar os acontecimentos em torno deste único processo que é a formação e expansão do domínio do Império Romano: "O caráter peculiar de nossa obra depende daquele que é o fato mais extraordinário de nossos tempos: dado que o destino volveu para uma única direção os acontecimentos de quase toda a terra habitada, e obrigou todos a se dobrarem para uma única finalidade, é necessário que o historiador recolha para os leitores, numa visão unitária do conjunto, os vários atos mediante os quais o acaso levou a cabo as coisas do mundo" (POLÍBIO, apud BODEI, 2001: 17). A História, com Políbio, passa a girar em torno da missão de um império universal.

autores vários, a ideia de tempo que logo permitiria o surgimento da História[15].

Inventava-se com os judeus um novo tipo de História, orientada por uma linha única e voltada para o futuro, na qual a única macronarrativa que tinha importância era a que se referia à trajetória do povo eleito. Contra o pano de fundo das pequenas histórias dos pagãos, os hebreus traziam a sua própria história em primeiro plano. Todos os eventos, mesmo os mais adversos, eram conclamados a participar de um plano que Deus tinha para um único povo, e até as mais ultrajantes derrotas perante os inimigos, como tão bem assinala Reinhart Koselleck no capítulo VI de *Futuro-passado* (1979), eram agora incorporadas como peças-chave neste enredo maior: nas narrativas judaicas estas derrotas tornavam-se penitência, "castigos que [os hebreus] foram capazes de suportar" (KOSELLECK, 2006: 127).

Confirmando a tradição judaica recebida através do Velho Testamento, já é de fato um novo modelo de História – uma história universal com sentido único, e que aponta escatologicamente para um futuro no qual se eternizarão a salvação ou a condenação – aquele que é introduzido por Santo Agostinho em *Cidade de Deus*, e que, passando na Idade Média por Joaquim de Fiore (1145-1202), chegará até o século XVII e a primeira metade do século XVIII com Bossuet (1681) e Lessing[16]. Tra-

---

15 Com relação ao "monoteísmo profético", dos hebreus e cristãos, acrescenta Ernst Cassirer em seu estudo sobre *A filosofia das formas simbólicas* (2004: 212): "O tempo torna-se futuro, e somente futuro. Passado e presente perdem-se nesse tempo do futuro".

16 A "escatologia" corresponde à doutrina dos fins últimos, isto é, ao corpo de crenças relativas ao destino final do homem e do universo (LE GOFF, 1990: 325). O "escatológico", desta maneira, refere-se a um "acontecimento final", de natureza religiosa.

ta-se de um passo além do modelo hebreu, precisamente porque o modelo agostiniano refere-se a uma história de todo o gênero humano, e não mais a uma contraposição entre a história de um povo eleito e as histórias menores dos pagãos (BODEI, 2001: 18). De resto, esta História – que Santo Agostinho concebe em seis etapas por paralelismo com o modelo da criação do mundo em seis dias – parece situar o futuro de fato como um "outro mundo", radicalmente distinto deste complexo de presente-passado que corresponde à aventura humana em direção à salvação ou à condenação. O futuro corresponderá ao momento em que finalmente o tempo histórico poderá ser interrompido, tal como se interrompera o tempo da criação naquele "sétimo dia" no qual Deus pudera finalmente descansar após o trabalho da criação.

A figura 7 propõe um formato visual para sintetizar os principais traços do padrão de temporalidade proposto pelo modelo histórico-teológico do cristianismo. O tempo é linear e "teleológico", isto é, possui um "telos", um "fim" a ser atingido[17]. Este tempo linear é enquadrado por duas datas: a da cria-

---

17 "Telos" é a palavra grega que corresponde a "fim". "Teleológico" – algo que aponta para um fim predefinido – não deve ser confundido com "teológico", expressão que vem do radical "Teo", que se refere a "Deus". No caso da História cristã, ocorre que ela seja simultaneamente teológica (relacionada a Deus) e teleológica (apontando para um "fim").

ção e a do juízo final, e no seu decorrer é pontilhado por eventos que expressam a vontade de Deus. Já não importa tanto o número de etapas que constituem este percurso – as "seis idades do mundo" de Santo Agostinho ou as três épocas de Joaquim de Fiore –, mas sim o fato de que as diversas doutrinas das idades do mundo eram concebidas de tal modo que, depois do nascimento de Cristo, estava-se vivendo já a última delas, o que implicava que "desde então não poderia acontecer mais nada de novo, pois o mundo se encontrava sob a perspectiva do juízo final" (KOSELLECK, 2006: 128).

A função dos eventos em tal estrutura de tempo é singular. Cada evento só adquire seu real sentido quando inserido e compreendido no interior desta sequência relacionada ao futuro teológico[18]. Trata-se, de fato, de uma história "transcendente" – isto é, conduzida de fora pela vontade divina[19]. No que concerne à temporalidade – isto é, no que se refere à relação entre passado, presente e futuro que se estabelece a partir da escatologia cristã – o futuro constitui um outro mundo, distinto do presente-passado, embora este se conduza para aquele. Por fim,

---

18 "Tudo o que acontece sobre a Terra é passível de repetir-se, de um ponto de vista estrutural. Isso quer dizer que o acontecimento, tomado isoladamente, é ele mesmo dotado de importância. O acontecimento só se torna único e adquire seu sentido mais elevado quando é relacionado ao futuro teológico e ao juízo final. Ao atribuir à História um sentido para além de si mesma, Santo Agostinho conquista uma liberdade de interpretação para o fazer e o sofrer humanos, que lhe confere uma habilidade superior para enxergar de maneira especialmente precisa os acontecimentos terrenos" (KOSELLECK, 2006: 127).

19 Uma história "transcendente" opõe-se a uma "história imanente". A primeira é conduzida de fora, por uma vontade exterior como a de Deus; a segunda, que corresponde ao modelo de história que surge com o iluminismo, é "imanente" porque conduzida de dentro, pelos próprios homens que dela participam, e que, portanto, se tornam sujeitos de sua própria história.

pode-se dizer que o tempo historiográfico do historiador-teólogo (isto é, o terceiro tempo que é produzido pela história-conhecimento de um ponto de vista teológico-cristão) é reconstituído a partir de diversas histórias, que ilustram os vícios e virtudes e esclarecem a vontade de Deus.

Posteriormente, e acompanhando a mesma linearidade e teleologia, os iluministas do século XVIII proporiam o seu ajuste: substituir pela "utopia sociopolítica" a escatologia, substituir pelo "reino da razão" o paraíso prometido no final da linha, e introduzir no interior da linearidade teleológica, agora "imanente", um Espírito Absoluto, ao invés do Deus transcendente que intervém na História através de revelações e milagres inscritos nos eventos. É esta imagem de tempo que examinaremos a seguir.

O projeto histórico do Iluminismo e do idealismo hegeliano

Tal como assinala Koselleck em *Passado-futuro*, o projeto moderno do Iluminismo vê a História como uma marcha do Espírito Universal em direção à liberdade. A História torna-se aqui, para retomar a expressão utilizada por Koselleck, um "singular coletivo", uma grande história da humanidade, e é sintomático que a palavra "História", no singular, substitua a expressão "Histórias", no plural, ainda muito utilizada no período da História teológica pré-iluminista para designar a superposição de diversas histórias superpostas que foram se acumulando na experiência humana.

O surgimento e desenvolvimento da noção de progresso, tão bem estudado por Robert Nisbet em seu ensaio *A História da ideia de progresso* (1985) desempenhou um papel fundamental não apenas para as novas concepções historiográficas que iriam surgir, como também para trazer sustentação à maior parte das visões de mundo que foram se constituindo no Ocidente, fornecendo um traço importante para a elaboração das identidades e para a autodefinição das sociedades, grupos sociais e indivíduos no Ocidente (DIEHL, 2002: 21-44).

Immanuel Kant, filósofo que, como Hegel, atribuía uma importância particular à História, pode ser destacado como exemplo do modelo iluminista. Para ele, a História caminha na direção do melhor. Em sua interpretação específica, a competição entre os seres humanos constitui o grande motor da História – gerando discórdias e concórdias entre os homens e, por uma razão ou por outra, conduzindo-os coletivamente através do progresso. E se as ações humanas incluem as pequenas mesquinharias, os interesses privados, os movimentos individualistas e os vícios humanos, a História termina por transmudar em utilidade coletiva todo este entrelaçado de ações humanas. Assim, por exemplo, se é da avareza que surge o comércio, este se torna contudo um ganho para a civilização (BODEI, 2001: 46), um fator de progresso.

Teleológico e otimista, racional e idealista, o modelo introduzido pelo projeto iluminista irá encontrar mais tarde uma sofisticada formulação com Hegel, que aprimora a concepção dialética a adapta a esta concepção otimista, além de reformular esta concepção teleológica de uma história do Espírito de acordo com os interesses oitocentistas do Estado-nação, o que o leva a apresentar, de certo modo, uma perspectiva mais conservadora, tal como requeriam os novos tempos da restauração.

Cada uma destas agências – o espírito, a liberdade, a razão, o Estado –, mas também o povo, acham-se cuidadosamente refletidos em sua obra de introdução à Filosofia da História que foi intitulada *A razão na História* (2008). Mas, vale dizer, embora prossiga a heroica leitura do Iluminismo como manifestação da razão contra os preconceitos de sua época, o Hegel de *Fenomenologia do espírito* já desconfia da capacidade do povo como força autônoma. Enquanto no item 341 de *A fenomenologia do espírito* há uma definição do Iluminismo como "pura inteligência", no item 342 Hegel já se refere à "má inteligência da multidão" (HEGEL, 2007: 373-374). Sintomaticamente, reaparece ali a caminhada do Iluminismo, a meta-história da razão que avança para o seu destino de realização plena, mas o "povo", em sentido depreciativo de multidão manipulável, já se alinha no campo das forças retrógradas. Esboça-se também uma crítica contra a "singularidade", aquilo que se afasta da razão coletiva, e podemos entrever aqui alguns ecos do embate entre o paradigma generalista do positivismo e o paradigma particularizante que já ia sendo proposto pelo historicismo.

> O Iluminismo não enfrenta indistintamente estes três lados do inimigo [clero, déspota, povo]; com efeito, sendo sua essência inteligência pura – que é universal em si e para si – sua verdadeira relação com o outro extremo é aquela em que o Iluminismo se dirige ao [que há de] comum a ambos. / O lado da singularidade, que se isola da consciência espontânea universal, é o seu oposto [...] (HEGEL, 2007: 375).

De todo modo, o modelo de tempo que aqui se pressupõe é o do vetor que aponta para um futuro antecipável: o da vitória da razão humana. A História, em Hegel, é movida por uma combinação entre as paixões humanas e a "astúcia da razão", e não é por acaso que o filósofo, a certa altura, utiliza a metáfora dos "vapores" e do "vento". As paixões dos indivíduos constituem as energias que surgem na História e que darão movimento a esta mesma história, mas é a "astúcia da razão" que as jogará umas contra outras, produzindo uma determinada direção que, ao fim das contas, resulta em progresso. A concepção histórica de Hegel também concede um lugar importante aos grandes indivíduos, cumprindo notar que a grandeza destes está precisamente no fato de que eles se tornam "expressão de forças coletivas". Através destes grandes homens, mas também através das paixões humanas que são levadas a se entrechocar com vistas a serem conduzidas a uma racionalidade oculta, uma força irresistível vai se impondo à História. Forçando a sua entrada de modo a irromper como novo presente e a romper com o passado em um processo dialético, no qual uma nova semente como que busca destruir e renovar a sua casca, "o espírito escondido bate às portas do presente" (HEGEL & BODEI: 50). Das contradições surge o movimento da História, em uma interpretação dialética do tempo histórico que, ao contrário da que se verá em Marx, é ainda idealista, originada no Espírito em sua caminhada para a liberdade cada vez maior em relação às limitações humanas.

Linear em simples linha reta, como pode ser imaginado a partir da perspectiva de alguns iluministas, ou, ainda linear, mas, com Hegel, articulado a pequenos circuitos dialéticos que impulsionam a História para a frente através do confronto entre teses e antíteses com vistas a atingir a síntese e gerar novos recomeços a partir de um novo ponto, o tempo se apresenta aqui como o inevitável caminho a ser percorrido pela humanidade em sua marcha para o progresso, para a liberdade, e para a plena realização da razão humana. O real é racional, e a história efetiva e a consciência histórica coincidem, de modo que "fazer história" e "fazer a história" são experiências que se recobrem.

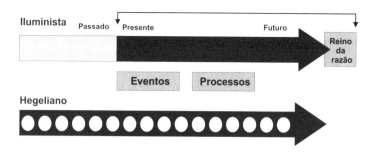

Figuras 8 e 9 Tempo iluminista e tempo hegeliano

O projeto iluminista e a história hegeliana, tal como observa Koselleck em *Futuro-passado* (1979), concebem a História do ponto de vista de uma consciência universal que se afirma e se realiza a cada ciclo como reflexão, exteriorização e retorno a si, de modo que é possível a cada avanço interiorizar uma consciência mais elevada de si. Estamos então em pleno otimismo em relação à racionalidade, e o tempo histórico pode ser concebido como lugar da sua realização crescente e cada vez mais aperfeiçoada. Do mesmo modo, os historiadores não deveriam fazer mais do que perceber e dar a perceber a racionalidade inerente aos processos históricos, da mesma forma que os processos históricos coincidem com a triunfante história desta mesma racionalidade[20].

---

20 Com relação à possibilidade de uma função da historiografia em ensinar o presente – ou seja, a antiga ideia de uma história *magistra vitae* (mestra da vida) – os iluministas dividem-se. Para Hegel, como atesta uma passagem selecionada por Remo Bodei em seu ensaio sobre "o sentido da História" (1997: 51), a história-efetiva, e a historiografia que a torna explícita, nada teria a ensinar ao presente: "costuma-se atribuir a reis, a estadistas e a povos os ensinamentos da experiência histórica. Mas o que a experiência e história ensinam é justamente que os povos e governos nunca aprenderam nada da História, nem nunca agiram segundo doutrinas que tivessem podido deduzir dela".

Sintetizando os seus principais aspectos, o tempo iluminista mostra-se aqui linear (ou linear-dialético, para o caso do tempo hegeliano), e também progressivo, acelerado, teleológico (um vetor apontando para o futuro do reino da razão plena). No caso do Iluminismo é ainda um tempo cravejado de eventos que traduzem evolução e revoluções, embora já na perspectiva hegeliana um modelo que surge já no período da Restauração prevaleça apenas o caráter evolutivo dos eventos.

Este ponto, aliás, constitui uma sutil diferença entre o tempo iluminista e o tempo hegeliano. Em uma modernidade que acelera o tempo em direção ao futuro realizador da máxima liberdade, o projeto iluminista facilmente sacrifica o passado-presente no altar da deusa razão com vistas à realização deste futuro pleno, de modo que a revolução, a violência contra o presente em nome do futuro, encontra-se plenamente justificada. Se retornarmos aos tempos da Revolução Francesa, podemos facilmente compreender sob esta perspectiva de aceleração em direção ao futuro a radical violência contra o presente-passado que foi consubstanciada no período do terror[21].

Cética em relação à capacidade da historiografia ensinar algo aos homens que pensam reger os destinos do mundo, mas confiante nos resultados progressivos da história-efetiva em direção a um mundo melhor, de acordo com os desígnios do Espírito da Razão, esta é a concepção idealista e progressista da História apresentada por Hegel, expressa através de um tempo que, como o de quase todos os que viveram em sua época, aponta confiante em direção a um futuro necessariamente melhor para a humanidade.

21 Sobre a aceleração do tempo iluminista, Koselleck, em "O futuro-passado dos tempos modernos" (*Futuro-passado*, 2006: 21-39), entretece os seguintes comentários: "O tempo que assim se acelera a si mesmo rouba ao presente a possibilidade de se experimentar como presente, perdendo-se em um futuro no qual o presente, tornado impossível de se vivenciar, tem que ser recuperado por meio da Filosofia da História" (KOSELLECK, 2006: 37).

Remo Bodei, ao discutir as filosofias da História no século XVIII em seu livro *A História tem um sentido?* (1997), chama atenção para os pequenos ajustes que precisaram ser feitos nesta concepção iluminista do tempo sob a pressão das novas descobertas geográficas. Presos à sua concepção universalista da História e incapazes de compreender as diversas sociedades do planeta como dotadas de desenvolvimentos próprios e específicos (como os poucos historiadores românticos de sua época e alguns dos historicistas do século seguinte) alguns dos historiadores iluministas conceberam o tempo histórico como dotados de tempos múltiplos correspondentes às diversas sociedades, mas todos seguindo o mesmo padrão de desenvolvimento e referidos a certo grau de desenvolvimento no espectro que ia da selvageria à civilização. Assim, Bodei chama atenção para um historiador jesuíta do século XVIII chamado Lafitteau, que ao estudar os iroqueses do Canadá vira neles o grau de cultura que um dia tiveram os atenienses clássicos, da época de Péricles. Considerava-os quase ultrapassando a barbárie, e já capazes de elaborar discursos retóricos como o dos gregos do período clássico (BODEI, 2001: 30).

Bodei prossegue mostrando que, na concepção do historiador jesuíta Lafitteau, os iroqueses do Canadá estavam em defasagem temporal e podiam ser considerados como "antigos atenienses que viviam no presente histórico médio da Europa". Seria mesmo possível acrescentar que "os ameríndios da Amazônia seriam nossos contemporâneos que estacionaram na Idade da Pedra" (BODEI, 2001: 30). Uma tal concepção situa a Europa das Luzes na vanguarda de uma evolução, apresentando-a como estágio mais desenvolvido de um mundo coabitado por sociedades mais atrasadas neste mesmo caminho evolutivo, ou mesmo estagnadas.

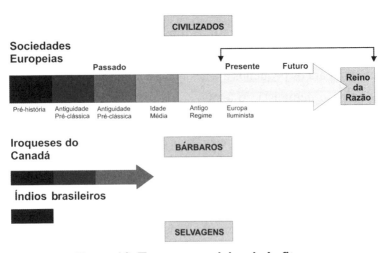

Figura 10 Tempos paralelos de Lafiteau

Outra versão "evolutiva" do tempo iluminista, ainda no século XVIII, seria elaborada pelo filósofo e matemático francês Condorcet (1743-1797)[22]. Ele dividirá a história do progresso espiritual em dez eras, acreditando que ele e seus contemporâneos estariam vivendo a transição da nona para a décima era – uma era que poderia ser compreendida como uma "sociedade de massa". Remo Bodei (2001: 35) sugere que o modelo de inteligibilidade dos acontecimentos proposto por Condorcet menos se assemelharia a uma simples reta temporal do que a uma "escadaria" – isto porque a História de determinado período retoma todos os progressos das fases históricas precedentes. Destarte, o progresso teria apresentado um movimento extremamente lento nos degraus iniciais (como, por exemplo, a passagem para a era agrícola), e a partir daí um ritmo cada vez mais acelerado.

---

[22] Sobre a atuação de Condorcet na revolução e suas posições historiográficas, cf. o capítulo "Condorcet: História e revolução" do livro *Ilustração e História*, de Maria das Graças de Souza (2001: 151-196).

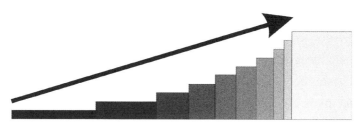

Figura 11 Linha do tempo em formato de escadaria (Condorcet)

É, aliás, particularmente curioso e impressionante que estas ideias de Condorcet sobre a História – assinaladas por um "inacreditável otimismo histórico" (SOUZA, 2001: 153) e registradas no texto que recebeu o título de *Esboço de um quadro histórico do progresso do espírito humano* (1793) – tenham sido postas por escrito em um momento extremamente difícil na vida de Condorcet, que estava então clandestino e encontrava-se perseguido por ter publicado um panfleto pela convenção naquele ano que antecederia o ano de sua prisão e morte em uma cela na pequena cidade francesa de Clamart.

Conforme a sua concepção sobre os progressivos estágios do desenvolvimento humano, na verdade já acalentada desde 1772 (antes de entrar para a atividade política), Condorcet acreditava que, àquela altura da História, o estado de evolução e aperfeiçoamento da humanidade não mais poderia ser interrompido, a não ser que ocorresse alguma catástrofe mundial, e que por isto caberia aos homens iluminados pela razão acelerar este progresso humano, que por si mesmo era inevitável (SOUZA, 2001: 154). O presente que então viviam ele e seus contemporâneos – passagem triunfal para o último degrau da evolução humana – afirmava definitivamente a sua superioridade sobre todas as épocas do passado, e, depois de adentrarem este degrau supremo, os seres humanos dos séculos vindouros não fariam mais do que assistir o acrescentar de novas luzes a um progresso inesgotável. A História, portanto, fazendo-se coincidir o curso dos acontecimentos e a sua própria narrativa, não deveria fazer mais do que registrar aquela que seria a lei suprema do desenvolvimento humano, a sua "perfectibilidade indefinida"[23]. O progresso, dito de outro modo, constituía a grande lei que imprimia regularidade ao curso da História, e conhecer esta última, isto é, refletir sobre o que havia sido o homem até então e sobre o seu estado atual poderia contribuir para oferecer aos homens ilustrados os meios de acelerar o progresso e aproximar mais rapidamente a humanidade do futuro[24].

É interessante notar que, acompanhando a tendência mais geral do Iluminismo, Condorcet tratava a humanidade como um único povo, tal como já haviam feito David Hume, Henri Rousseau e inúmeros outros homens de sua época, por oposição a contravozes mais excepcionais como a de Herder e por contraste com a tendência historicista que, no século XIX, afirmaria a particularidade de cada povo e portanto o seu filão histórico particularizante. Já a história iluminista, inclusive a de Condorcet, tendia a buscar generalizações e leis que se aplicassem a todo o gênero humano, e a história da humanidade não abarcava senão povos em estágios menos ou mais avançados em relação ao desenvolvimento possível do homem. Os métodos previstos por Condorcet para esta escrita historiográfica deveriam trazer à tona

---

23 Isto é, o seu eterno aperfeiçoamento, sempre progressivo e sem recuos.

24 Outro ilustrado que apresentava uma expectativa progressista similar à de Condorcet era Turgot, que em 1750 já havia escrito um discurso intitulado *Os progressos sucessivos do espírito humano*.

este desenvolvimento único – colocar em relevo por sobre a ampla diversidade de povos o que neles havia de uma humanidade comum, que era o que realmente importava.

> [tratava-se de escolher os fatos na história dos diferentes povos e] aproximá-los, combiná-los, para deles extrair a história hipotética de um povo único, e formar o quadro de seus progressos (CONDORCET, *Esquisse*, 86) [SOUZA, 2001: 157]).

Por outro lado, é certo que ao intenso otimismo condorcetiano se contrapunha um setor pessimista ou menos otimista da Ilustração. Rousseau, contra o enaltecimento dos progressos da civilização, já havia enaltecido o "bom selvagem". Montesquieu, a pretexto de sua célebre obra sobre a *Grandeza e decadência dos romanos* (1734), já discorrera mais sistematicamente sobre a questão da decadência dos impérios, e Diderot e D'Alembert já haviam refletido sobre a ruína das grandes realizações humanas com as inevitáveis revoluções (SOUZA, 2001: 155). De todo modo, a apaixonada fé no progresso humano do setor otimista da intelectualidade iluminista passaria ao século seguinte, embora já não mais sob o signo inquietante da Revolução.

Além da versão hegeliana do tempo iluminista, o século XIX traria outra versão conservadora do otimismo iluminista e da sua confiança no progresso. O Projeto Positivista – inaugurado na história das ideias por Augusto Comte – busca combinar ordem e progresso, e corresponde contextualmente ao período da Restauração e dos ajustes históricos entre os privilégios aristocráticos que ainda podiam ser preservados e os interesses de uma burguesia industrial que saíra fortalecida da Revolução Francesa.

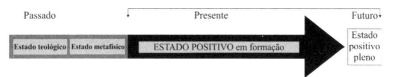

Figura 12 A temporalidade positivista: uma representação

O modelo acima apresentado corresponde ao positivismo comtiano. Augusto Comte, fundador da sociologia positivista ainda na primeira metade do século XIX, concebia o destino humano em termos de uma passagem por três estágios sucessivos: o estado teológico, o estado metafísico, e o estado positivo. Todas as sociedades humanas, seguindo o modelo das sociedades europeias que eram as mais avançadas segundo a perspectiva positivista, deveriam realizar esta passagem pelos "três estados". Chegando ao estado positivo, já não haveria mais mudanças de qualidade, mas apenas progresso quantitativo, isto é, avanços científicos de modo geral. Deste modo, o tempo positivista continua sendo linear e teleológico: aponta para um futuro no qual estaria realizado plenamente o estado positivo. Do ponto de vista de um historiador positivista do século XIX, o passado (correspondente aos estados teológico e metafísico que haviam sido superados na civilização europeia com o advento do Iluminismo) continua destacado do presente, que praticamente se funde ao futuro, já que se considera que, na Europa, o Estado Positivo já começou a ser estabelecido.

O tempo positivista, tal como o tempo iluminista, segue sendo progressivo, mas não é mais acelerado como no tempo revolucionário dos iluministas. Isto porque o positivismo não apresenta um projeto revolucionário, mas sim um projeto evolucionista. Seu objetivo é a "conciliação de classes" sob a égide de uma burguesia industrial já assentada no poder, e não a "luta de classes" (como ocorrera na época da Revolução Francesa sob a liderança de uma burguesia então revolucionária). Os tempos, agora, são outros. Por isso o tempo positivista segue sendo teleológico, mas é já antirrevolucionário (um vetor apontando para um futuro de racionalidade plena, que, pretensamente, já começa a se ver realizado à medida que as diversas ciências, uma a uma, vão passando dos estados inferiores (teológico e metafísico) para o estágio positivo. No limite final, temos a realização plena do positivismo, quando as Ciências Sociais se tornarem elas mesmas inteiramente positivas como a Física e as Ciências da Natureza. No que se refere à elaboração da história-conhecimento, os eventos do passado devem ser imobilizados pelo historiador, para não se tornarem nocivos e explosivos no presente-futuro do estado positivo em formação. Desta maneira, a função dos historiadores no positivismo seria explicar os eventos, estabelecer sobre eles um controle através do seu enquadramento em leis gerais das sociedades humanas a serem descobertas pelos historiadores e sociólogos positivistas.

O tempo histórico historicista e os dois tempos do materialismo histórico

O tempo historicista não é difícil de representar visualmente. Abrindo mão de uma concepção universalista da História, os historicistas estarão preocupados com a elaboração de suas histórias nacionais, e procuram não pensar muito em um futuro teleológico. No que concerne à preocupação com as histórias nacionais e com as singularidades locais, por oposição à obsessão pela unidade histórica universal dos iluministas, os historicistas já tinham tido um precursor no século anterior, um filósofo da história que habitualmente é classificado como um romântico do século XVIII chama-se Johann G. Herder (1744-1803). Herder escrevera nesta direção duas obras importantes: em 1774, um livro intitulado *Ainda uma Filosofia da História para a educação da humanidade*, e posteriormente outra obra intitulada *Ideias para uma Filosofia da História da humanidade* (1794). Os protagonistas do grande movimento histórico seriam para ele os "Espíritos dos povos", através dos quais Deus se manifesta – e nem uma Providência transcendental como queriam os historiadores teólogos, ou um Espírito da Razão como queriam os iluministas universalistas. Surge aqui o que mais tarde, no século seguinte, se tornaria um paradigma alternativo através dos historicistas oitocentistas: a consideração e o respeito pelas diferenças nacionais. A História é um entrelaçado de várias histórias que caminham juntas, uma vez que cada povo é livre para exprimir a sua singularidade e a sua própria natureza. Assistimos com Herder à celebração das diferenças, e, se a História continua a avançar progressivamente para o futuro, talvez a sua representação visual mais adequada seria esta:

Figura 13 Linha do tempo romântica (Herder)

A concepção de tempo proposta por Herder, além de abrir caminho para as perspectivas do historicismo, que logo se seguiriam na primeira metade do século seguinte, recoloca filosoficamente a questão da multiplicidade de tempos. De alguma maneira, prefigura-se já aí a percepção de que é possível admitir uma multiplicidade de durações, tarefa que será assumida dois séculos mais tarde pela Escola dos *Annales*, e em especial por Fernand Braudel[25]. Com Herder, já aparece surpreendentemente este sutil entendimento de que tudo tem o seu próprio tempo, mesmo que seja tarefa do historiador ou do filósofo harmonizar estes diversos tempos em um único tempo de entendimento:

> Na verdade, cada coisa capaz de modificar-se traz em si a própria medida do seu tempo; essa medida continua existindo, mesmo se não houver mais nenhuma outra ali; não há duas coisas no mundo que tenham a mesma medida de tempo. [...] Pode-se afirmar, portanto, com certeza e também com alguma audácia, que há, no universo, a um mesmo e único tempo, um número incontável de outros tempos (HERDER, 1955: 68)[26].

Para retornarmos ao tempo dos historiadores nos primórdios da historiografia científica, é preciso ressaltar que o respeito às singularidades nacionais será uma das bases do pensamento historicista e de sua concepção de tempo histórico. Para muitos dos historicistas do século XIX, o melhor dos mundos possíveis era a Monarquia ou nação que acolhia o seu trabalho, e estes estados-nacionais em afirmação estavam dispostos a financiar suas carreiras e a situá-los na posição confortável e necessária de restauradores da memória nacional, de organizadores dos acervos documentais do país, de edificadores da disciplina historiográfica que recentemente fora incluída no panteão de conhecimentos universitários. Aos diversos historiadores, estados

---

25 Cf. o próximo capítulo, sobre as concepções de tempo desenvolvidas pelos historiadores ligados à Escola dos *Annales*.

26 Esta passagem, que Herder dirige contra Kant, é transcrita por Koselleck no prefácio de *Futuro-passado – Contribuição à semântica dos tempos históricos* (2006: 14).

como o da Monarquia Prussiana só pediam que escrevessem uma historiografia que não motivasse as revoluções, como a que ocorrera em 1830. A Revolução Francesa era aos seus olhos uma página virada da História, e já ocorrera a Restauração. Estes governos desejavam apenas se organizar, conservar privilégios aristocráticos, mas sem deixar de atender aos interesses de uma burguesia que não era mais revolucionária (como na época do pensamento Ilustrado) e sim conservadora. Ao tempo da revolução, muitos dos historicistas da primeira hora irão contrapor um tempo da reação. À solidariedade do presente para com o futuro, típica dos iluministas mais radicais, muitos dos historicistas da Restauração irão contrapor a solidariedade entre presente e passado, por rejeição ao futuro. Por outro lado, era preciso lidar com a incômoda sensação de aceleração do tempo, que a partir do século XIX não mais abandonaria estes homens ocidentais confrontados diuturnamente com os avanços tecnológicos. A sensação de que o tempo flui (ao invés de ser um meio), mesmo para os historicistas comprometidos com a defesa da estabilidade, era indisfarçável. Para os historicistas da Escola Alemã, o tempo passara a se parecer com uma linha reta, tão simples quanto possível, mesmo que desafiadora:

Figura 14 Linha do tempo historicista

Muitos historicistas não tinham qualquer preocupação em especular sobre um futuro a ser atingido, precisamente porque haviam sido contratados por este ou por aquele Estado-nação para escrever uma História que, ao sedimentar a memória da nação, desautorizasse revoluções radicais. O projeto de muitos destes historicistas era certamente conservador, particularmente o dos historicistas das sete primeiras décadas do século XIX. A nação-estado que acolhia o historiador devia ser vista como uma espécie de "melhor dos mundos possíveis". As melhorias deveriam vir através das ações habituais da política tradicional. Embora o futuro existisse para muitos dos historicistas da Escola Alemã, ele não se apresentava como qualitativamente distinto do presente ou do passado, ou ao menos não representava um mundo melhor a ser atingido, pois isto indicaria que o presente deveria ser superado. Deste modo, no que concerne à temporalidade historicista, pode-se dizer que o presente tende a incorporar o passado, embora seja dele distinto, formando um contínuo que constitui a contemporaneidade, sendo que o passado legitima o presente no caso dos historicistas vinculados, no século XIX, à estrutura estatal e aos projetos dos Estados nacionais. A perspectiva historicista dos primeiros historiadores da Escola Alemã, por outro lado, não era isenta de ambiguidades. De fato, a função legitimadora de um passado que busca informar o presente, e que deste modo sanciona a solidariedade entre estas duas temporalidades, apresenta-se matizada pela incontornável sensação de aceleração do tempo que doravante será típica do homem contemporâneo. Conforme assinala Koselleck (2006: 60), "cada exemplo do passado, ainda que seja ensinado, chega sempre muito tarde; o historicismo é capaz de se relacionar com a *Geschichte* apenas de maneira indireta".

Com referência ao tempo historiográfico, o historicista costuma pensá-lo em termos de uma *reconstituição* do tempo da história efetiva, o que se dá assumidamente a partir do ponto de vista do historiador (isso irá ocorrer, de maneira cada vez mais explícita, com os historicistas relativistas, que já começam a aparecer com maior frequência a partir de meados do século XIX).

A tendência dos primeiros historicistas a legitimar historiograficamente o presente, através de uma glorificação do estado-nacional e de sua memória, não impede, de todo modo, que sejam perceptíveis variações entre os vários historicistas. É interessante o caso de Leopold von Ranke, considerado por muitos como o "pai do historicismo alemão". Ranke fora contratado pela monarquia prussiana para glorificar historiograficamente este estado e sua memória, e para narrar esta história de uma maneira em que não se vissem motivadas as atitudes revolucionárias, mas sim a ideia de que as melhorias na vida humana e nacional deveriam ser atingidas através de reformas. Tornou-se amigo de Frederico Guilherme da Prússia e de Maximiliano da Baviera, e alcançou uma excelente posição social através de seu trabalho como historiador. Destarte, é muito interessante a maneira como ele percebe as épocas do passado. Apesar de glorificar a nação que acolhia seu trabalho, e de atender às necessidades do governante, Ranke via cada época como "perfeita em si mesma", de modo que nenhuma delas, nem mesmo o seu presente, possuía um grau de importância maior do que as outras épocas. A passagem de uma época para outra não representava uma superação da época anterior, como seria proposto por tantos historiadores do século XIX e, na sua própria época, pelo próprio Hegel. Tornou-se notório este aforismo de Ranke:

> Eu afirmo que cada época provém imediatamente de Deus, e o seu valor não reside fora dela, mas na sua existência mesma, na sua peculiaridade. [...] Cada época deve ser vista como algo válido e mostra-se altamente digna de consideração (RANKE, 1824).

Fora da Alemanha, onde o predomínio da concepção historicista é evidente, teremos inúmeros outros exemplos de historiadores que, através da perspectiva historicista, buscam "reconstituir" uma história que situa a sua própria época como o melhor dos mundos que poderia ser atingido, resultando que a partir daí as transformações deveriam se dar através de reformas no quadro da política tradicional. Assim, na Inglaterra de meados do século XIX teremos a obra sobre a *História da Inglaterra* (1849) de Thomas Babbington Macaulay (1800-1859), que pretende reconstituir o passado histórico com vistas a mostrar uma progressiva ascensão "em direção às formas da liberdade constitucional inglesa" (FONTANA, 2004: 233). Isto implica, para o caso do historiador whig Macaulay, em compreender a História em termos de graduais vitórias dos reformistas *whigs* contra os *tories*, que aparecem como defensores do *status quo* e como freios à progressiva evolução política liderada pelos whigs[27]. Portanto, o tempo histórico apresenta-se aqui linear e progressivo. Mas não há mais o que esperar do futuro, senão melhorias que virão das reformas políticas e do desenvolvimento tecnológico. Macaulay, por exemplo, tal como seu antagonista escocês Thomas Carlyle (1795-1881), sustentava enfaticamente que o sufrágio universal seria "incompatível com a existência da civilização" (FONTANA, 2004: 232).

O historicismo relativista, nas suas várias versões, irá aprofundar de uma nova maneira a concepção do tempo histórico. Para o historicismo presentista de fins do século XIX ou

---

27 O *Whig Party*, na Grã-Bretanha, era o partido que reunia as tendências liberais, contrapondo-se ao Tory Party, que constituía uma linha conservadora. Sobre os historiadores whigs, cf. Burrow, 1981. Sobre a historiografia britânica do século XIX, de modo geral, cf. Parker, 1990.

do século XX, através de nomes como os de Benedetto Croce (1866-1952) ou Collingwood (1889-1943) – mas também para outras correntes de pensamento como a do "pragmatismo" de John Dewey (1859-1952)[28] – cada presente possui o seu passado, reescrevendo a sua história. Já não há aqui nenhuma pretensão de "narrar os fatos tal como eles se deram", mas sim o objetivo de narrar os fatos de acordo com o ponto de vista e o interesse e motivações de uma época, de uma escola historiográfica nacional, ou mesmo de um historiador. O passado tornar-se-á construção do presente. Esta leitura também será mais tarde incorporada pela Escola dos *Annales*, sendo que se frisará naquele movimento que o passado é construção problematizada do presente. Será esta, também, a posição da escola presentista americana, através de historiadores como Charles Beard (1874-1948) e Carl Becker (1873-1945).

Retornemos, por ora, aos debates da historiografia no século XIX. Enquanto os estados nacionais europeus convocavam historiadores historicistas para a reconstituição da História e da Memória nacionais, a própria Alemanha do século XIX traria, das fileiras oriundas da chamada "esquerda hegeliana" (um setor mais crítico do pensamento derivado de Hegel) um nome que estaria destinado a mudar a historiografia ocidental, senão no seu próprio século, ao menos no século seguinte. Karl Marx, conjuntamente com Friedrich Engels, seria um dos fundadores do materialismo histórico – uma concepção da História que retoma a dialética hegeliana e a combina a novas ideias, como a de "luta de classes". Para os fundadores do materialis-

---

28 John Dewey, um filósofo diretamente interessado nas questões da Educação, deixou registradas também algumas observações sobre o pensamento historiográfico (1949: 233).

mo histórico existem duas histórias entrelaçadas: a "história da luta de classes" e a "história dos modos de produção". Uma está dentro da outra. Os modos de produção sucedem-se na História como grandes épocas ou sistemas econômico-sociais, aos quais corresponde um determinado universo cultural e ideológico perfeitamente ajustado à base econômico-social. As classes sociais em luta estão sempre relacionadas a posições específicas dentro do modo de produção que as fez surgir, e do seu confronto de interesses surgem as contradições que movimentam a dialética do materialismo histórico – não mais uma dialética idealista, como a de Hegel, mas uma dialética materialista, na qual as grandes transformações sempre começam na base econômico social, a partir do desenvolvimento das forças produtivas. Poderia ser esta a representação deste duplo tempo que é o do materialismo histórico, o qual busca entrelaçar a "história da luta de classes" com a "história dos modos de produção":

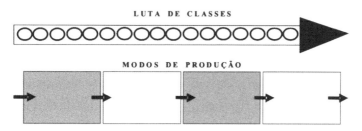

Figura 15 Dupla linha do tempo do materialismo histórico

A linha reta que representa a "luta de classes" é alimentada por contínuos círculos dialéticos, mas no âmbito mais amplo não deixa de ser mesmo uma linha reta que aponta teleologicamente para o futuro ao visar uma sociedade sem classes que corresponderá ao modo de produção socialista (ao menos na versão mais propriamente marxista do materialismo histórico). Enquanto isto, os blocos que se sucedem na "história dos modos de produção" correspondem a estruturas ou sistemas bem diferenciados entre si, cada qual com o seu próprio padrão de racionalidade e organização social. Os modos de produção separam-se uns dos outros por rupturas, que podem corresponder a revoluções sociais ou a outros tipos de "revoluções" (como a revolução agrícola, que permitiu o rompimento em relação à economia de coleta ainda no período pré-histórico; ou então a revolução urbana, que inicia o período histórico propriamente dito com as grandes civilizações urbanas).

Na concepção temporal proporcionada pelo materialismo histórico, pode ser entrevista ainda uma espécie de "dialética de tempos diferenciados", a qual se entretece por dentro deste tempo metanarrativo que conta a história da "luta de classes" e da sucessão de "modos de produção". Se o movimento dialético da História dá-se através do confronto entre as "forças produtivas" e as "relações produtivas" – duas faces de um determinado "modo de produção" que começam a certa altura a se contraditar, embora na origem tenham sido feitas uma para a outra –, isto também pode ser compreendido nos termos de uma contradição entre duas velocidades diferenciadas de tempo. As forças produtivas constituem, de fato, a parte mais dinâmica de um modo de produção. Jamais cessam de se transformar, de se desenvolver, de se impulsionarem para a frente. Desenvolvimentos tecnológicos as impulsionam para o futuro, os modos de trabalho se aperfeiçoam e se desenvolvem conjuntamente com elas, os trabalhadores se aprimoram como sujeitos de produção, inclusive adquirindo maior consciência de classe. As "relações produtivas", por seu turno, tendem a criar hierarquias sociais bem-estabelecidas e sólidas redes de deveres, limitações e privilégios para os vários níveis sociais envolvidos no processo produtivo, dando assim origem a um certo sistema de propriedade e de apropriação de recursos. Haverá, desta maneira, uma tendência de mudança muito mais lenta nas "relações produtivas", ou uma velocidade menor do seu tempo histórico. Alguns argumentam até mesmo que as "relações produtivas" são estáticas, isto é, imóveis, transformando-se por isto em um ponto de inércia que deverá ser necessariamente vencido pelas forças produtivas para que seja possível a progressão dialética com vistas ao estabelecimento de um novo modo de produção.

Consideradas uma leitura ou outra, pode-se dizer que existe por dentro do próprio modo de produção este confronto entre dois tempos históricos bem diferenciados: o das "forças produtivas", que produz mudanças em uma velocidade maior, e o das "relações de produção", que só lentamente se transforma, ou que se mostra mesmo imóvel. De todo modo, ao final do processo que se estabelece conflituosamente a partir desta dialética de durações, o sistema tende a ser impulsionado francamente para a frente. O materialismo histórico, ao menos na habitual versão que se associa ao ideal de atingir um dia o "modo de produção socialista" ou uma "sociedade sem classes", continua a constituir a sua ideia de tempo com base no modelo de uma linha reta que aponta para o futuro.

Retomadas do tempo cíclico no século XX: Toynbee

A noção de um "tempo cíclico" parece retornar, desde as primeiras décadas do século XX, em alguns dos historiadores que atuaram em uma modalidade historiográfica que ficou conhecida como "História das civilizações". Este retorno da concepção cíclica do tempo, contudo, dá-se de uma outra maneira. O primeiro exemplo é o de Oswald Spengler (1880-1936), que publicou na segunda década do século XX um ensaio impactante intitulado *A decadência do Ocidente* (1918). Seu objetivo foi o de oferecer uma visão global acerca da sucessão das oito civilizações que acreditava terem ocupado a centralidade histórica até a nossa própria época, esta centralizada na civilização ocidental e prestes a "desmoronar", de acordo com a análise spengleriana.

As diversas civilizações ou culturas, para Spengler, constituíam fenômenos históricos fechados sobre si mesmos, mas cujo padrão de desenvolvimento poderia ser reciprocamente comparado com vistas a uma compreensão mais plena do movimento vital que regia a sua historicidade. Na verdade, o objetivo último deste historiador alemão, ao comparar as civilizações históricas, era o de capacitar-se para fazer previsões relacionadas ao declínio do Ocidente, um tema que nele se avivara com a eclosão da Primeira Guerra Mundial. De outra parte, as civilizações históricas são consideradas como organismos sujeitos a um mesmo ciclo vital que seria marcado pelas inevitáveis etapas do nascimento, juventude, maturidade, senilidade e morte. A imagem do ciclo vital que afeta os indivíduos, portanto, poderia ser também utilizada para a compreensão destes grandes organismos históricos que seriam as civilizações.

Não tardaria muito para que um outro historiador, Arnold Toynbee (1889-1975), desenvolvesse um projeto análogo de comparação entre as diversas civilizações históricas que perfizeram um ciclo do nascimento ao declínio. Para este historiador inglês, as civilizações historicamente conhecidas teriam sido vinte e nove: 21 plenamente realizadas em seu ciclo vital completo; 3 abortadas; e 5 freadas. Por outro lado, para Toynbee nada impedia que certa civilização, depois de percorrer seu ciclo vital de ascensão e declínio, seguisse cronologicamente adiante, mas neste caso apenas como uma cultura imobilizada, desprovida de dinamismo vital – uma espécie de estória cujo enredo já se concluiu, mas que segue adiante através de uma linha reta desvitalizada do ponto de vista civilizacional. Assim poderia ser figurada a representação visual deste tipo de tempo cíclico civilizacional, considerando-se o caso das civilizações históricas que não haviam desaparecido e que seguiam existindo contemporaneamente, mas agora de uma maneira "morta":

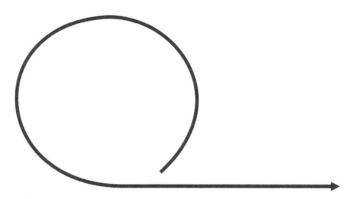

Figura 16 Ascensão, apogeu, queda, e continuidade desvitalizada de uma civilização histórica, de acordo com a proposta de Toynbee

A motivação de Toynbee para compreender as civilizações como circuitos historiográficos mais amplos relaciona-se aos dramáticos acontecimentos políticos da primeira metade do século XX. Os horrores da Primeira Guerra Mundial e a ascensão dos fascismos europeus pesaram muito na sua decisão historiográfica de estudar o desenvolvimento e queda das civilizações. Ao mesmo tempo, Toynbee via problemas gravíssimos na História Política nacionalista herdada do século anterior – a mesma que um dia se prestara aos estados-nações europeus como instrumentos ideológicos para difundir amplamente os sentimentos de identidade nacional. O historiador inglês acreditava que teria sido precisamente este sentimento nacionalista o principal responsável pelos massacres expressos pela Primeira Grande Guerra, entre os anos de 1914 e 1918, e a isto contrapunha a ideia de que não seria possível compreender a História universal, a única que valeria realmente a pena, nos quadros estreitos dos estados-nações. Estes, para ele, não seriam mais do que membros de um corpo bem maior, a civilização, de modo que seria extremamente perniciosa a sua particularização em histórias isoladas – contrapartida teórica do recíproco digladiamento de que fora testemunha a Grande Guerra. Assim, para Toynbee, sempre seria historiograficamente conveniente partir do "todo" – a História das civilizações – para somente depois atingir as suas partes, representadas pelas histórias dos povos e nações.

Para dar sequência ao seu ambicioso projeto historiográfico, Toynbee pôs-se entre 1934 e 1961 a examinar comparativamente a história do mundo, até identificar as 21 civilizações historicamente realizadas para as quais estava particularmente preocupado em estabelecer analogias válidas, ao mesmo tempo em que buscava rejeitar em parte o "ciclo vital" de cunho pessimista proposto por Oswald Spengler. Embora reconhecendo como um dos modos de desenvolvimento da humanidade o aspecto "cíclico", Toynbee matizava-o com outro aspecto igualmente importante – o modo de desenvolvimento progressivo. Se as civilizações podiam decair, também tinham a possibilidade de saírem-se bem-sucedidas em uma espécie de "luta pela sobrevivência", bem ao estilo darwinista, na qual desempenharia papel importante um mecanismo de "incitação e resposta" que seria o verdadeiro motor das civilizações. Entre a contemplação do pessimista "ciclo vital" proposto por Spengler e a bem calculada adaptação da ideia de um "mecanismo de incitação e resposta", importado da Teoria Evolucionista de Darwin, a obra de Toynbee flutua sobre o pessimismo e a esperança. O seu tempo histórico confunde-se entre o círculo da ascensão e decadência e a linha reta e progressiva do otimismo historiográfico.

As contribuições de Spengler e Toynbee fundaram uma linha de reflexão que se estende para as gerações seguintes, embora sem maior impacto, sendo oportuno observar que bem mais tarde, já no fim do século XX, a análise comparativa de civilizações seria retomada com maior vigor por autores como Samuel Huntington (1997) – preocupados com *O choque das civilizações*[29].

Atualizações contemporâneas da representação do tempo

O século XX foi muito rico em propor novas representações do tempo, não apenas na ciência de modo geral, como também na História. Veremos, nos próximos capítulos, algumas propostas importantes que visaram não apenas representar o tempo de uma nova maneira, como também repensar sistemas conceituais que pudessem dar conta desta representação e da sua operacionalização historiográfica. Duas das propostas mais impactantes para os historiadores, conforme veremos, foram as de Koselleck e Paul Ricoeur.

Propostas de representação do tempo muito criativas também foram desenvolvidas no seio da Escola dos *Annales*, movi-

---

29 Cf. tb., para registro das histórias de civilizações posteriores à de Spengler e Toynbee, as obras de outros autores: (1) Bagby, 1958; (2) Coulborn, 1959; (3) Quigley, 1961; (4) Melko, 1969.

mento francês que muito contribuiu para renovar a historiografia no século XX. A principal contribuição dos *Annales* – particularmente a partir do trabalho de Fernand Braudel – foi a possibilidade de repensar os conceitos de duração, e de enxergar o tempo em uma perspectiva de multiplicidade de durações. Alcançou extraordinário êxito na historiografia o conceito de "longa duração", sobretudo com Fernand Braudel e com os praticantes franceses da História serial, da História das mentalidades e de outras modalidades historiográficas que se afirmaram no período contemporâneo. É das contribuições da Escola dos *Annales* para as novas formas de ver o tempo histórico que falaremos a seguir.

4

CONTRIBUIÇÕES DOS *ANNALES* PARA UMA NOVA VISÃO DO TEMPO HISTÓRICO

Os *Annales* e seus novos modos de ver o tempo

Entre tantas correntes historiográficas que deixaram contribuições historiográficas significativas para o fortalecimento de uma nova historiografia a partir do século XX, a chamada Escola dos *Annales* ocupa inegavelmente um lugar importante na história da historiografia. Esse movimento de historiadores franceses – cuja história e detalhamento não será o caso de abordarmos neste momento, senão no que se refere ao relacionamento destes historiadores com o tempo – estendeu para além dos próprios limites da intelectualidade francesa uma influência inquestionável. A historiografia brasileira, por sinal, é nitidamente influenciada, em muitos de seus autores, pelos *Annales*[1].

Para a questão que nos interessa neste livro, podemos dizer que algumas das maiores descobertas e invenções historiográficas promovidas pela Escola dos *Annales* – aquelas que possivelmente constituem o seu maior legado para as suces-

---

[1] Um estudo mais completo sobre os *Annales*, envolvendo todos os seus aspectos, pode ser encontrado no quinto volume da coleção *Teoria da História*, publicada por esta editora. Para um registro da recepção dos *Annales* no Brasil, ver a "Apresentação" desta mesma obra (BARROS: 2012e: 9-10).

sivas gerações de historiadores contemporâneos – relacionam-se aos novos modos de conceber o tempo, de representá-lo, de utilizá-lo como aliado para produzir inovadoras leituras da História, pensar inusitados objetos e mobilizar novos tipos de fontes históricas. Com o movimento dos *Annales*, o estímulo a criar novos modelos de relacionamento entre os historiadores e o tempo elevou-se ao nível de um dos mais poderosos itens programáticos desta célebre escola de historiadores franceses[2]. É aqui, talvez, que podemos encontrar um elemento realmente revolucionário no movimento dos *Annales*, para além das diversas outras contribuições importantes que, de resto, já vinham sendo encaminhadas por outras correntes igualmente relevantes para a renovação da historiografia do século XX[3].

O substrato mais refinado das contribuições do movimento dos *Annales* para um redimensionamento do tempo histórico, por outro lado, foi a hábil configuração de dois conceitos irmanados: o de "longa duração" e o da "multiplicidade de tempos

---

2 Para um exame mais aprofundado das diversas formas de trabalhar as temporalidades, cf. o ensaio de Immanuel Wallerstein: "The invention of time-space realities: Towards an understanding of our Historical Systems" (WALLERSTEIN, 1991).

3 O estímulo à interdisciplinaridade, uma valorização do espaço como instância significativa para o trabalho do historiador, a expansão dos tipos de fontes históricas, e a multiplicação de modalidades historiográficas para além da tradicional História política – estas, ao lado dos novos modos de conceber e representar o tempo na pesquisa e na escrita historiográfica – podem ser elencadas como contribuições importantes dos historiadores das duas primeiras gerações dos *Annales*. O novo tratamento do tempo, contudo, adquire uma feição muito singular e inovadora entre os historiadores annalistas. As demais contribuições, de algum modo, constituem um patrimônio comum a variados movimentos e correntes que começaram a impulsionar a nova historiografia do século XX. Com os seus novos modelos de tempo, todavia, pode-se dizer que os *Annales* deixam a sua marca mais singular na nova historiografia.

históricos" (durações múltiplas)[4]. De fato, ao assimilar criativamente o conceito de "estrutura" que já encontrava seu desenvolvimento na Linguística e na Antropologia da primeira metade do século XX, mas cuidando de transformá-lo em *movimento*, os *Annales* foram particularmente felizes em assegurar o misterioso acordo entre "estrutura que permanece" e "movimento que se transforma". "Estruturar o evento" e "mobilizar a estrutura"... eis o projeto conceitual por trás da ideia de longa duração[5].

O olhar longo e os novos modos de perceber o tempo

A revolucionária liberação de novas concepções sobre o tempo, trazidas à cena historiográfica pelas primeiras gerações de historiadores dos *Annales* que enfatizaram a possibilidade de considerar a longa duração e a perspectiva temporal de longo termo, parece ter arrastado atrás de si uma série de outros aspectos inovadores, conforme bem notaram diversos dos autores que estudaram o movimento dos *Annales* e suas contribuições. Michel Vovelle, entre outros, faz notar que algumas coisas "só podem ser percebidas quando o recorte é bastante amplo, isto é,

---

4 No verbete "Escola dos *Annales*", do *Dicionário de Ciências Históricas* (1986), André Burguière considera a atenção à longa duração como "o arco da aliança da Escola dos *Annales*" (1993: 52).

5 No artigo sobre "A longa duração" (1958) – ao qual ainda voltaremos diversas vezes neste capítulo – Fernand Braudel lembra que "evento" e "estrutura" não precisam estar necessariamente em campos opostos: "Um acontecimento, a rigor, pode vir carregado de uma série de significações e elos. Às vezes, ele é testemunha de movimentos muito profundos e, pelo jogo factício ou não das 'causas' e dos 'efeitos' tão caros aos historiadores do passado, anexa-se a ele um tempo muito superior à sua própria duração. Extensível ao infinito, ele se liga, livremente ou não, a toda uma cadeia de acontecimentos, de realidades subjacentes e, ao que parece, impossíveis de se destacarem, desde então, umas das outras" (BRAUDEL, 2011: 90).

talhado ao fio dos séculos" (VOVELLE, 2011: 376). O olhar longo, deste modo, permite pensar novos problemas, e revela novos objetos. Do mesmo modo, em *Arqueologia do saber* [1969], Michel Foucault identifica uma íntima relação entre a possibilidade de pensar a "longa duração" e uma nova postura do historiador frente às fontes históricas (FOUCAULT, 1995: 3-20)[6]. "Longa duração" e "série documental" surgem aqui como proposições complementares, e não é à toa que, entre outras possibilidades, a perspectiva teórica da longa duração tenha encontrado um casamento tão fortuito com a metodologia da História serial.

A possibilidade de estabelecer séries massivas de documentos, nas quais cada fonte deixa de ser isolada para ser percebida em um conjunto mais amplo que se estende cronologicamente, foi precisamente o que teria habilitado o historiador a atuar em um registro mais extenso, percebendo permanências e variações graduais. Com a constituição de grandes séries documentais e as análises dela decorrentes, os historiadores adquiririam uma nova competência, bem como uma inaudita forma de estender o seu olhar sobre a História. A "longa duração" deriva da "série", conforme ressalta Michel Foucault. Mais ainda, a ideia de "longa duração" está envolvida pela noção de que o tempo histórico pode articular diferentes ritmos de passagem do tempo, como bem mostrará Fernand Braudel em seu *Mediterrâneo* [1949].

O conceito de longa duração harmonizou, no acorde de itens programáticos dos *Annales*[7], duas notas que, de outra ma-

---

6 Michel Vovelle, por sinal, inverte o problema, para perguntar em seu artigo "História e longa duração" [1978]: "Essa modificação do tempo, ou dos tempos da História, não seria, no fundo, apenas o produto de uma mudança na própria noção de fonte histórica?" (VOVELLE, 2011: 386).

7 Sobre o "programa" dos *Annales*, envolvendo aspectos que incluem a interdisciplinaridade, o combate à velha história política, os novos tratamentos

neira, talvez se entrechocassem em uma dissonância incontornável: o "tempo do historiador" e a "estrutura" atemporal proposta por setores específicos da Antropologia e de outras ciências humanas. Vejamos como se dá esta mediação – este acordo que transforma uma áspera dissonância na mais instigante harmonia.

Lições extraídas das demais ciências sociais

O desafio das duas primeiras gerações de historiadores *annalistas* – a de Marc Bloch e a de Fernand Braudel – era o de assimilar adequadamente as novas ambições e propostas de cientificidade trazidas pelas diversas ciências sociais que começavam a se afirmar nos primórdios do século XX, com sua instigante e impactante proposta de captar a regularidade social. Isto, contudo, precisava se dar sem que fosse abandonado o milenar projeto historiográfico que sempre se voltara para o estudo das mudanças humanas – mesmo porque abandonar a proposta de examinar as mudanças no tempo acarretaria em sair irremediavelmente dos próprios limites da matriz disciplinar da História. Alguns dos mais inventivos historiadores dos *Annales* encontraram seu tom ao explorar uma solução peculiar: enquadrar a mudança histórica na moldura da "longa duração".

No âmbito mais amplo da longa duração, o tempo se apresenta estrutural; no seu interior ocorrem mudanças. Estas, todavia, podem se resolver no interior da estrutura (um período com determinadas características) através de repetições, ciclos,

---

do espaço, a expansão das fontes históricas, a multiplicação de modalidades historiográficas, e, por fim, as novas abordagens sobre o tempo, cf. Barros, 2012e: 102-206.

regularidades[8]. Outros tipos de eventos, ainda, os agitados acontecimentos não repetíveis dos quais o mundo político mais superficial nos fornece os melhores exemplos, pouco mais seriam do que "espumas" formadas nas cristas das grandes ondas históricas. Com esta possibilidade teórico-prática de articular diferentes ritmos de mudanças históricas, os *Annales* abrem espaço para se pensar o tempo em termos de um enquadramento de diferentes "durações" – projeto que assumiria a sua forma mais sofisticada com a arquitetura historiográfica que Fernand Braudel chamaria de "dialética das durações" (BRAUDEL, 2011: 89)[9].

---

8 Fernand Braudel, em "A longa duração" [1958], dá-nos o exemplo da economia, entre outros: "A dificuldade, por um paradoxo apenas aparente, é vislumbrar a longa duração no campo em que a pesquisa histórica acaba de obter inegáveis sucessos: o campo econômico. Ciclos, interciclos, crises estruturais ocultam aqui as regularidades, as permanências de sistemas, ou de civilizações, como disseram alguns – isto é, velhos hábitos no que diz respeito ao modo de pensar e agir, condicionamentos resistentes, duros de mover, às vezes até mesmo contra toda a lógica" (BRAUDEL, 2011: 96-97).

9 A expressão "dialética da duração" aparece pela primeira vez com Gastón Bachelard, na obra de mesmo nome (BACHELARD, 1936). Neste livro, o objetivo de Bachelard é criticar a concepção de duração proposta por Henri Bergson. Os livros de Bergson que trataram do tempo foram *Ensaios sobre os dados imediatos da consciência* [1889] e *Duração e simultaneidade* [1922]. A discussão sobre a "dialética da duração" de Bachelard, todavia, remete a aspectos que se referem aos modos de percepção do tempo pelo indivíduo, e não aos aspectos do tempo histórico propriamente dito. Fernand Braudel, em seu artigo sobre "A longa duração", criticará rapidamente a "dialética da duração" de Bachelard (BRAUDEL, 2011: 116). Com o historiador francês, a expressão "dialética das durações" referir-se-á às inter-relações que se estabelecem entre as diferentes durações históricas, isto é, entre os diferentes padrões rítmicos a partir dos quais se processam as mudanças históricas. Na concepção de Braudel, está implícita uma arquitetura de três durações (a longa, a média e a curta), através das quais a estrutura enquadra as conjunturas, e estas os eventos típicos da história política. Este é o modelo aplicado em *Mediterrâneo* (1949).

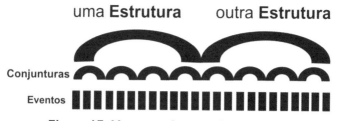

Figura 17 Uma arquitetura de durações

Ao se mostrarem regidas por um tempo lento que determina seu alargado arco externo de permanências – e ao admitir dentro de si mesmas o contraponto de ritmos mais entrecortados – as estruturas recuperam aqui a sua própria instância histórica, abaixo e acima de si, notando-se que uma estrutura poderia ser contraposta à outra em termos de alteridade (e não de continuidade). No interior das estruturas sim, poderiam ser abordadas as média e curta duração (ou os tempos das conjunturas e dos eventos), de modo que o projeto braudeliano de durações enquadradas conseguiria estabelecer uma conciliação entre o tempo agitado da história política tradicional e o tempo imóvel das ciências sociais emergentes. É desta nova representação do tempo histórico trazida pelos *Annales* que se desdobra todo um conjunto de aspectos que hoje são ressaltados como traços distintivos dos *Annales*, oportunizando novos objetos, novas fontes buscadas pelos historiadores, novas abordagens e metodologias, e uma nova concepção sobre o que deveria ser o trabalho do historiador[10]. Sobretudo, o novo modo de pensar e

---

10 "Para o historiador, aceitar a longa duração é propor-se a uma mudança de estilo, de atitude, a uma reviravolta do pensamento, a uma nova concepção do social. É familiarizar-se com um tempo em câmera lenta, às vezes quase nas raias da imobilidade [...] Em todo o caso, é com relação a essas camadas da história lenta que a totalidade da História pode ser repensada, como a partir de uma infraestrutura. Todos os andares, todos os milhares de andares,

representar o tempo histórico possibilitava uma redefinição do próprio conceito de estrutura, cuja melhor delimitação encontraremos no célebre artigo de Fernand Braudel sobre "A longa duração" [1958]:

> Para nós, historiadores, uma estrutura é sem dúvida um agregado, uma arquitetura; porém, mais ainda, uma realidade que o tempo pouco deteriora e que veicula por um longo período. Certas estruturas, por perdurarem durante muito tempo, tornam-se elementos estáveis de uma infinidade de gerações: elas obstruem a História e, pelo fato de a incomodarem, impõem seu desabamento. Outras são mais propícias a se desestruturar. Mas todas são, ao mesmo tempo, sustentáculos e obstáculos. Como obstáculos, elas ficam marcadas como limites (*contornos*, no sentido matemático) dos quais o homem e suas experiências praticamente não podem se libertar. Pensem na dificuldade de quebrar algumas limitações geográficas, algumas realidades biológicas, alguns limites da produtividade e mesmo certos condicionamentos espirituais: os arcabouços mentais também são prisões de longa duração (BRAUDEL, 2011: 95).

Notemos que, neste texto, Braudel menciona tanto a possibilidade de estruturas que apresentam fissuras entre si (as estruturas contra as quais "impõe-se o seu desabamento" para que outras possam surgir), como também as estruturas que deslizam lentamente até desaparecerem ou até se transformarem em novas estruturas, com características distintas e novos padrões de coerência (ou seja, de acordo com as palavras de Braudel, temos aqui as estruturas que "são mais propícias a se desestruturar"). Em um caso, a passagem de uma estrutura a outra pode

---

todas as milhares de explosões do tempo da História se compreendem a partir dessa profundidade, dessa semi-imobilidade; tudo gravita em volta dela" (BRAUDEL, 2011: 98).

ser regida por mudanças ou declives abruptos, e certamente aqui podem ser incluídas as revoluções sociais (movimentos contra as estruturas que "obstruem a História"), ou mesmo as revoluções tecnológicas, que em alguns casos são poderosos eventos capazes de desestruturar de assalto uma antiga estrutura (pensemos nos eventos tecnológicos que, nas últimas décadas, mudaram a face do mundo da comunicação humana através de uma irreversível revolução digital). Acontecimentos políticos de grande porte – como a desestruturação do socialismo real na antiga União Soviética e o desabamento do muro de Berlim entre as duas Alemanhas – podem reger também a passagem de uma estrutura para outra, mas, neste caso, é preciso discutir se acontecimentos como esses é que introduziram uma fissura na estrutura política anterior ou se, na verdade, foram resultados de longos e imperceptíveis processos sociais e políticos que já vinham acumulando tensões no interior da própria estrutura, até que estas rupturas se tornaram visíveis e irreparáveis através de um acontecimento emblemático e impactante.

Eventos que fundam estruturas

O desenvolvimento das histórias de longa duração revelaria a possibilidade, inclusive, de encontrar eventos que fundam estruturas. É o caso da tese de Paul Bois sobre *Camponeses do oeste da França* (1960). Ao perceber no campesinato francês do século XIX uma profunda cisão entre monarquistas (no oeste) e republicanos (no leste), nitidamente separados por uma fronteira espacial, Paul Bois terminou por encontrar o "ponto de fratura" na Revolução Francesa. Michel Vovelle, que utiliza o exemplo de Paul Bois para expor relações possíveis entre eventos e estruturas, sintetiza a conclusão de Bois:

dois campesinatos diferentes em suas estruturas e, sobretudo, no seu dinamismo e agressividade fixaram naquela época, de modo duradouro, suas opções coletivas. Já se pode sentir, apenas com esse breve resumo, que tal experimentação exemplar é portadora de uma mensagem rica e ambígua: por um lado, ela justifica a pesquisa de longa duração, o mergulho no passado mais que secular do qual foram transmitidos os traços de um comportamento que perdura, com verdadeira inércia, até os nossos dias, quando, na verdade, as condições iniciais desapareceram. Trata-se de uma peça de importância acrescentada ao dossiê da "inércia das estruturas mentais". Inversamente, contudo – ou antes, de maneira complementar –, o tempo curto retoma toda a sua importância: ele é aquele do traumatismo inicial, da ruptura propriamente revolucionária a partir da qual, por muito tempo, uns se tornaram *chouans* [partidários da monarquia], outros jacobinos, tendo assim se separado por uma fronteira que nossos mapas eleitorais teimam em perenizar (VOVELLE, 2011: 399)[11].

Poderíamos lembrar também as pesquisas de Eric Hobsbawm e Terence Ranger sobre as "Tradições Inventadas" (1983), já correspondentes a um circuito exterior ao dos *Annales*[12]. Mes-

---

11 Mais adiante, Vovelle complementa: "Paul Bois partiu de uma estrutura e encontrou um acontecimento; sem que haja contradição alguma nisso, outros partem de um acontecimento e [...] redescobrem uma estrutura" (VOVELLE, 2011: 400). É um acontecimento, aliás – "a chama descristianizadora do ano II" –, do qual o próprio Michel Vovelle partirá para descobrir uma estrutura, a da religiosidade barroca no sul da França, que em 1750 teria um ponto de viragem a partir do qual já se pode notar uma mudança da sensibilidade coletiva em relação à morte (VOVELLE, 1978). Sobre as teses de Paul Bois, ver ainda LE ROY LADURIE, 2011: 248-267.

12 "Por 'tradição inventada' entende-se um conjunto de práticas, normalmente reguladas por regras tácitas ou abertamente aceitas; tais práticas, de natureza ritual ou simbólica, visam inculcar certos valores e normas de comportamento através da repetição, o que implica, automaticamente, uma con-

mo a tradição de aparência mais inabalável e acrônica, que remete a um passado ancestral (em muitos casos inventado e consolidado por uma memória construída) pode trazer atrás de si, soando como um harmônico inaudível, um evento que a fundou e que depois é recoberto, ou mesmo destruído pela memória (o que não impediria a sua redescoberta pela História, se dele houver suficientes vestígios).

O evento secundarizado pela estrutura

O evento percebido como soberano, altissonante e majestaticamente solitário – capaz de cindir os tempos e de cortar uma sociedade em duas – pode também recuar em importância ao ser inserido em um panorama proporcionado pelo olhar longo: tornar-se um elo, mais do que se afirmar como um corte. É o caso da "peste negra": reinscrita em uma história global, mais ampla no espaço-tempo, este fenômeno que o olhar curto e escatológico transforma em raio que se abate sobre a demografia europeia pode, em contrapartida, ser vertido em

---

tinuidade, em relação ao passado. Aliás, sempre que possível, tenta-se estabelecer uma continuidade com um passado histórico apropriado. [...] O termo tradição inventada é utilizado em um sentido amplo, mas nunca indefinido. Inclui tanto as tradições realmente inventadas, construídas e formalmente institucionalizadas, quanto as que surgiram de maneira mais difícil de localizar num período limitado e determinado de tempo – às vezes coisa de poucos anos apenas – e se estabelecem com enorme rapidez. [...] As 'tradições inventadas' são reações a situações novas que ou assumem a forma de referências a situações anteriores, ou estabelecem seu próprio passado através da repetição quase que obrigatória. É o contraste entre as constantes mudanças e inovações do mundo moderno e a tentativa de estruturar de maneira imutável e invariável ao menos alguns aspectos da vida social que torna a 'invenção de tradições' um assunto da História contemporânea" (HOBSBAWM & RANGER, 1997: 9-23).

episódio previsível no processo de "unificação microbiana do mundo":

> Tomemos como exemplo a peste negra de 1348, que, no Ocidente, extermina um terço e, às vezes, até a metade das populações. Analisada com bastante distanciamento, e de um ponto de vista internacional ou intercontinental, essa epidemia perde o seu caráter teratológico. Ela passa a ser percebida apenas como um episódio previsível, no seio do processo de conjunto engajado do século XIV ao XVI, e que poderia ser chamado de unificação microbiana do mundo; sendo tal unificação em si mesma condicionada pelos fenômenos globais que ocorrem desde o século XI, tais como o crescimento demográfico de três grandes massas humanas (chinesa, europeia, ameríndia) e a consequente comunicação – inelutável – dessas massas umas com as outras, depois da abertura de rotas continentais e marítimas, militares e comerciais (LE ROY LADURIE, 2011: 249)[13].

A passagem entre estruturas

Se o evento pode ter a sua importância redimensionada ou engolida pela estrutura construída pelo historiador, ou até mesmo ser "fagocitado" pela estrutura (LE ROY LADURIE, 2011: 250), existem também aqueles acontecimentos ou processos incontornáveis que, tal como sinaliza Pomian (1978), são verdadeiros mediadores que proporcionam ou regem a passagem de uma estrutura a outra. Para estes casos, surge um novo diálogo conceitual que coloca em interação a "estrutura" e a "revolução". De fato, diz-nos Krzystof Pomian, "toda revolução nada mais é

---

13 Sobre a "unificação microbiana do mundo", ver o artigo de Le Roy Ladurie que leva este mesmo título (1973). Para mais considerações sobre a dialética entre o evento e a estrutura, cf. LE ROY LADURIE, 1972 (2011: 248-267).

que a subversão de uma estrutura e o advento de uma nova estrutura" (1990: 120)[14].

Voltando aos temas da longa duração – agora considerando o caso das estruturas que só se transformam muito lentamente através de uma "história quase imóvel" – podemos considerar o próprio exemplo proposto por Braudel no seu artigo sobre a "longa duração" (1958), na verdade extraído da sua monumental obra sobre o *Mediterrâneo* (1949), na qual o historiador francês mostra como a moldura do meio físico traz limites consideráveis às vidas dos seres humanos pertencentes às várias populações que habitam nas regiões do Mar Mediterrâneo:

> O exemplo mais acessível [de estrutura de longa duração] parece ser o do meio geográfico. O homem é prisioneiro, durante séculos, de climas, vegetações, populações animais, culturas, de um equilíbrio lentamente construído, do qual não pode se desviar sem provocar o rompimento de tudo ao seu redor. Observem o papel ocupado pela transumância na vida das populações das montanhas, a permanência de alguns setores da vida marítima, enraizados em certos pontos privilegiados do litoral; vejam ainda a durável implantação das cidades, a persistência das rotas e

---

14 O acontecimento, neste caso, pode ser redimensionado como "acontecimento-processo" (ou "processo-acontecimento"). De acordo com esta perspectiva, o conceito de "revolução" pode ser ampliado: "[a revolução] é, não raro, silenciosa e imperceptível para aqueles que a fazem: é o caso da revolução agrícola ou da revolução demográfica. Inclusive, nem sempre ela é rápida, ela pode se estender por vários séculos" (POMIAN, 1990: 120). Em certo sentido, essa perspectiva coloca em revisão o caráter espetacular da revolução: "Uma revolução não é mais pensada como uma sequência de acontecimentos únicos. Ela é uma onda de inovações, que se propaga a partir de um ponto inicial, através de inumeráveis repetições: é uma a uma que as pessoas aprendem a ler e a escrever [para o caso da secular revolução da alfabetização]; é burgo após burgo e aldeia após aldeia que se vê o número de relógios se multiplicar. E é justamente essa série de repetições que é interessante na perspectiva da História estrutural, não alguns fatos espetaculares, mas isolados, ainda que não únicos" (POMIAN, 1990: 120).

vias de tráfego, a fixidez surpreendente do quadro geográfico das civilizações (BRAUDEL, 2011: 95).

A economia também oferece exemplos de estruturas de longa duração, e não apenas de conjunturas marcadas pelo eterno retorno dos ciclos econômicos e das crises do capitalismo. Buscaremos exemplificar a aplicação do esquema braudeliano à economia histórica com um caso concreto que poderá ser mais bem-ilustrado a partir da elaboração de uma figura que nos permitirá dar a perceber como se articulam as diferentes durações. Consideraremos o mesmo exemplo escolhido por José Carlos Reis em seu livro *Nouvelle Histoire e tempo histórico* (1994: 87) para esclarecer como funciona o tempo braudeliano. O exemplo foi extraído do famoso ensaio *O Mediterrâneo*, de Braudel (1949), que a certa altura do livro discorre sobre a estrutura de longo crescimento econômico que teria caracterizado o século XVI na Europa. Vejamos isto representado em uma figura:

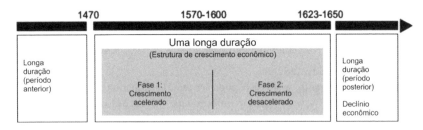

Figura 18 O tempo dos *Annales*
Exemplo extraído de *O Mediterrâneo*, de Fernand Braudel.

No caso acima representado, a nova estrutura econômica começa em 1470, trazendo um crescimento econômico acelerado até o período que medeia os anos 1570 e 1600; a partir daí, o crescimento desacelera um pouco, mas ainda é significativo. Somente em 1650, em decorrência da percepção de uma crise estrutural que pode ser identificada entre 1623 e 1650, é que Braudel identifica uma quebra da estrutura, iniciando-se em seguida uma estrutura bem distinta, agora de declínio econômico. No interior de uma estrutura, como já ressaltamos, sempre podemos pensar em uma dinâmica envolvendo as demais durações – tal como fez Braudel com a divisão da sua obra sobre o *Mediterrâneo* (1949) em três grandes partes. Se pensarmos, por exemplo, na articulação entre diversas instâncias do social, tal como a espacialidade das sociedades humanas, a economia e a política, podemos articular durações diversas em uma única arquitetura. Basta nos conscientizarmos de que certos tipos de processos ou acontecimentos costumam perdurar menos ou mais do que outros, oferecendo diferentes ritmos de transformação ou permanência.

Modelos para a dialética das durações

A articulação possível entre as durações – sempre uma construção do historiador, e nunca um dado da própria realidade – permite ainda questionar sobre qual seria o melhor modelo para o trabalho historiográfico. Seria este o da "arquitetura de durações", esta imagem que parece ter originado o modelo formal mais utilizado por Fernand Braudel, mas que na verdade se desenvolve ao lado da plena consciência deste historiador de que o tempo histórico, em sua complexidade, mais se aproxima da imagem de uma "multiplicidade de descidas pelos diversos e incontáveis rios do tempo"? (BRAUDEL, 2011: 104). No modelo da "arquitetura das durações", as diferentes durações como se encaixam uma na outra, em um enquadramento múltiplo[15]. Trata-se,

---

15 Nos *Escritos sobre a História*, ao comentar o *Mediterrâneo*, Braudel parece autorizar este modelo de arquitetura das durações: "Ora, esses fragmentos se juntam no final do nosso trabalho. Longa duração, conjuntura, acontecimento encaixam-se sem dificuldade, pois todos são medidos pela mesma escala" (1978: 76).

de fato, de um modelo funcional, prático, provedor de uma boa organização para a representação historiográfica. Ou seria mais apropriado o modelo da "polifonia de durações", para o qual a música poderia nos oferecer uma boa inspiração? Nesta segunda proposta, as diferentes durações que envolvem os diversos processos históricos podem se apresentar em defasagem, à maneira de melodias diversas – cada qual portadora de seu próprio ritmo e desenvolvendo distintos caminhos – o que não impede, destarte, que estas diferentes melodias ou "rios de tempo" desenvolvam-se conjuntamente no interior de uma mesma música.

Figura 19 Enquadramento de durações

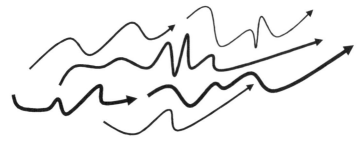

Figura 20 Imaginação sobre uma "polifonia de durações"

Consciente do problema da representação historiográfica da dialética de durações, em seu artigo sobre "A longa duração" (1958) Braudel nos oferece uma de suas imagens mais belas, através da qual procura desenhar em palavras um pouco da extrema complexidade do devir histórico:

> De fato, na linguagem da História (tal como a imagino), não há como existir sincronia perfeita: uma parada instantânea, suspendendo todas as durações, é em si quase absurda, ou, o que dá no mesmo, muito fictícia; do mesmo modo, uma descida pela encosta do tempo só é concebível sob a forma de uma multiplicidade de descidas pelos diversos e incontáveis rios do tempo (BRAUDEL, 2011: 104).

É também uma leitura não arquitetônica da dialética das durações, mas sim flexível como aquela que pode ser proporcionada pela imaginação musical ou pela metáfora da fluidez dos rios, aquela que Michel Vovelle nos oferece em algumas de suas obras, como aquela na qual expõe os resultados de sua pesquisa sobre *As metamorfoses da Festa na Provença entre 1750 e 1820* (1976). Em seu artigo teórico sobre "A longa duração" (1978), aliás, Michel Vovelle chega a utilizar, ainda que de passagem e mais discretamente, a própria metáfora da música:

> Decorrência direta destas leituras, perfila-se a ideia de uma independência dos tempos da história sinfônica, em que os diferentes ritmos enfim decifrados se entrelaçariam num todo coerente ou, ao contrário, entrariam em colisão em duas divergências (VOVELLE, 2011: 392).

Há algumas vantagens nesta concepção mais flexível do conceito de estrutura, que pode ser apreendida através de uma imaginação mais musical do que arquitetônica, ou mais de acordo com a metáfora líquida dos rios do que com a metáfora arquitetônica dos edifícios. A principal destas vantagens é que a concepção flexível das estruturas – além de admitir como uma de suas variantes a própria concepção braudeliana das estruturas que se sucedem umas às outras – permite também pensar em estruturas que se entrelaçam, que se "encavalgam", ou que seguem caminhos divergentes, sem cancelarem umas às outras.

Vamos dar um exemplo concreto para ilustrar a questão. Suponhamos um problema histórico específico, como a questão das "atitudes do homem diante da morte" – tema de história das mentalidades que foi examinado tanto por Michel Vovelle como por Philippe Ariès. Admitindo que as formas de sensibilidade do homem diante da morte tenham se modificado ao longo do tempo, o que é óbvio para os historiadores, podemos começar a pensar em grandes padrões de sensibilidade diante da morte que se sucederam ou que se afirmaram historicamente, cada qual perdurando durante muito tempo. Vivemos uma época na qual a morte é envolvida por um grande tabu. O homem ocidental procura afastar de si a visão da morte, isolando-a sempre que pode em uma espacialidade definida que é dos cemitérios, depois de rituais privados, e nunca contempla a possibilidade de sua própria morte ou daqueles que lhes são próximos, senão a partir de subterfúgios ou por questões práticas (o testamento que precisa ser feito, ou o seguro de vida). Jamais um ser humano ocidental daria ao seu pai ou mãe, de presente de aniversário, um caixão – como fazem os camponeses ainda hoje em certas regiões da China quando querem honrar e expressar uma grande gratidão a seus pais. Entre a nossa atual civilização ocidental e outras culturas, podemos vislumbrar diferentes estruturas mentais concernentes à morte (mentalidades distintas expressas em diferentes atitudes diante da morte). Contudo, de acordo com diversos historiadores das mentalidades, a nossa atual atitude diante da morte – ou a atual estrutura mental que impõe aos homens ocidentais certos limites ao seu complexo de atitudes diante da morte – é bem distinta da atitude diante da morte que tinham os homens ocidentais em outras épocas. A morte, outrora, pode ter sido uma festa, pode ter sido pública, e não familiar ou individual, pode ter sido encarada de frente com muito mais tranquilidade. Sem espaço neste capítulo para esmiuçar em maior detalhe este problema, vamos admitir a ideia de que, no decurso de sua história, distintas mentalidades relacionadas à morte já estruturaram a vida dos homens europeus e de sociedades americanas que herdaram parte de sua cultura (vamos abstrair, nesse momento, para não complicar muito, o fato de que as culturas americanas são híbridas, e que no caso do Brasil possuem uma igual herança das sociedades africanas e indígenas). Se existiram diferentes estruturas mentais relacionadas à morte, tal como propõem os historiadores das mentalidades, como se expressaram estas estruturas ao longo de nossa história? Umas foram se sucedendo às outras, em grandes blocos que só podiam existir um de cada vez?

Ou elas foram emergindo historicamente sem cancelar de imediato as estruturas em declínio, produzindo aquilo que Michel Vovelle vislumbrou através de um modelo no qual as estruturas se "encavalgam" umas às outras, produzindo "um entrelaçamento e um encaixamento, como as telhas de um telhado"?[16]

---

[16] Para o caso do estudo das atitudes do "Homem diante da morte", Vovelle dá o exemplo das próprias análises de Philippe Ariès, outro dos historiadores da terceira geração dos *Annales*: "Philippe Ariès, um dos descobridores dessa história, tanto no que diz respeito à criança como à família e à morte, afirma isso energicamente pelo exame dessas evoluções secretas no decorrer da longuíssima duração. Evoluções inconscientes também, pois passam despercebidas dos homens que as vivem. A imagem que ele nos dá delas, em especial em sua recente história da morte, não é de uma História 'imóvel' [...], mas, sim, a de amplos painéis da história, sucessão de estruturas ou de modelos de comportamentos que, mais do que em sucessão, têm existência em um entre-

Para este caso, se preferirmos, também podemos utilizar a imagem musical das diferentes melodias que coexistem em forma de cânon, uma surgindo sem que a outra tenha ainda terminado:

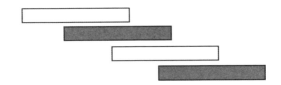

Evocar a metáfora musical também nos permite perguntar: estas estruturas (ou melodias de longa duração) podem se entrelaçar, contaminando umas às outras?[17]

---

laçamento e em um encaixamento, como as telhas de um telhado: da morte 'domada', acrônica, que é aquela de Ivan Illich tanto quanto do bravo Roland, a uma primeira conscientização do 'escândalo' da morte individual, da Idade Média à era [neo]clássica, e, depois, até a sua transferência para a morte do outro – o objeto amado – na idade romântica, antes de se chegar ao tabu que envolve a morte na época contemporânea" (VOVELLE, 2011: 385).

[17] Exemplo clássico de análise de estruturas que seguem se imbricando e interferindo uma na outra é o de autores que examinaram "o tempo duplicado das culturas populares – domínio da inércia das tradições – e o das culturas de 'elite', como se diz, sede da inovação e das provocações... Cultura popular e cultura de elite: outra dialética maior, tema para interrogações atuais" (VOVELLE, 2011: 383). Clássico desta análise, no âmbito da Escola dos *Annales*, é a obra de Robert Mandou sobre *A cultura popular nos séculos XVII e XVIII* (1975). Em outras correntes, teremos os trabalhos derivados da vertente de Mikhail Bakhtin, que em *Cultura popular na Idade Média e no Renascimento* (1965) expõe o problema da circularidade cultural, o que inspira depois uma análise similar elaborada pelo micro-historiador italiano Carlo Ginzburg em *O queijo e os vermes* (1976).

Ou seguem caminhos divergentes, como duas melodias que não se tocam e se situam em espaços "sonoros" bem separados?

Quando pensamos em estruturas mentais também surge uma outra questão, que se encontra em aberto. Podemos nos perguntar se uma estrutura mental relativa a um aspecto específico – retomemos, por exemplo, o problema histórico da atitude do homem diante da morte – estabelece necessariamente uma relação direta com outras esferas, como a da economia e da demografia, ou mesmo uma relação com outros problemas na própria esfera das mentalidades (as atitudes diante da morte interagem com os modos de comportamento em relação às festas ou com os modos de perceber a infância nas várias épocas?). Ou existe certa autonomia de uma sucessão de estruturas mentais como a da variação das atitudes do homem diante da morte? Ainda sobre o trabalho de Philippe Ariès, diz-nos Michel Vovelle, que o sucedeu (ou competiu com ele) no mesmo campo de investigações históricas:

> Para ele [Ariès], uma história de longa duração, tão essencial quanto a das atitudes coletivas diante da morte, move-se com uma autonomia real em relação às pressões da demografia, das estruturas como representações sociais, e até mesmo, mais curiosamente, em relação às formalizações ideológicas, quer sejam elas religiosas ou filosóficas. É na autonomia de um "inconsciente coletivo" movido

por sua própria dialética interna que Ariès segue os deslizes de longa duração, que dão ao fenômeno sua respiração própria (VOVELLE, 2011: 393).

História estrutural e permanências

À parte os diferentes modelos visuais de História estrutural, voltemos ao modelo mais funcional da "arquitetura de durações", o que deve vir sempre acompanhado do alerta de que, neste caso, o historiador estará apenas lidando com uma representação, com um modo organizado de produzir sua reflexão historiográfica e de exibir os resultados de sua pesquisa. Modelos como o atrás evocado pela "figura 3", inclusive envolvendo períodos ainda maiores, poderiam ser pensados também para outros campos históricos que não apenas a História econômica, que foi a primeira modalidade historiográfica que acolheu o novo projeto de encaminhar uma dialética de durações[18]. O modelo da História estrutural pode ser de fato aplicado a problemas históricos diversos, tais como a permanência e mudança de padrões de mentalidade, os modos de relação do homem com determinado espaço, as persistências e mudanças no perfil

---

18 A História econômica foi o primeiro campo no qual se elaborou uma dialética das durações: "A escola francesa, de Françoise Simiand e Ernest Labrousse, fez com que se admitisse a verdade, agora banalizada, da imbricação dos três tempos do economista: o tempo curto do ciclo decenal, com seu paroxismo convulsivo da crise – com sua duração de um ano ou mesmo de apenas uma estação do ano; o tempo médio do interciclo; o tempo longo, ainda que progressivamente diminuído da Idade Média para cá, do movimento de longa duração secular – as tradicionais fases A e B de Simiand. Essa dialética dos tempos da História econômica encontrou a perfeição e o acabamento máximos com a história dos preços, tal como esta se constituiu a partir das grandes séries exploradas, as *mercuriales* de preços dos grãos ou dos produtos fabricados – primeiros grandes triunfos de uma história quantitativa que ainda não se distinguia da história serial" (VOVELLE, 2011: 376).

demográfico de certa população, ou o demorado perdurar de certo padrão cultural[19]. Pode-se mesmo pensar em longuíssimas durações. Assim, por exemplo, o modelo de "dominação masculina", com o qual estamos tão acostumados em uma civilização como a nossa, pode ser entendido como uma estrutura de longuíssima duração. No seu interior, com oscilações várias, podemos ter passado do predomínio da misoginia medieval para o padrão do machismo moderno em seus diversos níveis, incorporando progressivamente direitos políticos para a mulher e outras instâncias que começaram a atenuar gradualmente as desigualdades sociais geradas pelas diferenças de gênero; mas é difícil deixar de encarar o problema histórico da dominação masculina como uma longuíssima duração que perdura e que somente se modifica muito lentamente. A História, em relação a um aspecto qualquer, nunca é imóvel, mas pode se mover menos ou mais lentamente, alcançar um *adágio molto* que lhe dará uma aparência externa de quase imobilidade, de algo que se transforma de maneira quase imperceptível em relação ao ritmo menos lento de outros aspectos.

Foi o deslizamento de uma estrutura mental a outra que se tornou objeto de estudo para Robert Mandrou, um historia-

---

19 Braudel, em "Longa duração", evoca – como exemplo de um estudo sobre uma estrutura relacionada à esfera da cultura – a obra *Pintura e sociedade*, de Pierre Francastel (1951). Este assinala, para um período que vai desde os primórdios do Renascimento e até inícios do século XX, a permanência de um padrão pictórico figurativo que por quatro séculos se apoiou em um espaço geométrico e perspectivado, até que é finalmente interrompido pela revolução do Cubismo e de correntes diversas da "pintura intelectual" da Arte Moderna (BRAUDEL, 2011: 86). Poderia ser evocado outro exemplo, ainda mais representativo, agora de uma longuíssima duração na história da pintura: o da milenar pintura do Antigo Egito – esta que chega a atravessar milênios com os esquemas bidimensionais ancorados na "lei da frontalidade".

dor das mentalidades ligado à terceira geração dos *Annales*. Em *Magistrados e feiticeiros na França do século XVII* (1968), este historiador francês analisa uma mentalidade coletiva que perdurava já fazia alguns séculos, e que era o sustentáculo da perseguição a todas as práticas religiosas, místicas e culturais que não se adaptavam à versão oficial do cristianismo. O século XVII, com o advento da Modernidade, teria sido o patamar de deslizamento desta estrutura mental para uma outra, radicalmente distinta. Como explicar este problema histórico? O que teria ocorrido para que certas práticas de relacionamento do homem com a natureza, com a vida cotidiana, com os usos linguísticos e com seus credos pessoais, que antes eram consideradas como territórios do mal diretamente regidos pela atividade de satã, subitamente passassem a ser vistas como doenças, vigarices, maneirismos, práticas culturais exóticas, superstições, ou pelo menos assuntos que não deviam mais conduzir os seus praticantes à fogueira?[20] Que elementos teriam presidido esta mudança de mentalidades? O que nos revelam estas transformações estruturais sobre o próprio advento da modernidade? O problema, não tanto pela resposta que lhe deu Mandrou no decurso de uma minuciosa pesquisa de fontes jurídicas e teológicas, mas antes pelas próprias indagações que levantou, merece ser relembrado:

---

20 Um dos inúmeros exemplos trazidos por Mandrou nesta obra é o dos usos, na linguagem cotidiana, de expressões com menções ao diabo – antes consideradas como provas de comunicação com satã, a serem punidas severamente, e agora relegadas ao âmbito dos meros maneirismos linguísticos. Os crimes de envenenamento, antes considerados como provas de ligação com forças malignas, eram agora punidos como assassinatos comuns, e não como signos da prática de feitiçaria. Cada um destes deslocamentos, e muitos outros, seriam para Mandrou elementos de um quadro maior de mudança de mentalidades.

No início do século XVII, as perseguições de bruxaria ainda vão de vento em popa no seio do aparelho judiciário laico: essa enorme instituição repleta de pessoas instruídas tanto quanto isto é possível (mas não ainda "esclarecidas") persegue implacavelmente e sem hesitações (salvo algumas exceções), os discípulos de satã, os cúmplices de uma perversão horrenda que colocam em perigo a salvação dos homens. No final do mesmo século, todos os parlamentos tinham renunciado a esse gênero de acusação e passam a lidar, então, apenas com os pastores envenenadores, os trapaceiros que abusam da credulidade pública e as falsas devotas. Como é possível que uma jurisprudência solidamente estabelecida por séculos de prática contínua possa ser questionada, discutida, e finalmente abandonada em apenas algumas décadas? [...] Por meio disto, é toda a concepção dos poderes que o homem exerce sobre a natureza e sobre os outros homens, sobre Deus e satã, que se vê finalmente questionada. [...] Em uma palavra: o abandono das perseguições por crimes de bruxaria representa o deslocamento de uma estrutura mental que foi parte integrante desta divisão do mundo durante séculos (MANDROU, 1968)[21].

Ao mesmo tempo em que a História nos oferece estruturas de solidez impressionante, como as resistentes estruturas

---

21 Em um artigo sobre a *História das mentalidades* (1978), Philippe Ariès traz a tese de Mandrou sobre a "perseguição à bruxaria" como um dos quatro exemplos sobre deslocamentos de estruturas de longa duração relativas às mentalidades. Os outros três exemplos são (1) as mudanças de atitudes mentais relativas à conservação da riqueza e ao pagamento de impostos, (2) as mudanças de expectativas em relação ao tempo cotidiano a partir do século XIII, e (3) as mudanças nos seculares hábitos de contracepção na França de fins do século XVIII. Cada um destes problemas históricos evidencia estruturas de longa duração relacionadas às mentalidades que, por motivos diversos que são precisamente os objetos de pesquisa, terminam por declinar ou se transfigurar em novas estruturas mentais. O artigo de Ariès foi publicado na coletânea *A Nova História* (1978), coordenada por Jacques Le Goff (ARIÈS, 1990: 154-176).

que regem as relações de algumas sociedades com seus meios naturais, ou como as persistentes estruturas de mentalidade – estruturas que parecem resistir ao assédio de eventos externos e à eclosão dos eventos internos ou que, depois de os produzirem, os reassimilam sem modificações visíveis nos seus elementos fundamentais – também existem (ou, melhor dizendo, podem ser percebidas pelas construções historiográficas) as estruturas mais flexíveis e as que se transformam mais radicalmente diante das reviravoltas, mesmo que perdurando em suas bases essenciais. O contraste entre a história das mentalidades e a história das ideias nos oferece exemplos relevantes. Distintamente da solidez de estruturas mentais como a da "dominação masculina", os historiadores podem estudar a persistência mais entrecortada de certos sistemas de pensamento ou da assimilação de determinados núcleos de ideias. Braudel dá-nos o exemplo da assimilação das propostas de Maquiavel no moderno pensamento político, em contraposição à inabalável persistência dos mitos nas sociedades naturais:

> Os mitos, lentos em seu desenvolvimento, correspondem eles também a estruturas de extrema longevidade. É possível, sem se preocupar em escolher a mais antiga, colecionar versões do Mito de Édipo, em que o problema consiste em arranjar as diversas variações e esclarecer, subjacente a elas, uma articulação profunda que as comanda. Mas suponhamos que nosso colega [historiador] se interesse não por um mito, e sim por imagens, por interpretações sucessivas do "maquiavelismo", que ele busque elementos de base de uma doutrina bastante simples e muito difundida, a partir de seu lançamento real no século XVI. A cada instante, aqui, quantas rupturas, quantas reviravoltas, até na própria estrutura do maquiavelismo, pois esse sistema não tem a solidez teatral, quase eterna, do mito; ele é sensível

aos incidentes e saltos, às intempéries múltiplas da História. Em uma palavra: ele não se encontra somente nas rotas tranquilas e monótonas da longa duração (BRAUDEL, 2011: 113-114.

É assim que se oferece, com toda clareza, o modelo braudeliano da dialética das durações. A obra de Braudel, tomada isoladamente, apresenta-nos um "modelo teórico do tempo histórico" perfeitamente acabado. Por outro lado, embora a criatividade aplicada aos modos de lidar com o tempo possa ser apontada como um dos mais fortes itens programáticos dos *Annales*, não se pode dizer que a Escola dos *Annales*, como um todo, tenha produzido efetivamente uma maior unidade teórica que, das diversas experiências autorais desenvolvidas no movimento, tenha concretizado um sistema único. Dito de outra forma, não existe um modelo teórico do tempo histórico que unifique todos os *annalistas* paradigmaticamente. De todo modo, é importante ressaltar que o problema do tempo levou os historiadores dos *Annales* a oportunizar toda uma série de expressões e conceitos que podem ser evocados quando pensamos na questão das temporalidades. Entre estes, ocupam destaque as noções de evento, estrutura, duração, permanência, movimento. Sobre o papel do "evento" no universo de modelos de compreensão do tempo que mais iremos encontrar nas realizações dos *Annales*, o traço comum a praticamente todos os historiadores do movimento – quase se configurando em uma palavra de ordem – é a já discutida crítica, em maior ou menor grau, à chamada História eventual. Contudo, os *annalistas* se dividem com relação à possibilidade de interação entre evento e estrutura. Há desde as propostas mais radicais que tentam elevar a seus limites extremos a abordagem estrutural e praticamente excluir o evento, até as propostas que permitem um espaço de afirmação do evento desde que dentro do quadro emoldurante da estrutura ou mesmo flutuando na polifonia de durações defasadas, até chegar a uma espécie de dialética da duração, à maneira de Braudel, "dentro da qual o evento só existe porque estruturado" (REIS, 1994a: 27).

Modos de articulação entre evento e estrutura

Inserir o evento na estrutura corresponde a pensar a mudança ou as diversas mudanças no interior da grande permanência, e, dentro desta concepção mais ampla, desdobram-se tendências e posicionamentos vários, trazendo certo número de maneiras de trabalhar com a articulação evento/estrutura. Assim, uma primeira divisão poderia ser vislumbrada no próprio momento de fundação dos *Annales*, com as figuras-chave de Marc Bloch e Lucien Febvre. Este último tendia a partir do evento, e a partir daí estruturá-lo ou encontrar seu lugar na estrutura. Marc Bloch, ao inverso, tendia a partir da estrutura. Fernand Braudel, por fim, conforme vimos nos exemplos anteriores, busca realizar a síntese. A função do evento estruturado ou do indivíduo notório que, em algumas obras de Febvre, podem dar a perceber questões sociais mais amplas, ou que podem mesmo iluminar algo que não tardaria a ser chamado de "mentalidade coletiva"[22], faz deste historiador um caso

---

22 O conceito de "utensilhagem mental" aparece em alguns textos de Febvre, entre os quais "Como reconstituir a vida afetiva de outras épocas" (FEBVRE, 1941). A palavra "mentalidades" também aparece tanto em Febvre como em Bloch (cf., por exemplo, o artigo de Febvre intitulado: "História e Psicologia: uma visão de conjunto" (1938), depois incorporado aos *Combates pela História* (FEBVRE, 1978: 114). Também encontraremos nos dois fundadores dos *Annales* outras palavras com a mesma intenção, como "atmosfera mental" de uma época, tal como registra a *Apologia da História*, de Marc Bloch (2001: 64).

singular, o que levou um de seus principais estudiosos, H.D. Mann, a se referir a ele como um estruturalista "antiestruturalista" (1971: 93-124). Suas obras sobre grandes personalidades como Rabelais (1942) ou Lutero (1953) confirmam essa leitura, e correspondem ao modelo que elege o evento significativo para posterior estruturação[23].

Alternativas, igualmente inovadoras, emergiram dos modos possíveis de relação entre evento e estrutura nas contribuições *annalistas* que lidaram com a longa duração. Como já foi dito, o tempo estrutural permite conceber, no interior da estrutura, não apenas os eventos, como também processos que realizam reversibilidade, repetições, ciclos. Este é o ponto de partida de uma tendência que se desdobra posteriormente do modelo estrutural que parte de Marc Bloch. O historiador da estrutura pode direcionar o seu olhar precisamente para os ciclos que se realizam no interior da estrutura, e esta busca esteve na origem de novas modalidades historiográficas como a História serial e a História quantitativa. Ao unir em torno de si um feixe tão significativo de inovações, a "longa duração" pode ser apontada como o grande conceito introduzido pelos *Annales* no que concerne à temporalidade.

---

23 Em um artigo sobre a "Noção de mentalidade em Bloch e Febvre", Burguière (1983) examina o contraste entre o modelo proposto por Febvre para a "análise da utensilhagem mental", que o aproxima de Henri Berr, e a abordagem que se desdobra de pelo menos uma das obras de Marc Bloch (*Os reis taumaturgos*), este já se configurando em um prenúncio da História das mentalidades que ainda estaria por vir dali a algumas décadas.

História imóvel

Posteriormente, as aberturas proporcionadas pela noção de "longa duração" chegarão, no limite, à possibilidade de propor uma "história imóvel", o que será feito por Le Roy Ladurie em um artigo de 1974 para a *Revista dos Annales* e em seu discurso de admissão para o Collège de France (1975). Devemos entender, todavia, que Ladurie não está de modo algum pretendendo chegar a uma ausência de movimento na História, com o quê esta perderia sua identidade mínima e terminaria por se converter em mera Antropologia Estrutural aplicada ao passado. Na verdade, o que Le Roy Ladurie sustenta é que, com relação à história de alguns aspectos, o historiador pode identificar "longas faixas de imobilidade", que parecem por um período considerável suspender a História por alguns instantes, até que ela recomece com novos ritmos[24].

Em *Camponeses do Languedoc* (1966), Ladurie procura examinar uma quase imobilidade de séculos no que concerne ao modelo de organização agrícola daquela região da França Medieval. Para além disto, há certamente os casos de antigos microcosmos aldeães que, em função de isolamento geográfico e de outras ausências de comunicação, parecem se situar à margem do tempo, ou imobilizar-se em uma época passada. Em outra de suas obras, o mesmo Le Roy Ladurie dá-nos o exemplo de uma aldeia occitânica chamada *Montaillou* (1975), na qual o catarismo resistiu para muito além de seu desbaratamen-

---

24 Para um comentário sobre o verdadeiro sentido da "História imóvel" de Le Roy Ladurie em sua conferência de admissão ao Collège de France (1975), cf. Vovelle, 2011: 394.

to na França do século XIII[25], chegando ao século XIV nesta pequena sociedade que também conservou outras estruturas arcaicas relacionadas ao modo de vida camponês e às formas de parentesco. Com isto, essa aldeia tornou-se uma espécie de *ritardo* de outro tempo, protegido pelas montanhas e pela inacessibilidade geográfica (LE ROY LADURIE, 1983)[26]. *Uma aldeia imóvel* (1972) é precisamente o título de uma obra na qual Gérard Bouchard conseguiu encontrar, na Sologne do século XVIII, uma aldeia que parecia ter parado no tempo em pleno período iluminista.

Presente e passado: uma alteridade interativa

O desenvolvimento de uma maior consciência da relação entre o presente e o passado pode ser considerado, no que con-

---

25 O catarismo foi praticamente aniquilado com a Cruzada Albigense – uma cruzada incentivada por Inocêncio III em 1209, contra senhorios e populações do sul da França que haviam aderido à heresia cátara, ou que se tornaram tolerantes a ela. Já em 1209 a maior parte dos cátaros da Provença e de Albi é esmagada, mas os últimos grandes focos na França foram eliminados em 1244 e 1255, com a queda das fortalezas de Montsegur e Quéribus. No restante do século XIII, a Inquisição cuidou de perseguir, individualmente, os últimos cátaros. A pequena aldeia de Montaillou, protegida por sua inacessibilidade geográfica e por sua inexpressiva importância econômica e política, conservou-se como uma persistência tardia.

26 Este livro de Le Roy Ladurie, ao trabalhar com um microcosmo aldeão preservado para a historiografia por um detalhado processo inquisitorial, aproxima-se da perspectiva da micro-história, corrente que será examinada num dos próximos volumes da coleção *Teoria da História*. Com *Montaillou – Uma aldeia occitânica entre 1294 e 1324* (1975), Le Roy Ladurie registra o seu deslocamento de uma historiografia que, na sua fase anterior, fora intimamente ligada ao modelo braudeliano, e que agora se configurava em uma nova antropologia histórica, conseguindo examinar com maestria uma pequena totalidade social – com inflexões sobre a cultura material, os modos de vida e os modos de pensar e de sentir – a partir da análise de um minucioso processo gerado pela Inquisição.

cerne às formas de abordar o tempo, outra contribuição importante da Escola dos *Annales*. Marc Bloch lembra que esta interação existe em duas vias, em uma passagem significativa da *Apologia da História* (1943) – este livro que é já um clássico para a compreensão do programa dos *Annales*. "Compreender o presente pelo passado", mas também "compreender o passado pelo presente", constituem as duas vias desta complexa relação[27]. O historiador francês também elabora, neste mesmo livro, uma definição de História que se tornou clássica. Em oposição à antiga definição de que "a História é o estudo do passado humano", Bloch propunha a definição de que "a História é a Ciência dos homens no tempo". Dizer isso significa que não importa, rigorosamente, se o historiador estuda esta ou aquela época do passado, ou se estuda mesmo o presente, disputando um território com os sociólogos e antropólogos. O que faria de um historiador um historiador seria o fato de que ele estuda os homens imersos na temporalidade, vivendo o tempo, percebendo o tempo, produzindo o tempo. O mesmo historiador que estuda o passado, de acordo com esta perspectiva, po-

---

[27] Sobre o mesmo tema, Braudel escreveu dois artigos: "A história das civilizações: o passado explica o presente" (1959) [1978b] e "No Brasil baiano: o presente explica o passado" (1959b: 325-336), ambos depois incluídos em *Escritos sobre a História* (1969). Além disto, os historiadores dos terceiros *Annales* também pensaram a sua identidade reconhecendo como um item essencial esta nova forma de conceber a relação entre as duas temporalidades. No verbete sobre os *"Annales"* do *Dicionário das Ciências Históricas* (1986), Andrés Burguière chega a considerar este aspecto como a principal contribuição dos *Annales* à historiografia: "Há no entanto alguma coisa de irreversível no modo pelo qual a prática dos historiadores se converteu ao 'espírito dos *Annales*', algo que merece o nome de revolução. Mais do que a renovação dos temas e objetos de pesquisa que propõe aos historiadores, é a mudança radical que preconiza em relação ao passado que define o paradigma dos *Annales*" (BURGUIÈRE, 1993: 53).

deria estudar o tempo presente – que, de fato, estaria em breve por se converter, em um futuro não muito distante, em mais uma modalidade histórica (a "história do tempo presente"). Por fim, uma última implicação do aforismo blochiano: nesta ciência dos homens no tempo, as temporalidades poderiam dialogar através da mediação do historiador. Fernand Braudel irá retomar esta ideia mais tarde, declarando ser ele mesmo "um historiador para quem a História é, ao mesmo tempo, conhecimento do passado e do presente, do 'tornado' e do 'tornar-se'" (BRAUDEL, 1978: 235-236).

Um primeiro desdobramento que podemos examinar no âmbito desta nova "consciência historiográfica das temporalidades" é, de fato, a compreensão de que a História, ainda que se referindo ao passado, faz-se no presente. Não que esta ideia tenha surgido pela primeira vez com os *Annales*, e já vimos que o desdobramento mais renovador e relativista do paradigma historicista também apontou para esta consciência de que a História se produz a partir de um ponto de vista, inclusive um ponto de vista pensado no tempo. E o presentismo de autores como Benedetto Croce e outros já tinha produzido a célebre frase que chamava atenção para o fato de que "toda história é contemporânea". Esta frase, pronunciada pela primeira vez por Croce, mas retomada por Febvre nos seus *Combates pela História*, está prenhe de significados. A História – uma obra de História – seja ela ambientada na História antiga, na Idade Média, no início da Idade Moderna, ou em qualquer outra época, é sempre uma "história contemporânea", porque é produzida na própria época do historiador.

No texto-manifesto no qual Febvre retoma o programa dos *Annales*, ele nos lembra mais uma vez o seu modelo de história por oposição a um outro, que considera o passado como algo dado. A sua História, a dos *Annales*, é "a que compreende e faz compreender; a que não é uma lição a ser aprendida a cada amanhã, com devoção – mas, sim, aquela que é de fato uma condição permanente da atmosfera" (FEBVRE, 2011: 83). Em seguida, no mesmo texto, Febvre reafirma a consciência de que a História é resposta às perguntas do Presente, e delineia com clareza mais um dos desdobramentos da consciência da História como forma interativa entre presente e passado, duas instâncias que são diferentes uma da outra:

> A História, resposta às perguntas que o homem de hoje necessariamente se faz. Explicação de situações complicadas, em meio às quais ele debaterá menos cegamente caso conheça a origem. Lembrança de soluções que foram soluções no passado e que, portanto, não poderiam de modo algum ser as soluções do presente. Compreender bem em quê o passado difere do presente: que escola de flexibilidade para o homem alimentado de história (FEBVRE, 2011: 83[28].

A História que traz a consciência de que o passado é diferente do presente, conforme vimos, é bem distinta da História na qual o presente pretende aprender do passado uma velha lição. Febvre parece dar também o seu sutil recado a respeito da velha ideia da história "mestra da vida". A História tem algo a nos ensinar, mas não de maneira linear, como uma fórmula que pode ser sempre empregada, uma vez aprendida através de ciclos que sempre se repetem. A História, parece frisar Febvre, não se repete. Uma lição que, pelo menos neste aspecto, parece ter sido apreendida do paradigma historicista (os

---

[28] Esse fecho parece nos remeter às *Considerações Intempestivas* de Nietzsche, quando, no texto "Sobre a utilidade e os inconvenientes da história para a vida" (1873), o filósofo alemão insiste, mais do que tudo, em uma relação entre a História e a vida.

fatos não repetíveis), mas sem trazer concomitantemente a concepção de tempo na qual o passado e o presente estabelecem uma continuidade, um único fluxo no qual se esvanece o corte que poderia ser feito pela operação historiográfica. No caso do modelo proposto pelos *Annales*, aprende-se com o passado precisamente porque o passado é distinto do presente. Sobretudo, é preciso que o historiador faça História mergulhado na vida – seja por estar mergulhado na vida de sua própria época, seja por apreender do passado o que há nele de vivo. Assim termina o *Manifesto contra o vento* (1946):

> Método histórico, método filológico, método crítico: belas ferramentas de precisão. Eles honram seus inventores e essas gerações de usuários que as receberam de seus antecessores e as aperfeiçoaram. Mas saber manejá-las, gostar de manejá-las – eis algo que não é suficiente para ser historiador. Apenas aquele que se lança na vida inteiramente – com o sentimento de que mergulhando nela, banhando-se nela, deixando-se impregnar, assim, pela humanidade presente – é digno deste belo nome; ele multiplica por dez suas forças de investigação, seus poderes de ressurreição do passado. De um passado que detém e que, em troca, lhe restitui o sentido secreto dos destinos humanos (FEBVRE, 2011: 84).

Como estabelecer, entretanto, esta singularidade que é ao mesmo tempo um abismo e uma ponte entre duas temporalidades? A resposta está em pensarmos de maneira combinada e interativa os dois itens programáticos dos *Annales*: a "consciência do tempo" e a "História-problema". Presente e passado são distintos, contudo, para além de estarem atravessados de vida e humanidade – o que já estabelece um certo território comum – ligam-se entre si através do problema. O problema, tal como já foi ressaltado, é sempre formulado a partir do presente, e é através dele que se reconstrói, em um só movimento, o passado examinado e o tempo histórico (uma periodização, um jogo de durações, uma estruturação específica). A ideia é que, com a operação historiográfica, estabelece-se uma comunicação mútua entre dois diferentes, na verdade entre dois mundos, de modo que aqui a perspectiva dos *Annales* opõe-se frontalmente ao padrão da História positivista que tende a ver o passado como um objeto analisado pelo historiador, sem a ele retornar. Com a perspectiva dos *Annales*, o presente coloca as questões de sua época para o passado, estruturando-o a partir de uma problematização, e reciprocamente o passado recoloca novas questões para o presente, permitindo que na operação historiográfica não apenas o historiador compreenda o passado, tal como ocorre na perspectiva historicista mais tradicional (neorrankeana), mas também compreenda a si mesmo. Esta consciência sobre a possibilidade de estabelecer uma reciprocidade entre as duas temporalidades, sem deixar de assumir a sua alteridade, foi posteriormente retrabalhada por autores diversos que não se identificam com os *Annales*, como Reinhart Koselleck (1979) e Paul Ricoeur (1983-1985). Além disto, como bem nos mostra o "terceiro *annalista*" André Burguière, esta mesma consciência historiográfica acerca da alteridade interativa entre presente e passado prosseguiu como um item programático importante para a terceira geração dos *Annales*:

> Os *Annales* ajudaram o historiador a libertar-se da visão "bela adormecida" de um passado condenado à sua própria reconstituição, com sua organização cronológica, à medida que o erudito exuma arquivos. O objeto da ciência histórica não é dado pelas fontes, mas construído pelo historiador a partir das solicitações do presente. Passado e presente se esclarecem reciprocamente a partir do momento em

que a análise historiográfica estabelece uma relação "generativa" (quando o historiador reconstitui a gênese de uma configuração presente) ou "comparativa" (quando o efeito de distância entre uma forma de organização, um comportamento de uma outra época e seus equivalentes atuais permite comparar e conferir sentido à realidade social que nos cerca) (BURGUIÈRE, 1993: 53-54).

O problema da distinção entre presente e passado também permite perceber uma diferença sutil entre a proposta de alguns dos historiadores dos *Annales* e o modelo de tratamento das temporalidades predominante no setor do historicismo que se inspira nas conquistas hermenêuticas encaminhadas através de Wilhelm Dilthey (1833-1911) e, mais particularmente, de Hans-Georg Gadamer (1900-2002) através do viés heideggeriano. Recuperando toda uma contribuição histórica da hermenêutica até a sua época, Hans-Georg Gadamer ultrapassa a perspectiva de Dilthey a partir de Heidegger, e busca frisar que o historiador só pode "compreender" porque participa de uma tradição diante da qual deve se colocar simultaneamente como herdeiro e como intérprete. Desta maneira, acompanhando a tendência geral do historicismo, a hermenêutica gadameriana tende a incorporar presente e passado em uma contemporaneidade na qual se insere o historiador. Já os historiadores dos *Annales*, conforme já foi ressaltado, tendem a remarcar mais a distinção entre presente e passado. Estas preocupações nuançadas em unir ou separar as temporalidades produzem uma distinção sutil, não avessa a porosidades e possibilidades de acordo (acordes), mas que de todo modo acabam favorecendo a cada lado uma pauta de temas a serem tratados nas reflexões teóricas sobre as temporalidades.

Entre as discussões que mais preocupam os historiadores dos *Annales* está a ênfase na necessidade vital de evitar o anacronismo, o que é um sintoma significativo. Alguns dos *annalistas* que refletiram sobre o enigma das temporalidades tendem a ressaltar que o tempo histórico é percebido, como bem destaca Ariès em *O tempo da História* (1986), exatamente nesta surpreendente diferença entre o presente e o passado, ou, ainda, na diferença entre as várias estruturas entre si, consideradas sob a perspectiva de estruturas totais e fechadas que se sucedem. Deste modo, "o passado e o presente são diferentes que dialogam, e não a continuidade cumulativa do mesmo" (REIS, 1994: 26).

O passado é uma terra estrangeira?

A noção muito forte de que o passado é diferença em relação ao presente – e de que cada época pode se diferenciar de uma outra como se fosse uma terra estrangeira – pode ser ilustrada com os comentários encaminhados em 1942 por Lucien Febvre com sua obra sobre *O problema da descrença no século XVI: a religião de Rabelais* (1968: 157). Ali, ele chama atenção para o instrumental particular de cada civilização, e ressalta que "nenhuma civilização está assegurada de poder transmitir essa *outillage* a épocas que vão lhe suceder". A França do século XVI, no que se refere à sua utensilhagem mental mais específica, pode ser tão diferente da França do século XX como, mal comparando, podem ser duas civilizações distintas ou duas nações estrangeiras. Por acreditar na importância de pensar a possibilidade deste abismo, e de encontrar as pontes certas que permitiriam transpô-lo, Lucien Febvre dedicava especial cuidado ao chamar a atenção para os riscos do anacronismo.

Por outro lado, há outra questão fundamental da qual pode o historiador se beneficiar com relação à alteridade entre presente e passado. Se uma época passada pode ser considerada uma terra estrangeira para o historiador, haveria como tirar partido desta situação (isto é, tratá-la como caminho, e não como obstáculo)? Como fazer do "estranhamento" entre duas épocas um aliado da operação historiográfica? Fernand Braudel [1958], mas antes dele Philippe Ariès (1954), discutem esta questão a partir do conceito de "desenraizamento":

> Philippe Ariès insistiu sobre a importância do sentimento de desenraizamento e de surpresa na explicação histórica: você imputa ao século XVI uma estranheza que é sua, homem do século XX. Porque essa diferença? O problema está colocado. Mas eu diria que a surpresa, o sentimento de desenraizamento, o distanciamento – esses grandes meios de conhecimento – tampouco deixam de ser necessários para compreender aquilo que está ao nosso redor, e tão próximo que não chegamos mais a enxergá-lo com nitidez. Viva em Londres durante um ano, e você verá que mal conhece a Inglaterra. Mas, por comparação, à luz de uma certa capacidade de se espantar, será possível compreender bruscamente alguns dos traços mais profundos e originais da França, exatamente aqueles que não eram conhecidos por serem conhecidos demais. Diante do atual, o passado também é desenraizamento (BRAUDEL, 2011: 101-102).

Considerações finais

As contribuições dos *Annales* para a abertura de novas possibilidades de conceber o tempo histórico, conforme vimos, são inúmeras. Os historiadores *annalistas* contribuíram tanto para o repertório de percepções historiográficas do tempo – notadamente com a dialética das durações e com a possibilidade de considerar a história sob a perspectiva da longa duração – como também não deixaram de refletir significativamente sobre as relações entre as três temporalidades (passado, presente e futuro) no trabalho do historiador. Esta última ordem de reflexões vai ao encontro das preocupações de historiadores e filósofos ligados a outros circuitos historiográficos, como é o caso de Koselleck e Hannah Arendt, dois autores que examinaremos no próximo capítulo. O problema dos modelos de tempo na História e na historiografia, de todo modo, segue como uma questão importante para as futuras gerações de historiadores e filósofos da História.

5

RELAÇÕES ENTRE PRESENTE, FUTURO E PASSADO: KOSELLECK, HANNAH ARENDT E KAFKA

*Quem busca encontrar o
cotidiano do tempo histórico
deve contemplar as rugas
no rosto de um homem, ou
então as cicatrizes nas quais
se delineiam as marcas
de um destino já vivido.
Ou, ainda, deve evocar na
memória a presença, lado a
lado, de prédios em ruínas
e construções recentes,
vislumbrando assim a notável
transformação de estilo
que empresta uma profunda
dimensão temporal a uma
simples fileira de casas; que
observe também o diferente
ritmo dos processos de
modernização sofrido por*

diferentes meios de transporte
que, do trenó ao avião,
mesclam-se, superpõem-se e
assimilam-se uns aos outros,
permitindo que se vislumbrem,
nessa dinâmica, épocas inteiras
(KOSELLECK, 2006).

As reflexões sobre as temporalidades no século XX

A enigmática relação entre as três instâncias da temporalidade – "passado", "presente" e "futuro" – tem sido desde há muito objeto de reflexão de filósofos, historiadores e cientistas sociais. Em um dos capítulos iniciais deste livro, vimos que, já na Antiguidade Greco-Romana, Santo Agostinho e Aristóteles dedicaram ao "tempo" reflexões importantes que têm servido como patamares para diálogos entre filósofos contemporâneos, tais como Heidegger (1927) e Paul Ricoeur (1983-1985). Os séculos XX e XXI foram, de sua parte, pródigos com relação à produção original de uma reflexão sistemática sobre o tempo nas ciências humanas.

Entre os historiadores propriamente ditos, talvez poucos tenham fornecido um instrumental teórico tão apropriado para compreender esta questão na historiografia – mais especificamente do ponto de vista de uma correlação entre as três instâncias da temporalidade (passado, presente, futuro) – como o historiador alemão Reinhart Koselleck (1923-2006). Por outro lado, a preocupação com as modernas formas de sensibilidade que se desenvolveram em torno das três instâncias da temporalidade também constituíram importante objeto de reflexão da filósofa política alemã Hannah Arendt (1906-1975).

Nosso objetivo neste capítulo será o de não apenas abordar as considerações sobre as três temporalidades desenvolvidas por Koselleck em sua obra *Futuro-passado* (1979), como também examinar aquelas reflexões anteriores que haviam sido encaminhadas por Hannah Arendt sobre o mesmo tema (1954), partindo, neste caso, das ponderações desta autora sobre um notável *insight* de Franz Kafka sobre a questão (1945, post.). A temática mais específica sobre a qual recairá nossa análise será a da "quebra entre o passado e o presente", um fenômeno de sensibilidade do homem moderno perante o tempo que foi apontado tanto por Koselleck como por Hannah Arendt, mas cada qual situando esta "quebra" em um momento diferenciado da contemporaneidade.

Certamente que diversos outros autores mereceriam um olhar igualmente atento, uma vez que produziram contribuições particularmente significativas no sentido de demonstrar que as relações entre as instâncias temporais, ao lado de suas formas de percepção pelos seres humanos, devem ser sempre compreendidas como construções socioculturais, historicamente consideradas. O economista francês Jacques Attali, por exemplo, publicou no início da década de 1980 uma interessante *História do tempo* (1982)[1]. Norbert Elias, cuja sociologia histórica foi tão importan-

---

1 Jacques Attali, economista por formação, escreveu obras que se referem a variados campos de saber, para além de suas contribuições à Economia. Da Ciência Política às biografias de personagens como Marx, Pascal, Ghandi e Warburg, passando pela historiografia e pela filosofia, Attali também escreveu sete romances e duas peças de teatro. Com relação ao ensaio sobre a *História do tempo* (1982), Attali desenvolve uma rica reflexão sobre o que é pensar o tempo, considerando, sobretudo, como este é ressignificado e apropriado pelas práticas sociais.

te para os historiadores, também publicaria pouco depois o seu estudo *Sobre o tempo* (1984), elaborando considerações sobre a correlação entre tempo e sociedade. No âmbito mais específico da historiografia, e neste caso já doze anos antes do próprio livro de Koselleck, podemos lembrar ainda um artigo de Edward Thompson para a revista *Past and Present* (1967), no qual o historiador inglês já discorria sobre a necessidade incontornável de pensar o tempo e suas codificações sempre no quadro das relações sociais que os produzem e deles se apropriam[2].

Koselleck e as três temporalidades

A contribuição de Reinhart Koselleck (1923-2006) para a compreensão do tempo histórico – considerado sob a perspectiva de um "tempo múltiplo" – é particularmente interessante, pois ele a enriquece com conceitos bastantes operacionáveis. Para ele, trata-se de perceber como, em cada presente, as instâncias do passado e do futuro são postas em relação. De fato, a hipótese de trabalho fundamental do conjunto de ensaios reunidos em *Passado-futuro*, publicados originalmente por Koselleck em 1979, o que pode ser chamado de "tempo histórico" constitui-se precisamente no processo de determinação da distinção entre passado e futuro (1979: 16). Os conceitos essenciais, que permitem compreender o papel fundamental do passado e do futuro na vida humana, são os de "campo da experiência" (o passado), e "horizonte de espera" (o futuro).

---

2 Entre outras referências importantes, podemos ainda lembrar *L'Ordre du temps*, de Krysztof Pomian (1984), publicado na mesma época do ensaio de Norbert Elias sobre o tempo, e a já discutida tríade de ensaios publicada sob o título de *Tempo e narrativa*, por Paul Ricoeur (1983-1985), a qual, por sinal, também desenvolve críticas importantes sobre as perspectivas de Koselleck.

Koselleck parte do pressuposto de que a atualização do passado (a experiência) e a atualização do futuro (a expectativa) são presenças sentidas de modo fundamentalmente diferente pelo humano. Mais ainda, torna-se particularmente importante compreender não apenas o passado ou o futuro em si mesmos, mas a relação entre ambos enquanto "campo da experiência" e "horizonte de expectativa", a sua assimetria, o recobrir-se ou não de um pelo outro, o encurtamento de um para dar espaço à expansão do outro, a tensão entre estes dois polos a partir de cada presente.

Desta maneira, um certo número de relações possíveis entre as três instâncias – passado, presente e futuro – pode caracterizar um determinado tipo de percepção social do tempo. Em alguns contextos sociais, uma valorização do passado pode se solidarizar com a ideia de presente por oposição ao futuro. Ou, inversamente, uma valorização do presente pode se solidarizar com as expectativas de transformação trazidas pelo futuro, em contraposição a uma franca desvalorização do passado, tal como geralmente ocorre sob os contextos dominados por perspectivas revolucionárias. De igual maneira, assimetrias diversas e de tamanhos variáveis entre as três instâncias da temporalidade podem se acrescentar à constituição de um padrão de percepção social do tempo: o passado que se alonga extensamente em detrimento do futuro (ampliação do "campo de experiência" em detrimento do "horizonte de espera"), ou o futuro que se percebe como extenso em detrimento do passado. Se desaparece, no limite, a assimetria entre passado e futuro, chega-se à abolição da historicidade, a uma história imóvel que parece ter-se tornado apenas simultaneidade.

O ponto de partida desta proposição teórica desenvolvida por Koselleck é o de que a relação entre passado e futuro – ou entre "campo da experiência" e "horizonte de expectativa" – varia de acordo com o momento na história da vida de um indivíduo, de uma sociedade, de uma certa corrente cultural, de uma determinada prática. A apreensão do tempo, avaliável em termos da relação entre "campo da experiência" e "horizonte de expectativa", modifica-se na própria passagem do tempo. O exemplo clássico, evocado de passagem pelo próprio Koselleck, pode ser dado com a própria vida de um indivíduo que, na sua infância, juventude, maturidade ou velhice, pode perceber o passado e o futuro (e a sua relação) de modos muito diferenciados. Assim, ao habitar o mesmo indivíduo um novo presente, a relação entre passado e futuro transmuda-se. Koselleck busca examinar situações como estas, mas já se referindo a sociedades.

Um sistema conceitual para compreensão do tempo

A "experiência" e a "expectativa" são apresentadas por Koselleck como duas categorias históricas (duas categorias para uso da Teoria da História, melhor dizendo) que "entrelaçam passado e futuro" (KOSELLECK, 2006: 308). Este é o ponto de partida para o seu sistema conceitual de compreensão do tempo histórico, e por isso devemos começar com um esforço de esclarecimento acerca do significado e da pertinência destas duas noções. Por que um "espaço de experiência"; e por que um "horizonte de expectativas"? O que significam, no sistema proposto por Koselleck, cada uma destas palavras, e como elas se relacionam reciprocamente? Consideremos, inicialmente, que a *experiência* pertence ao passado que se concretiza no presente de múltiplas maneiras: através da memória, dos vestígios, das permanências e, para os historiadores, das fontes históricas. Talvez não haja definição mais precisa do que aquela que é trazida pelo próprio Koselleck.

> A experiência é o passado atual, aquele no qual acontecimentos foram incorporados e podem ser lembrados. Na experiência se fundem tanto a elaboração racional quanto as formas inconscientes de comportamento, que não estão mais, que não precisam estar mais presentes no conhecimento. Além disso, na experiência de cada um, transmitida por gerações e instituições, sempre está contida e é preservada uma experiência alheia. Neste sentido, também a História é desde sempre concebida como conhecimento de experiências alheias (KOSELLECK, 2006: 309-310).

Já as *expectativas* – que visam o futuro – correspondem a todo um universo de sensações e antecipações que se referem ao que ainda virá. Nossos medos e esperanças, nossas ansiedades e desejos, nossas apatias e certezas, nossas inquietudes e confianças – tudo o que aponta para o futuro, todas as nossas expectativas, fazem parte deste "horizonte de expectativas". As expectativas, além disto, não apenas são constituídas pelas formas de sensibilidade com relação ao futuro que se aproxima, mas também pela curiosidade a seu respeito e pela análise racional que o visa. A expectativa, enfim, é tudo aquilo que hoje (ou em um determinado presente) visa o futuro, crivando-o das sensações as mais diversas. É por isto que Koselleck lembra que, tal como a *experiência* (esta herança do passado) realiza-se no presente, "também a *expectativa* se realiza no hoje", constituindo-se, portanto, em um *futuro-presente*.

Embora a *experiência* associe-se comumente ao passado-presente, e a *expectativa* ao futuro-presente, é importante atentar para a já mencionada afirmação de Koselleck de que estas duas categorias "entrelaçam o futuro e o passado". Elas não se opõem uma à outra, como em uma dicotomia qualquer; e de fato "experiência" e "expectativa" estão sempre prontas a repercutir uma sobre a outra. São categorias complementares, visto que a experiência abre espaços para um certo horizonte de expectativas. Mais ainda, uma experiência ou o "registro de uma experiência" referido a um passado remoto pode produzir, em outra época, expectativas relacionadas ao futuro. Koselleck, em um de seus textos mais elucidativos acerca deste sistema conceitual, fornece um exemplo extraído da própria história conhecida. O exemplo é autoesclarecedor:

> Podemos citar um exemplo simples: a experiência da execução de Carlos I abriu, mais de um século depois, o horizonte de expectativas de Turgot, quando ele insistiu com Luís XVI que realizassem as reformas que o haveriam de preservar de um destino semelhante. O alerta de Turgot ao rei não encontrou eco. Mas entre a Revolução Inglesa passada e a Revolução Francesa futura foi possível descobrir e experimentar uma relação temporal que ia além da mera cronologia. A história concreta amadurece em meio a determinadas experiências e determinadas expectativas (KOSELLECK, 2006: 308-309)[3].

Outro aspecto particularmente interessante da terminologia utilizada por Koselleck relaciona-se aos dois conceitos que

---

3 Ideias análogas são remarcadas por Walter Benjamin em diversas passagens das *Teses sobre o conceito de História*, mas associando estas proposições ao sistema conceitual do materialismo histórico. Neste célebre texto, o filósofo fornece vários exemplos de práxis revolucionárias que se valeram da rememoração como uma força explosiva apta a unir dois pontos na História. Na tese n. 14, Benjamin lembra que "a Antiga Roma era, para Robespierre, um passado carregado de 'agoras', que ele fazia explodir no *continuum* da História", e que "a Revolução Francesa se via como uma Roma ressurreta" (BENJAMIN, tese n. 14, 2008: 230). Na tese n. 12, ele mostra como cada última classe oprimida em luta vê-se como herdeira de uma história milenar de lutas e resistências, e evoca o exemplo da liga *Spartakus*, fundada na Alemanha de 1919 por Rosa Luxemburgo e Liebknecht sob o emblema da milenar rebelião de escravos romanos que se vê ressignificada à luz insurreição operária do início do século XX. Para um estudo sobre as teses de Walter Benjamin, cf. LOWI, 2005: 129.

se antepõem, em cada caso, às ideias de "experiência" e "expectativa". Tentemos compreender por que um "*espaço* de experiência" e um "*horizonte* de expectativas". A partir dos conceitos fundamentais de Koselleck, vamos construir uma possibilidade de explicação e entendimento de como funcionam as imagens do "espaço" e do "horizonte" nestas duas noções criadas por Koselleck para favorecer uma compreensão mais complexa acerca das temporalidades.

O "passado-presente" pode melhor ser representado como um *espaço* porque concentra um enorme conjunto de coisas já conhecidas. Pensemos na figura acima como uma possibilidade de representação. Ela é composta de uma linha horizontal, que representará o horizonte de expectativas, e de um semicírculo colado a esta, que representará o campo de experiências. Existe uma infinita região do passado que não é conhecida, e que, na verdade, jamais será conhecida. Podemos entender este passado incognoscível, do qual jamais saberemos nada a respeito, como estando fora do semicírculo. Aquilo que não deixou memória, ou cujas memórias já pereceram; aquilo que não deixou vestígios, nem fontes para os historiadores; aquilo que não está materializado no presente a partir das permanências, das continuidades, da língua, dos rituais ainda praticados, dos hábitos adquiridos, tudo isto faz parte de uma experiência perdida, que se situa fora do semicírculo. O que está dentro do semicírculo, contudo, corresponde ao "espaço de experiência". Tudo o que ficou do que um dia foi vivido, e que se projeta hoje no presente de alguma maneira, está concentrado neste espaço que é fundamental para a vida, e particularmente vital para os historiadores – pois estes só podem acessar o que foi um dia vivido através deste espaço de experiências que se aglomeram sob formas diversas, e dos quais eles, historiadores, extraem as suas fontes históricas. Tal como esclarece Koselleck, a experiência elabora acontecimentos passados e tem o poder de torná-los presentes, e neste sentido está "saturada de realidade" (2006: 312)[4].

Pode-se pensar ainda na transferência de elementos do "campo de experiência" para aquele espaço indefinido do passado que já se mostra inacessível à memória e aos historiadores. Memórias podem se perder, fontes podem se deteriorar e se tornar ilegíveis, arquivos podem se incendiar, rituais podem deixar de serem praticados, e tradições podem passar a não mais serem cultivadas.

Quando morre um indivíduo, certamente o mundo perde para este espaço exterior algo do que poderia ser conhecido, do que estava efemeramente situado dentro do semicírculo e que jamais poderá ser recuperado. A História oral, uma modalidade mais recente das ciências históricas, apresenta, aliás, uma conquista extremamente importante para a historiografia, e mesmo para a humanidade. Através desta abordagem histórica é possí-

---

4 Koselleck assim justifica sua escolha da metáfora espacial para o campo da "experiência": "Tem sentido se dizer que a experiência proveniente do passado é espacial, porque ela se aglomera para formar um todo em que muitos estratos de tempos anteriores estão simultaneamente presentes, sem que haja referência a um antes e um depois" (KOSELLECK, 2006: 311).

vel fixar o que um dia irá perder, pois as memórias podem ser registradas em depoimentos, gravados ou anotados, e as visões e percepções de mundo de indivíduos que um dia irão perecer também podem encontrar o seu registro.

É possível imaginar que algo do que também parecia estar condenado ao espaço exterior também venha a ser deslocado um dia para dentro do semicírculo, nos momentos em que os historiadores descobrem novas fontes, ou mesmo novas técnicas para extrair de fontes já conhecidas elementos que antes não pareciam fazer parte do "espaço de experiência".

Qualquer passado, qualquer coisa que hoje está no interior deste semicírculo que é o "espaço de experiência" ou o "passado-presente", assim como ainda aquilo que se perdeu para fora dele, mas que um dia também foi vivido, já correspondeu outrora a um presente. Nosso presente, cada instante que vivenciamos, logo se tornará um passado, e o mesmo ocorrerá com o futuro que ainda não conhecemos. Por isto mesmo, a cada segundo, a cada novo presente, o *espaço de experiência* se transforma. O que podemos acessar de um vivido e de uma experiência que nos chega do passado revolve-se constantemente, reapresentando-se a cada vez de uma nova maneira[5]. As próprias experiências já adquiridas podem mudar com o tempo. Koselleck dá-nos o exemplo da ascensão do nazismo, em 1933, entre os quais o incêndio criminoso do Parlamento Alemão. "Os eventos de 1933 aconteceram de uma vez por todas, mas as experiências baseadas neles podem mudar com o correr do

---

5 Em *Futuro-passado* (1979), no ensaio em que discute os conceitos de "espaço de experiência" e "horizonte de expectativas", Koselleck toma emprestada uma imagem de Christian Metz: "o olho mágico de uma máquina de lavar, atrás do qual de vez em quando aparece esta ou aquela peça colorida de toda a roupa que está contida na cuba" (KOSELLECK, 2006: 311).

tempo; as experiências se superpõem, impregnam-se umas das outras" (KOSELLECK, 2006: 312-313)[6].

Quanto ao "futuro-presente" (este futuro que ainda não ocorreu, mas cuja proximidade ou distância repercute no presente sob a forma das mais diversas expectativas), este é representável por uma linha. Na verdade, é representado por uma linha porque é efetivamente o que está para além desta linha, correspondendo àquilo que ainda não é conhecido. Temos apenas uma "expectativa" sobre o futuro, mas efetivamente não podemos dizer como ele será. Por isso a metáfora do horizonte – o extremo limite que se oferece à visão, e para além do qual sabemos que há algo, mas não sabemos exatamente o que é. Sempre que nos aproximamos do horizonte, ele recua, de modo que nunca deixará de persistir como uma linha além da qual paira o desconhecido, que logo se tornará conhecido porque se converterá em presente. Conforme as próprias palavras de Koselleck, "horizonte quer dizer aquela linha por trás da qual se abre no futuro um novo espaço de experiência, mas um espaço que ainda não pode ser contemplado; a possibilidade de se descobrir o futuro, embora os prognósticos sejam possíveis, depara-se com um limite absoluto, pois ela não pode ser experimentada" (KOSELLECK, 2006: 311).

Entre estas duas imagens se comprime o presente: um fugidio momento de difícil representação visual que parece se comprimir entre o espaço concentrado que representa o passado (e ao qual logo se incorporará o próprio presente) e a linha

---

6 Koselleck ainda acrescenta: "E mais: novas esperanças ou decepções retroagem, novas expectativas abrem brechas e repercutem nelas. Eis a estrutura temporal da experiência, que não pode ser reunida sem uma expectativa retroativa" (2006: 313).

fugidia que representa o futuro – esta linha eternamente móvel, uma vez que rapidamente o que ela traz, tão logo se torne conhecido, transforma-se por um segundo em presente e logo depois passa a ser englobado pelo interior do semicírculo que corresponde ao "espaço de experiência" (quando não se perde no passado incognoscível situado fora do semicírculo).

É importante ressaltar ainda que o "passado-presente" e o "futuro-presente", ou o "campo de experiências" e o "horizonte de expectativas", não constituem conceitos simétricos – ou "imagens especulares recíprocas" tal como alerta Koselleck (2006: 310). Imaginariamente, o campo de experiência, o presente, e o horizonte de expectativas podem produzir as relações mais diversas, e assim ocorre no decorrer da própria história. Há épocas em que o tempo parece, à maior parte dos seus contemporâneos, desenrolar-se lentamente, e há outras em o tempo que parece estar acelerado, em função da rapidez das transformações políticas ou tecnológicas[7]. Existem períodos da história, crivados de movimentos revolucionários, nos quais os agentes que deles participam desenvolvem a sensação de que o futuro é aqui agora, tendo se fundido ao presente. Em outros, inclusive,

---

7 "O que antes marchava passo a passo, agora vai a galope", dizia o escritor nacionalista e poeta Ernst Moritz Arndt (1769-1860) em 1807 (KOSELLECK, 2006: 289). De igual maneira, inúmeros autores do século XIX, investigados por Koselleck, parecem se manifestar acerca desta nova sensação de aceleração temporal que é típica da Modernidade, tal como o poeta e historiador Alphonse de Lamartine (1790-1869), na seguinte passagem de *História da Restauração* (1851): "Não há mais história contemporânea; os dias de ontem já parecem estar sepultados bem fundo nas sombras do passado" (LAMARTINE, 1851: 1). É também este o caso do historiador alemão Georg Gottfried Gervinus (1805-1871), que em sua *Introdução à História do século XIX* (1853: 174) observava que os movimentos do século XIX "sucedem-se no tempo quase em progressão geométrica". Sobre isto, ver outro ensaio de Koselleck, intitulado "Modernidade", incluído em *Futuro-passado* (2006: 267-303).

o futuro parece permanecer "atrelado ao passado", tal como naqueles em que as expectativas do futuro não se referem a este mundo, mas sim a um outro que será escatologicamente trazido pela redenção dos tempos[8]. As fusões e clivagens que se estabelecem imaginariamente entre as três temporalidades – passado, presente e futuro – podem aparecer ao ambiente mental predominante em cada época, e às consciências daqueles que vivem nestas várias épocas, de maneiras bem diferenciadas.

Tensões entre expectativas e experiências

Para Koselleck, o tempo histórico é ditado, de forma sempre diferente, pela tensão entre expectativas e experiência (2006: 313). Há por exemplo ações e práticas humanas que são constituídas precisamente por esta tensão, tal como ocorre com a elaboração de "prognósticos", que sempre exprimem uma expectativa a partir de um certo campo de experiências (portanto, a partir de um "diagnóstico").

Diz-nos também o historiador alemão que "o que estende o horizonte de expectativa é o espaço de experiência aberto para o futuro", o que se pode dar de múltiplas maneiras, conforme a relação estabelecida entre as duas instâncias (2006: 313). Como se disse, em cada época pode haver uma tendência distinta a reavaliar a tensão entre o *espaço de experiência* e o *horizonte de expectativas* (ou entre o passado e o futuro, através

---

8 Koselleck dá o exemplo de um dos períodos da história europeia, anterior à segunda metade do século XVII, no qual "a doutrina cristã dos últimos dias impunha limites intransponíveis ao horizonte de expectativa". Neste caso, continua o historiador alemão, "a revelação bíblica, gerenciada pela Igreja, envolvia de tal forma a tensão entre experiência e expectativa que elas não podiam separar-se" (KOSELLECK, 2006: 315).

da mediação do presente). Ilustraremos este aspecto com uma das hipóteses de Koselleck. Na Modernidade "as expectativas passam a distanciar-se cada vez mais das experiências feitas até então" (2006: 314); em contrapartida, em todo o ambiente mental predominante no Ocidente até meados do século XVII, o futuro parecia permanecer fortemente atrelado ao próprio passado (2006: 315)[9]. Poderíamos mesmo pensar em duas representações para os dois momentos na história das sensibilidades europeias em relação ao tempo, já que, no período propriamente moderno, "o espaço de experiência deixa de estar limitado pelo horizonte de expectativa; os limites de um e de outro se separam" (KOSELLECK, 2006: 318)[10]:

---

9 Isso não quer dizer, obviamente, que não haja diferenças entre os grupos sociais e ambientes diversos com relação aos modos de perceber o tempo e de vivenciar as relações entre o "espaço de experiências" e o "horizonte de expectativas". Koselleck admite que "esta constatação, de uma transição quase perfeita das experiências passadas para as expectativas vindouras não pode ser aplicada de igual maneira a todas as camadas sociais" (KOSELLECK, 2006: 315).

10 Koselleck procura traçar o esboço histórico dos elementos que presidem esta mudança nas relações entre "espaço de experiências" e "campo de expectativas", que começa a se explicitar na segunda metade do século XVII e se acentua no decorrer do século XVIII. Três dos principais elementos aqui presentes serão a nova noção de progresso, a ocorrência de inovações tecnológicas em ritmo mais rápido, e a consequente sensação de "aceleração do ritmo temporal". Sobre o desenvolvimento do conceito de progresso Koselleck procura mostrar como se torna cada vez mais recorrente a ideia de que "o futuro será diferente do passado, vale dizer, melhor". A produção intelectual de filósofos como Kant (1784) estará a partir daí a serviço desta nova ideia de um futuro melhor, e que não pode ser previsto apenas "olhando para o passado" com base na ideia de que o mesmo sempre retorna, tal como ocorria com a velha ideia de uma História "mestra da vida" em Maquiavel (1512). "O 'progresso' é o primeiro conceito genuinamente histórico que apreendeu em um conceito único, a diferença temporal entre experiência e expectativa" (KOSELLECK, 2006: 320).

Duas representações: as relações entre "espaço de experiência" e "horizonte de expectativas" antes e depois de 1750

A cesura entre presente e passado em Hannah Arendt

O fenômeno de cesura potencial entre a contemporaneidade e a tradição – culminando com a sensação coletiva de uma "cisão entre o presente e o passado" que se atualiza a cada novo instante – já vinha sendo objeto de reflexão filosófica e de estudo mesmo antes de Koselleck, embora tenha sido este historiador um dos que trouxeram uma forma conceitual mais bem-acabada a este fenômeno tipicamente contemporâneo. Um dos mais notáveis exemplos da discussão anterior sobre a cesura entre presente e passado é o texto de Hannah Arendt (1906-1975), que traz o significativo título de *A quebra entre o passado e o futuro* (1954), no qual poderemos encontrar passagens como esta:

> O problema, contudo, é que, ao que parece, não parecemos estar nem equipados nem preparados para esta atividade de pensar, de instalar-se na lacuna entre o passado e o futuro. Por longos períodos em nossa história, na verdade no transcurso dos milênios que se seguiram à fundação de Roma e que foram determinados por conceitos romanos, esta lacuna foi transposta por aquilo que, desde os romanos, chamamos de tradição. Não é segredo para ninguém o fato de essa tradição ter-se esgarçado cada vez mais à medida que a época moderna pro-

> grediu. Quando afinal, rompeu-se o fio da tradição, a lacuna entre o passado e o futuro deixou de ser uma condição peculiar unicamente à atividade do pensamento e adstrita, enquanto campo de experiência, aos poucos eleitos que fizeram do pensar sua ocupação primordial. Ela tornou-se realidade tangível e perplexidade para todos, isto é, um fato de importância política (ARENDT, 2009: 40).

Hannah Arendt, neste pequeno texto no qual antecipa intuitivamente algumas das proposições de Koselleck para a compreensão da complexa relação entre as três temporalidades, também indica outro autor que, talvez pioneiramente, já havia antecipado as mesmas questões em plena década de 1920. Uma pequena e enigmática narrativa do escritor tcheco Franz Kafka (1883-1924), incluída na série "Notas do ano 1920"[11], descreve um sonho no qual um indivíduo (chamado no conto de "ele") defronta-se em um caminho linear com dois adversários que representam, respectivamente, as forças do passado e do futuro. Um empurra-o para a frente, ajudando-o a enfrentar o "passado". O outro lhe bloqueia o caminho e, na verdade, ajuda-o na luta contra o "passado". Arendt assim descreve a extraordinária percepção kafkiana desta situação complexa, que é exposta sob a forma de um enigma:

> Há, portanto, duas ou mesmo três lutas transcorrendo simultaneamente: a luta de "seus" adversários entre si, e a luta do homem com cada um deles. Contudo, o fato de chegar a haver alguma luta parece dever-se exclusivamente à presença do homem,

---

11 A série foi publicada, postumamente, em 1945. No Brasil, uma tradução das *Narrativas do espólio de Kafka*, produzidas entre 1914 e 1924, foi publicada há alguns anos (2002). Com relação à vida de Kafka, é imprescindível citar a biografia elaborada por seu amigo Max Brod (1945), traduzida para o francês neste mesmo ano, lembrando que Max Brod também foi o grande responsável pela publicação e divulgação das obras de Kafka.

sem o qual – suspeita-se – há muito as forças do passado e do futuro ter-se-iam neutralizado ou destruído mutuamente (ARENDT, 2009: 36)[12].

Esta extraordinária percepção kafkiana do tempo, antecipando em décadas a sistematização koselleckiana em torno dos conceitos de "espaço de experiência" e "horizonte de expectativas", consegue sintetizar sob a forma do sonho e do enigma a chave de certo setor da historiografia recente para enfrentar os desafios e dilemas do tempo. Esta historiografia recente logrou perceber, depois de uma longa estrada de certezas e incertezas que fora trilhada pelas reflexões historicistas, que as "relações entre temporalidades" a serem enfrentadas não apenas pelos historiadores, mas também pelas pessoas comuns de uma determinada época, envolvem sempre uma complexa relação em três âmbitos distintos: do presente com o passado (e sua recíproca), do presente com o futuro, e, por fim, uma relação entre futuro e passado. É no interior deste enigma que o historiador constrói o seu território.

---

12 Hannah Arendt acrescenta esta passagem a seus comentários sobre o "enigma da temporalidade" apresentado por Kafka: "Esse passado, além do mais, estirando-se por todo seu trajeto de volta à origem, ao invés de puxar para trás, empurra para a frente, e, ao contrário do que seria de esperar, é o futuro que nos impele de volta ao passado. Do ponto de vista do homem, que vive sempre no intervalo entre o passado e o futuro, o tempo não é um contínuo, um fluxo de ininterrupta sucessão; é partido, ao meio, no ponto onde 'ele' está; e a posição 'dele' não é o presente, na sua acepção usual, mas, antes, uma lacuna no tempo, cuja existência é conservada graças à 'sua' luta constante, à 'sua' tomada de posição contra o passado e o futuro" (ARENDT, 2009: 37). Ainda sobre a questão da temporalidade em Kafka, cf. os comentários de Günther Anders no ensaio *Kafka: pró e contra* (1969: 39), no qual o autor procura sintetizar todas as ambiguidades do pensamento de Kafka ante o enigma da temporalidade: "Todas as situações dos romances de Kafka são, de fato, imagens paralisadas. Na verdade, o ponteiro de segundos do desespero corre incessante e em alta velocidade no seu relógio, mas o dos minutos está quebrado e o das horas está parado".

Mais ainda, o enigma das temporalidades – proposto conceitualmente por Koselleck, intuído por Arendt, e poetizado por Kafka – revela uma tensão criadora entre este tempo complexo do vivido e uma certa imagem do tempo, já impressa de longa data na sensibilidade temporal de um homem ocidental que aprendeu a imaginar o tempo como um fluxo retilíneo e contínuo:

> Kafka descreve como a inserção do homem quebra o fluxo unidirecional do tempo, mas, o que é bem estranho, não altera a imagem tradicional conforme a qual pensamos o tempo movendo-se em linha reta. Visto Kafka conservar a metáfora tradicional de um movimento temporal e retilinear, "ele" [o homem que se situa na lacuna de tempo enfrentando o passado e o futuro] mal tem espaço bastante para se manter, e, sempre que "ele" pensa em fugir por conta própria, cai no sonho de uma região além e acima da linha de combate [...] (ARENDT, 2009: 37).

Às dificuldades de pensar o tempo humano, no interior de uma simples imaginação linear e unidirecional, Arendt (2009: 37) contrapõe a interessante possibilidade de imaginar que a presença do homem vivente e pensante, ao contrário de se inserir passivamente em uma estrutura linear rígida, já a "deforma", produzindo não apenas movimentos para a frente e para trás, mas também um encontro de temporalidades em "ângulo"[13]. Ao invés de:

---

13 "O que há de errado com a estória de Kafka, com toda a sua grandeza, é que dificilmente pode ser retida a noção de um movimento temporal e retilíneo quando o fluxo unidirecional deste é partido em forças antagônicas, dirigidas para o homem e atuando sobre ele. A inserção do homem, interrompendo o contínuo, não pode senão fazer com que as forças se desviem, por mais ligeiramente que seja, da sua posição original, e, caso assim fosse, elas não mais se entrechocariam face a face, mas se interceptariam em ângulo. Em outras palavras, a lacuna onde 'ele' se posta não é, pelo menos potencialmen-

Esta outra imagem do tempo:

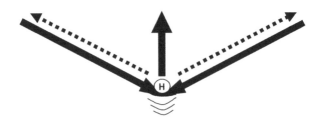

Não estamos distantes, com estas intuições filosóficas de Hannah Arendt a respeito da dinâmica das temporalidades, das proposições elaboradas por Reinhart Koselleck com vistas a compreender a interação entre as três temporalidades, ao lado da interação destas com o próprio homem de cada época. Trata-se, evidentemente, apenas de uma representação, destinada a clarificar a complexa interação entre estas três forças envolvidas no confronto das temporalidades: aquela que vem do passado (e ao mesmo tempo aponta para o "espaço de experiências"); aquela que parece vir do futuro (e ao mesmo tempo antecipa o "horizonte de expectativas"); e, por fim, o próprio "homem", instaurado com sua práxis e seu pensar nesta enigmática lacuna do tempo que é o presente, e que se autoproduz como força que interage com estas duas instâncias.

Podemos nos perguntar por que, somente no século XX, teriam finalmente amadurecido as condições para se lançar um olhar mais complexo sobre as temporalidades: primeiro intuiti-

---

te, um intervalo simples, assemelhando-se antes ao que os físicos chamam de um paralelogramo de forças" (ARENDT, 2009: 38).

vamente através de imaginações poéticas e oníricas como a de Franz Kafka, depois através da reflexão de filósofos como Hannah Arendt, e, por fim, através da cuidadosa sistematização conceitual elaborada por historiadores como Reinhart Koselleck. A percepção crescente do avivamento das contradições entre passado, presente e futuro – não mais apenas em pensadores perspicazes, mas mesmo por parte das pessoas comuns – talvez tenha se intensificado extraordinariamente com o advento dos totalitarismos no século XX, que trouxeram perplexidades inéditas a todos aqueles que vivenciaram (mesmo que através da memória e da História) os períodos das guerras mundiais e também a instalação posterior de novos totalitarismos[14].

---

14 Esta é a opinião de Hannah Arendt (um pouco distinta da de Koselleck). Para ela, conforme o seu ensaio *A tradição e a época moderna* (1956), "nem as consequências no século XX nem a rebelião do século XIX contra a tradição [Marx, Nietzsche e Kierkegaard] provocaram efetivamente a quebra em nossa história. Esta brotou de um caos de perplexidades de massa no palco político e de opiniões de massa na esfera espiritual que os movimentos totalitários, através do terror e da ideologia, cristalizaram em uma nova forma de governo e dominação. A dominação totalitária como um fato estabelecido, que, em seu ineditismo, não pode ser compreendida mediante as categorias usuais do pensamento político, e cujos 'crimes' não podem ser julgados por padrões morais tradicionais ou punidos dentro do quadro de referência legal de nossa civilização, quebrou a continuidade da História ocidental. A ruptura em nossa tradição agora é um fato acabado. Não é o resultado da escolha deliberada de ninguém, nem sujeita a decisão ulterior" (ARENDT, 2009: 54). Mais adiante, Arendt também aproximará o século XIX do período anterior e o contrastará, como um período mais amplo, a esta nova era que será o século XX, e que surge de uma ruptura catastrófica e irreversível: "Em si mesmo, o evento assinala a divisão entre a época moderna – que surge com as Ciências Naturais no século XVII, atinge seu clímax político nas revoluções do século XVIII e desenrola suas implicações gerais após a Revolução Industrial do século XIX – e o mundo do século XX, que veio à existência através de uma cadeia de catástrofes deflagrada pela Primeira Guerra Mundial" (ARENDT, 2009: 54).

Com a contemporaneidade – aqui entendida como este "breve século XX" (para utilizar a expressão de Hobsbawm) – ter-se-ia iniciado um novo viver coletivo para o qual Hannah Arendt acredita identificar um inédito modelo de sensibilidades que se acha crivado de perplexidades, e que já define uma nova época, cuja característica mais saliente está na sua diuturnamente reeditada "impermanência". A grande característica de nossa contemporaneidade seria precisamente esta "perda de fundamento do mundo" da qual nos fala Hannah Arendt em seu ensaio *O que é a Autoridade* (1958):

> [o mundo], com efeito, começou desde então a mudar, a se modificar e transformar com rapidez sempre crescente de uma forma para outra, como se estivéssemos vivendo e lutando com um universo proteico, onde todas as coisas, a qualquer momento, podem se tornar praticamente qualquer outra coisa (ARENDT, 2009: 132).

Koselleck, de fato, tem dois méritos importantes na história desta reflexão historiográfica e filosófica que tem procurado trazer alguma ordem a esta perplexidade humana diante das intrincadas relações entre as temporalidades. Antes de mais nada, ele deu a perceber que o fenômeno que atualmente inscreve em todos os indivíduos modernos esta brutal "consciência do novo" não foi apanágio do século XX, mas que o mesmo remonta ao século XIX – período que, mostrando neste aspecto uma identidade com o próprio século XX, já pode ser denominado como uma "segunda modernidade" (distinta da "primeira modernidade" que seria a que se inaugura com o século XVI)[15].

---

15 Neste ponto, Arendt diverge de Koselleck, uma vez que ainda percebe as mentalidades e sensibilidades do século XIX como fortemente ligadas à tradição, sem ter ocorrido ainda o rompimento entre o presente e o passado. Hannah Arendt traz neste caso, para o centro de sua análise, o Romantismo,

Em segundo lugar, poucos historiadores conseguiram fornecer um quadro conceitual tão eficaz para pensar, no âmbito historiográfico, esta nova ordem de problemas.

Podemos nos perguntar, e buscar uma tentativa de resposta a título experimental, se haveria alguma possibilidade de conciliarmos a percepção koselleckiana de ruptura temporal à altura da "segunda modernidade" (na curva do século XVIII para o XIX), e a percepção kafkiana de Hannah Arendt, para quem a ruptura dá-se, na verdade, com as catástrofes que iniciam o "breve século XX"[16]. Não poderia a música auxiliar a História?

---

com sua "exaltada glorificação e consciência da Tradição" (ARENDT, 2009: 53), e apenas situa como experiências relativamente isoladas as rebeliões contra a tradição que foram empreendidas por Marx, Nietzsche e Kierkegaard. Ela dirá que estes três autores "situam-se no fim de uma tradição, exatamente antes de sobrevir a ruptura" (ARENDT, 2009: 55). Desta maneira, estes três autores, para Hannah Arendt, situam-se em um limiar, mas ainda imersos na era anterior: "Kierkegaard, Marx e Nietzsche são para nós como marcos indicativos de um passado que perdeu sua autoridade. Foram eles os primeiros a pensar sem a orientação de nenhuma autoridade, de qualquer espécie que fosse; não obstante, bem o mal, foram ainda influenciados pelo quadro de referência categórico da grande tradição" (ARENDT, 2009: 56).

16 Este esforço é importante. Isto porque, à parte a riqueza da análise de Hannah Arendt, podemos acompanhar a percepção koselleckiana – amplamente amparada em pesquisa de fontes de época – de que a ruptura dá-se na verdade no século XIX, e de que o setor do Romantismo que recupera tradições anteriores seria não mais que uma reação ao choque da Modernidade, uma melodia de contraponto, em nossa linguagem. O historicismo também é favorecido por esse intenso interesse romântico pela História, e é de fato um movimento ambíguo, que bebe nas duas fontes (a da Modernidade e a da reação romântica à Modernidade). O Michel Foucault de *As palavras e as coisas* (1966) também percebe o mesmo corte que Koselleck; mas, de uma maneira bem original, interpreta o surgimento do intenso interesse oitocentista pela História como uma maneira de reagir à inédita "fragmentação do espaço onde antes se estendia continuamente o saber clássico". A nova historiografia teria sido inventada por esse homem do início do século XIX que "achou-se vazio de história", mas que já se entregava à tarefa de reencontrá-la (FOU-

A música como modelo para o tempo

Poderemos desenvolver um novo padrão de leitura do devir histórico se considerarmos que a realidade é "polifônica", isto é, que ela não avança em blocos unificados, produzindo rupturas de tipo arqueológico (em camadas que se sucedem). Ao contrário, poderíamos entender que o devir histórico (ou a sensibilidade humana diante deste devir) apresenta na verdade uma natureza musical, impulsionando-se a partir de melodias que se entrelaçam e que se contraponteiam, umas convergindo com outras, outras em relação de divergência. Vamos enfatizar apenas o caso da História das ideias. A "melodia do progresso" começa a ressoar no século XVIII e atravessa triunfante o século XIX, apenas assistindo a eventuais críticas divergentes que partem de filósofos como Nietzsche e Kierkegaard; somente no século XX surgem as incertezas mais consistentes, no âmbito da produção intelectual e também ao nível da coletividade, diante desta frase melódica triunfal, e poderíamos de fato nos encontrar com Hannah Arendt (1954) – mas também com Walter Benjamin (1940), Theodor Adorno (1966) e tantos outros – na percepção de que se estabelece de fato uma ruptura com as catástrofes introduzidas pelas guerras mundiais e pela emergência de totalitarismos que traz como ponto culminante de perplexidades os absurdos concretizados em *Auschwitz*[17]. A

CAULT, 1999: 510-511). É neste momento também, sustentará Foucault, que o "homem" – essa "invenção recente" – adentra o campo dos saberes (p. XXI). A sua "arqueologia" identifica, aqui, uma ruptura.

17 "A exigência que Auschwitz não se repita é a primeira de todas para a educação. De tal modo ela precede quaisquer outras que creio não ser possível nem necessário justificá-la. Não consigo entender como até hoje mereceu tão pouca atenção. Justificá-la teria algo de monstruoso em vista de toda a monstruosidade ocorrida. Mas a pouca consciência existente em relação a

"melodia do progresso", desde então – se não desaparece de fato, sobretudo por causa das sempre incessantes descobertas tecnológicas que prosseguem aceleradamente com o século XX – ao menos passa a ter de conviver com a sua nova coirmã, a "perda de confiança no progresso". Começa a ficar mais claro, cada vez para mais pessoas, que o "progresso tecnológico" e o "progresso social, político, espiritual ou moral" são coisas bem distintas.

Esta quebra – coligada a outras quebras atinentes aos âmbitos social, político e demográfico – foi o que permitiu a Eric Hobsbawm expressar-se nos termos de um "breve século XX", anunciador de uma *Era dos extremos* (1979)[18]. Hannah Arendt,

---

essa exigência e às questões que ela levanta provam que a monstruosidade não calou fundo nas pessoas, sintoma da persistência da possibilidade de que se repita no que depender do estado de consciência ou de inconsciência das pessoas" (ADORNO, 1995: 104).

18 Eric Hobsbawm, em seu brilhante ensaio sobre *A era dos extremos* (1994), irá perceber esta nova frase musical – na verdade uma orquestração de algumas frases musicais distintas, já que seu campo de interesses não é apenas a História das ideias e a História cultural, mas também a História social e a História política – como uma frase melódica em três partes. Mas, ao invés da metáfora musical que estamos empregando, utiliza a metáfora iconográfica do "tríptico" e a metáfora culinária do "sanduíche": "Nesse livro, a estrutura do breve século XX parece uma espécie de tríptico ou sanduíche histórico. A uma era de catástrofe, que se estendeu de 1914 até depois da Segunda Guerra Mundial, seguiram-se cerca de 25 ou trinta anos de extraordinário crescimento econômico e transformação social, anos que provavelmente mudaram de maneira mais profunda a sociedade humana que qualquer outro período de brevidade comparável. Retrospectivamente, podemos ver esse período como uma espécie de "era de ouro", e assim ele foi visto quase imediatamente depois que acabou, no início da década de 1970. A última parte do século foi uma nova era de decomposição, incerteza e crise – e, com efeito, para grandes áreas do mundo, como a África, a ex-URSS e as partes anteriormente socialistas da Europa, de catástrofe. À medida que a década de 1980 dava lugar à de 1990, o estado de espírito dos que refletiam sobre o passado e o futuro do

ao escrever na primeira metade dos anos 1950 os seus ensaios sobre a "Quebra entre o passado e o futuro", está ainda muito próxima à primeira fase (e justamente a mais catastrófica) desta inquietante frase melódica trazida pelo breve século XX e dada a ler por Eric Hobsbawm no fim do segundo milênio (1994). Por isso é brutal a percepção de Hannah Arendt acerca de uma quebra da tradição que teria lançado o mundo no território sempre por construir do "imprevisível", e talvez no próprio redemoinho do absurdo, tal como fora brutal a percepção de Walter Benjamin sobre a inexistência real de progresso, em meio às ondas mais revoltas do vendaval nazista (1940).

A melodia da "sensibilidade diante do progresso", todavia, desenvolve-se paralelamente à melodia da "sensibilidade em relação ao antigo e ao novo". Esta segunda melodia, que nos fala ou canta sobre a sensibilidade humana diante da tradição e do novo, nos oferece, de fato, uma "quebra de ligadura" à altura da curva do século XVIII para o XIX: uma cesura que parece encerrar uma frase musical e iniciar uma outra que será assinalada pela coligação entre a "Revolução Francesa" e a "Revolução Industrial", como tão bem nos mostrou Koselleck (1971) em uma sistemática pesquisa que recolheu um grande número de indícios de um novo modo de sensibilidade perante as transformações no tempo desde os inícios do século XIX. Na História das ideias do século XIX começam a surgir tantos registros de percepções e depoimentos perplexos relacionados à sensação de que o tempo se acelerou e de que o novo é trazido

---

século era de crescente melancolia de *fin-de-siècle*. Visto do privilegiado ponto de vista da década de 1990, o *Breve século XX* passou de uma curta "era de ouro", entre uma crise e outra, e entrou num futuro desconhecido e problemático, mas não necessariamente apocalíptico" (HOBSBAWM, 2001: 15-16).

a cada instante (não mais o retorno do "mesmo" sob novas formas, mas literalmente o "novo"), que se torna muito pertinente a análise de Koselleck de que existe um corte que, de fato, permite falar em uma "segunda modernidade" para o período que se introduz com o século XIX e que adentra o século XX.

Entendemos que Hannah Arendt, nas suas análises sobre a "Quebra entre o passado e o futuro" (1954-1958), deixa que se confundam as cesuras melódicas que se referem à "quebra da tradição" (a nova sensibilidade perante a "aceleração do tempo" que foi identificada por Koselleck para o início da "segunda modernidade", no século XIX), e a "quebra na confiança em relação ao progresso", a mesma que encontra uma afirmação eloquente na obra de Walter Benjamin, em especial as suas *Teses sobre o conceito de História* (1940). Arendt deixou que se confundissem, na sua análise, as "mudanças de sensibilidade em relação ao tempo" e as "mudanças de sensibilidade em relação à evolução espiritual da humanidade". Koselleck fala-nos do primeiro aspecto, e por isso o seu corte situa-se na instituição de uma "segunda modernidade" no início do século XIX. O fascínio da maior parte dos pensadores e da sociedade diante dos avanços tecnológicos é ainda uma terceira coisa, que em determinado momento parece se entrelaçar com a sensação de "progresso social" (século XIX), mas que mais adiante começa a se defasar da mesma, sobretudo quando as guerras mundiais começam a mostrar que a tecnologia pode ser utilizada como instrumento para a destruição em massa, ou seja, como instrumento para a barbárie. O descrédito em relação a todos os valores, que é ainda uma outra coisa que não a mera ruptura em relação à tradição clássica, constitui talvez uma nova melodia.

As inúmeras melodias do devir histórico não se encerram, contudo, neste contraponto entre a "melodia dos modos de sentir o antigo e o novo" e a "melodia da sensibilidade humana diante das noções de progresso e decadência". Se quisermos examinar o mundo da criação artística, talvez não possamos encontrar senão na curva do século XIX para o XX o sentimento inédito do "modernismo", um pouco com os impressionistas e, sobretudo, com os fauvistas, cubistas, expressionistas, e todos os movimentos que começam a mudar a face da História da Arte em torno da passagem entre os dois séculos que, sob a perspectiva koselleckiana, constituem a "segunda modernidade". A História da Arte, enfim, tem seus próprios ritmos. O "novo artístico" para a Música, para a Pintura, para a Arquitetura, para a Literatura, propõe outra frase melódica, que não é nem regida pela "melodia da Tradição e do Progresso", nem pela melodia dos padrões de "sensibilidade perante o tempo". Este é apenas um pequeno exemplo, porque na verdade seria necessário pensar o devir histórico a partir de inúmeras melodias que se entrelaçam polifonicamente. Vivemos no fluxo de uma interminável polifonia, uma metáfora que poderia ser proposta para compreender o fluir histórico e também a diversidade das percepções historiográficas. Uma análise polifônica como esta também obrigaria a que se fizesse uma distinção entre as sensibilidades que afloram predominantemente na produção intelectual de uma época, e as sensibilidades que se tornam coletivas, isto é, fenômenos de massa. Esta é uma outra perspectiva a ser considerada, sobretudo quando deixamos de nos restringir apenas à História intelectual, e passamos a considerar a História social e a História cultural.

Considerações finais

Para finalizar, e para retornar à nossa análise sobre a contribuição de Koselleck, podemos extrair algumas implicações derradeiras acerca do fato de que os dois conceitos de koselleckianos que estruturam a sua percepção da temporalidade – o passado que se concretiza no presente visto como "espaço de experiência", e o "futuro-presente" visto como "horizonte de expectativa" – tornaram-se de fato extremamente importantes para a historiografia recente. Hoje podemos, a partir destas noções, pensar melhor nas temporalidades: uma relação certamente mutável de acordo com as várias épocas, com as várias culturas, e com os vários posicionamentos historiográficos. Como bem disse Koselleck, há épocas em que o "espaço de experiência" parece se fundir com o presente, ou dele se destacar; há outras épocas que concebem o presente como uma linha grossa ou como uma linha fina que precede o futuro, e há ainda outras cujo "horizonte de expectativas" é tão agitado, e vivido com tanta intensidade, que se chega a pensar que já se está vivendo o futuro.

As perdas de sensação de historicidade em certos momentos ou no interior de certas visões de mundo, tal como se diz que teria ocorrido com o pós-modernismo, podem encontrar uma explicação plausível a partir de conceitos como estes. De igual maneira, a partir da reflexão e das pesquisas de Koselleck, passou-se a explicar-se melhor o enigmático fenômeno da "aceleração do tempo"[19]. Esta crescente impressão de que as mudanças vão se dando cada vez mais rapidamente – uma percepção que começa a despontar desde os últimos anos do

---

19 Para uma outra leitura acerca da *Aceleração do tempo*, cf. Rosa, 2010. Para uma reflexão sobre *O tempo na literatura*, cf. Meyerhoff, 1976; Pouillon, 1974.

século XVIII e que, cada vez com maior intensidade, torna-se um traço mesmo da segunda modernidade – pode ser hoje entendida com maior clareza, precisamente em função do aparato conceitual desenvolvido por Koselleck[20]. Este mesmo aparato conceitual, enfim, permite também que os historiadores de hoje possam refletir com maior propriedade sobre as mudanças históricas nos modos de sentir as três temporalidades – passado, presente e futuro.

---

20 A percepção do radicalmente "novo" a partir do século XIX, dando a impressão de que começavam a ocorrer coisas até então nunca vistas, é recorrente em diversos autores oitocentistas que foram amplamente examinados por Koselleck, alguns dos quais citados em nota anterior. Uma passagem de *Democracia na América* (1835), de Tocqueville, ilustra bem a perturbação causada em muitos intelectuais pelos novos tempos extremamente acelerados: "Embora a revolução que está se processando na condição social, nas leis, nas opiniões e nos sentimentos dos homens esteja ainda bem longe de se achar concluída, seus resultados, contudo, já não admitem comparação com nada que o mundo tenha antes testemunhado. Remonto-me, de época a época, até a mais remota antiguidade, porém não encontro paralelo para o que ocorre diante dos meus olhos; a partir do momento em que o passado cessou de lançar sua luz sobre o futuro, a mente do homem vagueia na obscuridade" (TOCQUEVILE, 1945: 331).

Terceira parte

TEMPOS PARA ESCREVER A HISTÓRIA

6

TEMPO E NARRATIVA: AS PROPOSTAS DE PAUL RICOEUR

A História se escreve com tempos e letras

Os problemas que consideraremos a partir de agora se referem aos aspectos literários da História. Um historiador, ao mesmo tempo em que é um pesquisador empenhado em produzir uma leitura coerente de processos que se deram em um tempo passado, é também um escritor. A História não teria sentido ou validade para a vida se se encerrasse apenas no momento da pesquisa. Para que exista alguma utilidade na História – aqui considerada como este gênero de conhecimento que o historiador produz – é preciso, evidentemente, que esse conhecimento seja disponibilizado aos leitores na forma de um texto. O historiador, portanto, precisa ser também um escritor. O produto final do seu trabalho é um texto que será dado a ler.

A necessidade historiográfica de se configurar um texto traz novos problemas para a relação entre tempo e História. Conforme veremos a seguir, a escrita historiográfica precisa conciliar dois tipos distintos de tempo: o "tempo da ação" e o "tempo lógico da narrativa". De fato, considerando que o historiador extrai seus materiais da história-efetiva, e os reordena criativamente para compor a sua história-conhecimento, impõe-se aqui um incontornável confronto entre o "tempo dos eventos" ou "tempo do vivido" – intrincado emaranhado de fios com o qual o historiador se depara – e o "tempo da narrativa", com o qual o historiador terá de lidar já como autor que precisa configurar um texto historiográfico de forma coerente e que seja compreensível para os seus leitores.

Tempo e narrativa: o contexto de uma obra

Uma das mais argutas propostas de enfrentamento do desafio de pensar a relação entre os diversos tipos de tempo e a construção do conhecimento histórico através da narrativa foi trazida por Paul Ricoeur (1913-2005). François Dosse chega a parodiar o título de um artigo em que Paul Veyne havia afirmado que "Foucault revoluciona a História" (1978), para afirmar, de sua parte, que "Paul Ricoeur revoluciona a História" (DOSSE, 2001: 71-101). Uma das principais contribuições de Paul Ricoeur está no empenho em compreender a integração entre *tempo e narrativa histórica*, sendo este o título de um de seus principais livros. Seu objeto nesta obra é precisamente a relação entre "tempo vivido" e "narração" – ou, dito de outra maneira, entre "experiência" e "consciência".

Para entender a importância desta obra para a historiografia, e as demandas que ela atendeu com eficácia, devemos retornar aos anos de 1980, quando Paul Ricoeur escreveu este que seria um dos seus mais famosos livros. Em meados dos anos de 1980, a historiografia francesa tinha como um de seus mais importantes modelos a "história estrutural", que era francamente praticada pela célebre Escola dos *Annales*. Este modelo amparava-se explicitamente na ideia de que a função do historiador era produzir uma história analítica, problematizadora, que deveria priorizar as leituras de longo termo (a "longa duração" das estruturas relacionadas à geo-história e às mentalidades, e a "média duração" da economia). O grande modelo para este tipo de história estrutural era a célebre obra *O Mediterrâneo no tempo de Felipe II*, de Fernand Braudel (1949). A chamada "curta duração", o tempo agitado da política, encontrava no modelo braudeliano um papel secundário, e o interesse do historiador que seguisse o padrão da principal corrente dos *Annales* deveria concentrar o essencial de suas atenções nas grandes forças que moviam a História. Sua função era analisar estes movimentos subterrâneos que conduzem a História – perceber e explicitar as estruturas que explicavam a história de longo termo.

A história narrativa – que se contentava em narrar uma boa história pontuada por eventos de todos os tipos, principalmente os eventos políticos, era o contramodelo mais alvejado pela "história estrutural" dos *Annales*. Uma outra corrente igualmente forte entre os *annalistas* – a da história serial, capitaneada por Ernst Labrousse – reforçava também este modelo que empurrava a narrativa para segundo plano, pois os historiadores seriais ocupavam-se em analisar grandes massas documentais para expor os movimentos de preços, os ciclos econômicos, as variações demográficas, e outros aspectos que podiam ser quantificados. Os historiadores das mentalidades, uma nova modalidade historiográfica que também encontrava bastante expressão entre os *annalistas*, também trabalhavam com a longa duração, e muitos deles também utilizavam os métodos seriais.

Ocorre que os grandes modelos da história estrutural braudeliana e da história serial de Ernst Labrousse começavam a conviver com novas tendências historiográficas que vinham surgindo, inclusive encontrando expressão entre os próprios historiadores franceses da Escola dos *Annales*, sem mencionar que, já desde os anos de 1970, Braudel já não era a autoridade inconteste nas instituições ligadas aos *Annales*, e o poder efetivo na própria Revista dos *Annales* e na *École des Hautes Études* passara a uma nova geração de historiadores. Com relação à reafirmação de outras modalidades historiográficas, a História política, nesta década, havia passado a disputar mais uma vez o palco historiográfico, e seus praticantes a consideravam uma "nova história política", que ampliara o conceito de poder e que não mais se limitavam, somente, aos poderes ligados às grandes instituições e ao Estado. A possibilidade de voltar a escrever uma história predominantemente narrativa também começava a sensibilizar muitos historiadores franceses, e gêneros que encontravam resistências nas décadas anteriores, como o das biografias históricas, começavam a ser cada vez mais praticados pelos historiadores franceses e de outras partes do mundo[1]. Na Itália, por

---

1 O chamado "retorno da narrativa" desponta na história da historiografia ocidental nos anos de 1970. Todavia, quando se fala em um "retorno da narrativa", a entender pela argumentação que logo veremos desenvolvida a partir da argumentação de Paul Ricoeur, podemos estar diante de um "falso problema". É isto o que pensa Roger Chartier, em seu artigo "A História hoje: dúvidas, desafios, propostas" (1994). Como poderia haver propriamente "retorno" se nunca houve a ausência da narrativa ou o verdadeiro "abandono" do modo narrativo na história da historiografia? De nossa parte, acreditamos que talvez se possa falar em um "retorno da consciência de narratividade". A primeira grande polêmica sobre este retorno da consciência de narratividade histórica foi provocada pelo artigo de Lawrence Stone intitulado "O retorno da narrativa" (1979). O historiador marxista Eric Hobsbawm irá polemizar contra Stone em um artigo de mesmo nome, publicado no ano seguinte na revista *Past and Present* (1980). A perspectiva de Stone sobre a história narrativa é distinta da que já veremos constituir a proposta de Ricoeur. Enquanto o historiador inglês opõe a "história narrativa" que estaria surgindo a certo modelo de "história científica", Ricoeur terá o cuidado de ressaltar que "toda história é narrativa", inclusive as modalidades historiográficas ancoradas no

exemplo, fortalecia-se uma nova modalidade historiográfica – a micro-história – que não rejeitava a possibilidade de seguir o fio das histórias de vida de pessoas comuns como caminhos instigantes para formular grandes questões historiográficas.

Pode-se dizer que a década de 1980 – na França e em outras partes do mundo – passara a ser uma arena na qual se defrontavam distintos modelos historiográficos. Seriam eles inconciliáveis? Haveria alguma possibilidade de pôr a interagir a história narrativa e a experiência da história analítica dos *Annales*, que se inspirava no modelo da história estrutural braudeliana? Além destas inquietantes questões, a reflexão sobre o tempo começara naquela mesma década a ser levada muito a sério por historiadores, e não apenas por filósofos. Reinhart Koselleck – historiador alemão do qual já tratamos no capítulo anterior – publicara em 1979 uma coletânea de ensaios intitulada *Futuro-passado*, a qual tinha como uma de suas principais preocupações o desenvolvimento de uma reflexão sobre o tempo histórico.

Este era o grande ambiente intelectual que levou Paul Ricoeur – um filósofo francês particularmente atraído pela problemática do tempo, da narrativa e da historiografia – a escrever um dos seus mais instigantes ensaios, organizados em três volumes que foram publicados entre 1983 e 1985 sob o título de

---

cientificismo. A posição de Hobsbawm é diferenciada tanto em relação à de Stone como à de Ricoeur: ele admite a "história narrativa" como um tipo de história diferente de outras, mas não para opô-la à história científica ou determinista, como faz Stone. Hobsbawm, de fato, irá se expressar em termos de "alternativas" à disposição do historiador, o que já não ocorrerá com Ricoeur, pois, para o filósofo francês, o historiador sempre estará fazendo, em algum nível, uma história narrativa. O seu reconhecimento da "narratividade da história" (e de todo tipo de história), não implica – como o próprio Ricoeur ressalta – uma defesa da modalidade da "história narrativa" tal como ela é entendida no sentido tradicional (RICOEUR, 2010: 151).

Tempo e narrativa. Ricoeur, diga-se de passagem, apresentava na sua identidade teórica uma interação com autores que iam da fenomenologia de Husserl ao existencialismo de Heidegger, passando por pensadores historicistas e pelos desenvolvimentos mais recentes da hermenêutica. Para Heidegger e para a rede historicista, o problema do tempo era central, e Ricoeur também incorporou essa preocupação como um dos temas mais recorrentes em sua filosofia. É a partir desta rede interautoral, e do grande contexto intelectual e historiográfico francês que expusemos nos parágrafos anteriores, que Paul Ricoeur elabora sua obra *Tempo e narrativa*.

Por uma dialética entre o vivido e a lógica narrativa

Em Ricoeur, a ciência histórica é simultaneamente apresentada como lógica e temporal, de modo que surge com ele a possibilidade de integrar dialeticamente aspectos que antes pareceram inconciliáveis: o tempo estrutural dos *Annales* e o tempo vivido das vertentes historicistas que se apoiavam mais francamente, e de modo explícito, na narrativa. A inteligibilidade histórica, certamente necessária (tal como haviam proposto os historiadores dos *Annales*) não poderia, destarte, excluir o vivido. O conhecimento histórico deveria apresentar um caráter lógico e estético, ao mesmo tempo em que, na interação dialética entre o vivido e o lógico, deveria residir o fundamento de uma história satisfatória e útil à vida. Privilegiar o vivido contra o lógico, ou vice-versa, conduziria a uma história insatisfatória. Devolvida à própria vida, de onde saíra, a História – recusando-se a se afirmar como atividade puramente intelectual – deveria buscar "ensinar a viver". Esta integração entre a experiência sublunar – o "vivido" – e a lógica, expressa através da construção da intriga, deveria constituir a base essencial do trabalho do historiador, de acordo com as propostas desenvolvidas por Ricoeur.

O esforço de produzir uma dialética entre o vivido e a lógica é encaminhado por Paul Ricoeur através de uma original revisão das discussões filosóficas sobre o tempo. Entre posicionamentos diversos, como o já mencionado "tempo lógico" de Aristóteles e o "tempo da alma" de Santo Agostinho, Ricoeur constrói a sua proposta de uma interação de perspectivas para a narrativa histórica. Estes dois modelos de tempo, o tempo exterior da intriga e o tempo interior da alma, são os dois polos a serem colocados em interação pela narrativa histórica proposta por Paul Ricoeur, que, deste modo, busca acomodar o tempo interno agostiniano à intriga aristotélica. Vejamos mais de perto este singular ajuste.

O tempo interior de Santo Agostinho é um dos dois pontos de partida, se assim se pode dizer, da reflexão de Paul Ricoeur sobre a relação entre *tempo e narrativa*. Santo Agostinho havia rejeitado a antiga tese grega de que o tempo correspondia a um "movimento dos astros", e introduzira a noção de que "o tempo é interior, passando-se na alma". O tempo, de acordo com a leitura agostiniana, impacta esta alma humana que é por ele atravessada com uma tripla presença: do passado, através da *memória*; do presente, através da *visão*; e do futuro, através da *expectativa*. Esta tríplice experiência do tempo – familiar a cada um dos seres humanos sensíveis e pensantes – corresponde a uma intensa e profunda vivência humana, mas ao mesmo tempo trata-se de uma experiência não comunicável, porque impregnada de subjetividade.

Entrementes, com a *Poética* de Aristóteles (384-322 aC) – raiz do segundo modelo de tempo considerado por Ricoeur – estamos diante de um padrão de tempo no qual as ligações internas da intriga dão-se mais de forma lógica que cronológica (no caso, uma lógica do "fazer poético")[2]. Aristóteles, portanto – embora tenha desenvolvido em outras obras uma concepção de tempo que o aproxima do modelo físico-natural –, na poética debruça-se sobre os problemas da escrita, e por isso ocupa-se de esmiuçar um modelo de composição lógica do tempo. Tantos os problemas composicionais da narrativa como as questões da vida humana – e de uma história que se mostrasse útil a esta vida humana – interessavam a Ricoeur na sua reflexão sobre o tempo historiográfico.

O impasse entre o vivido e o lógico, entre tempo e narrativa, pode ser por ele exemplificado, desta maneira, pela contraposição entre Agostinho e Aristóteles, e é a partir daí que Ricoeur vai desenvolver a sua reflexão sobre a narrativa histórica. A concepção psicológica do tempo de Santo Agostinho oculta o tempo do mundo, e a concepção cosmológica do tempo de Aristóteles oculta o tempo da alma. O tempo da alma, e o tempo da natureza, por assim dizer, contrastam-se a partir destes dois ícones filosóficos, e o historiador não poderia realizar o seu trabalho a contento se se limitasse a uma ou outra destas concepções[3]. O tempo torna-se "humano" precisamente quando

---

2 A *Arte poética*, escrita por Aristóteles por volta de 334 aC, desenvolve-se em torno de uma discussão sobre a forma e aspectos estéticos relacionados a dois dos principais gêneros literários da Grécia Antiga: a tragédia e a epopeia (mas há evidências de que teria sido perdido um segundo volume desta obra, que tratava da poesia iâmbica e da comédia). De algum modo, a *Poética* de Aristóteles foi o primeiro empreendimento, na história da filosofia, para realizar algo que nos dias de hoje se aproximaria do campo da teoria literária. O que estará interessando a Ricoeur nesta obra é a maneira como Aristóteles via as relações entre tempo e narrativa.

3 É para suprir as incompletudes de uma e outra das duas concepções antitéticas do tempo que surgem os diversos "conectores", tal como argumenta Ri-

é "organizado à maneira de uma narrativa", e a narrativa extrai o seu sentido exatamente da possibilidade de "retratar os aspectos da experiência temporal" (RICOEUR, 2010: 124)[4]. Temporalidade e narratividade reforçam-se reciprocamente.

Narrar

Antes de prosseguirmos, convém nos determos nas implicações mais amplas sobre o "narrar", sempre de acordo com as reflexões desenvolvidas por Paul Ricoeur em *Tempo e narrativa*. A narrativa é sempre configurada em uma trama que constitui seus diversos episódios e que, além de ligá-los entre si, os coloca em relação com o enredo mais amplo, daí resultando uma totalidade significante (RICOEUR, 2010: 117)[5]. Todavia, esta trama que se estabelece para cada narrativa específica, seja ela qual for, parte antes de mais nada de materiais que já se encontram configurados previamente na própria língua. Já se encontram na própria estrutura e materiais da língua todas as possibilidades narrativas, embora seja tarefa do falante ou do produtor de discursos selecioná-las e individualizá-las através de uma ação humana e de novos elementos que irão singulari-

---

coeur. Apenas para dar um exemplo, há o "calendário", uma composição mista que inclui medições e símbolos, e que busca estender uma ponte entre o tempo cósmico e o tempo vivido, terminando simultaneamente por "humanizar o tempo cósmico" e por trazer uma dimensão cosmológica ao tempo vivido.

4 Como dirá Ricoeur, "a circularidade entre temporalidade e narratividade não é viciada, mas sim constituída por duas metades que reciprocamente se reforçam" (RICOEUR, 2010: 124-130).

5 Narrar implica em uma competência que Ricoeur denominará "compreensão prática", e que corresponde a "dominar a trama conceitual no seu conjunto, bem como cada termo enquanto membro do conjunto" (RICOEUR, 2010: 98).

zar cada narrativa como única. Previamente a qualquer discurso narrativo que irá tomar forma, já existe na língua uma complexa e heterogênea "rede conceitual" que traz dentro de si seus potenciais narrativos. Ricoeur irá chamá-los de "configurações pré-narrativas da ação" (RICOEUR, 2010: 96).

Quando dizemos "Judas traiu Jesus", a palavra "trair" já contém dentro de si, por assim dizer, uma micronarrativa. Verbos como "trair", "amar", "trabalhar", "explorar", já nomeiam previamente certas ações humanas possíveis e tornadas possíveis de serem pensadas através da língua, da mesma forma que conceitos como "causa", "consequência", "ação", "reação", "luta", "aliança", e inúmeros outros, já se oferecem como conectores narrativos àquele que manipula a língua para comunicar. A possibilidade de figurar ações humanas em linguagem já está incluída na própria língua, e caberá ao construtor de narrativas acrescentar a estes materiais e situações que se disponibilizam na língua uma série de especificidades discursivas que darão a cada narrativa, em sentido estrito, uma configuração própria e singular. "Trair", narrativa presente na própria língua, transforma-se na "traição de Judas em relação a Jesus", especifica-se.

A narrativa é ainda constituída de uma história (ou de histórias entrelaçadas) não apenas sobre a "ação humana", mas também sobre os seus significados. Quando contamos uma história sobre como "Judas traiu Jesus", não estamos apenas relatando a sequência das ações humanas, mas também discutindo os seus significados. Podemos estender a narrativa e falar sobre as causas e consequências do ato de Judas, ampliar o seu tempo para além do vivido de cada um dos dois personagens envolvidos. Narrar é configurar ações humanas específicas, mas é também discorrer sobre significados, analisar situações.

Inversamente, discorrer sobre significados e analisar é também uma forma de narrar, e é por isto que, tal como já foi ressaltado anteriormente, as modalidades historiográficas que se propõem a ser analíticas não conseguem escapar de serem também narrativas. Escolher elementos para constituírem uma "série" e comentá-los, conforme já foi exemplificado, é também narrar; e discorrer sistematicamente sobre a "exploração" de um sujeito coletivo, a classe operária ou um grupo historicamente localizado de camponeses, é também uma narrativa que, de resto, já continha uma narrativa prévia no próprio verbo "explorar".

É neste sentido que, acompanhando de perto as proposições de Paul Ricoeur, François Hartog assinala que, mesmo com a afirmação de novos regimes de historicidade no século XX, "a História não cessou de dizer os fatos e os gestos dos homens, de contar, não a mesma narrativa, mas narrativas de formas diversas" (HARTOG, 1998: 200-201). Ou, para retomar o próprio pensamento de Ricoeur, mesmo os regimes de historicidade que buscam insidiosamente excluir ou minimizar a presença da narrativa dos seus modos de escrita, o que de resto só é possível na aparência, ainda assim permanecem "tributários da inteligência narrativa". Isto porque, de um lado, existe uma inteligência narrativa estruturada na própria língua, e porque, de outro lado e também por isso, todo historiador que se põe a escrever um livro de História não pode senão visar a "compreensão narrativa" de seus leitores, isto é, a sua capacidade de produzir e entender narrativas.

Deve-se ter em vista, por fim, que esta nova maneira de entender a "narrativa", e a "narrativa histórica" em particular, também pressupõe a redefinição de uma série de conceitos afins, tal como o próprio conceito de "evento" (e também o conceito de "duração"). Para Paul Ricoeur, o evento não corresponde necessariamente ao "tempo curto", ao acontecimento pontual da chamada "história factual" ou da pequena narrativa cotidiana que é contada para um ouvinte. O "evento" é na verdade tudo aquilo que produz algum tipo de mudança no interior de uma narrativa: pode assinalar o início de um processo, demarcar o seu fim, produzir uma mudança de curso, agregar mais movimento a um processo em andamento, estancar este processo, ou acrescentar ao relato um novo elemento informativo. Quando se tem uma narrativa em escala ampliada, os cem anos de uma história imóvel ou quase imóvel podem corresponder a um único evento. Não é a extensão de tempo que define o evento, mas sim a sua qualidade, o seu poder de transformação ou de intensificação no interior da narrativa que o inclui. Portanto, a chamada "história de longa duração", ainda assim, é constituída de eventos; consequentemente, também aqui teremos uma narrativa. Onde existe "evento", existe narrativa; e onde existe narrativa, existem eventos. Se estes eventos se aproximam da escala cósmica na sua extensão ou duração, se o "vivido" se apaga aparentemente (mas nunca totalmente), o máximo que pode acontecer é que a totalidade construída pelo historiador adquira a aparência de uma "quase narrativa".

Quando os seres humanos parecem se apagar em função da distância em que os contemplamos, o personagem pode deixar de ser o comandante ou o marinheiro que limpa o convés de um barco; esta pequena embarcação pode então se transformar em um personagem no interior de uma narrativa que conta a história de muitos barcos que se movimentam no mar. As embarcações de vários tamanhos são ainda personagens, uma vez que por trás do seu movimento continuam existindo ações humanas e seus significados. Mas, se a escala se amplia ainda mais, e os barcos vão se tornando demasiado pequenos até ficarem quase irreconhecíveis, ainda poderemos enxergar o sulco que cada um deles deixa nas águas. Estes sulcos indicam movimentos em uma ou outra direção: talvez, na sua recorrência, indiquem rotas comerciais, e, ainda aqui, algo estará sendo narrado. A interrupção do movimento depois de muitos e muitos anos, ou a sua mudança de rumo, podem ser entendidos como eventos nesta história de média ou longa duração. Pode-se dar, por fim, que contemplemos esse mar a tal distância que só vejamos a sua massa de águas azuis debater-se contra a solidez da terra que indica uma súbita mudança de ambiente, e que ainda mais além surpreendamos montanhas que passam a conformar um terceiro ambiente. Este mar, esta terra costeira e aquelas montanhas talvez tenham se tornado, então, personagens em uma geonarrativa na qual os eventos serão acontecimentos de grandes proporções, tal como o gradual avanço do mar sobre a terra ou o seu recuo, ou como a mudança, depois de muito tempo, da folhagem que recobre a costa sob a regência de grandes mudanças climáticas e da interferência dos seres humanos sobre o ambiente ecológico. Também isto poderá ser uma narrativa – uma "quase intriga" – e o mar e a terra poderão ser concebidos como personagens inseridos em um enredo. Se este mar é o "Mediterrâneo", um nome que sempre que é pronunciado vem carregado de significados, também teremos aqui um "quase personagem"[6].

---

6 De todo modo, tal como observa Ricoeur na última sessão do 3º volume de *Tempo e narrativa*, em alguns momentos Braudel preocupa-se em desenfatizar os personagens geográficos e em instituir o estatuto essencialmente histórico de cada uma das três partes de sua obra. No volume I, ele declara: "Repitamo-lo: não são os espaços geográficos que fazem a História, e sim

Um terceiro tempo

Compreendidas as implicações mais extensas da possibilidade de narrar, e os sentidos mais ampliados que podemos atribuir à palavra "narrativa", retomemos em seguida as considerações de Paul Ricoeur a respeito da construção específica da narrativa histórica. Vimos que, para Ricoeur, tanto a narrativa histórica como a narrativa ficcional buscam trabalhar com um "terceiro tempo", que é bem-sucedido em produzir uma mediação entre o tempo vivido e o tempo cósmico. Estaremos aqui, então, diante de um tempo histórico que é simultaneamente o tempo da experiência humana de cada indivíduo que integra a trama, mas que também os ultrapassa e a todos abrange em um arco mais amplo; no limite, além de constituir-se em tempo individual que se abre à narrativa de cada vivência, o tempo histórico é também a narrativa da espécie humana. Tempo individual e coletivo, o tempo histórico estará apto a expressar estas duas instâncias do vivido: a do indivíduo e a da espécie. Contudo, para cada narrativa efetivamente realizada, já configurada em elementos específicos que se singularizam em uma "trama", esse tempo encontrará o seu recorte. O tempo vivido vai encontrar o seu reconhecimento na intriga logicamente construída, isto é, no âmbito do tempo cons-

---

os homens, senhores e inventores desses espaços" (BRAUDEL, 1976, I: 206) [RICOEUR, 2010: 345]. Também é interessante observar outros "quase personagens". Ricoeur registra uma passagem na qual Braudel assim se refere às civilizações: "São os personagens mais complexos, mais contraditórios do Mediterrâneo" (BRAUDEL, 1976, I: 95) [RICOEUR, 2010: 348]. No volume II (170), Braudel também se refere às civilizações como "esses amplos personagens". Por fim, o reconhecimento, por parte de Braudel, de que o "recitativo da conjuntura" surge como um novo tipo de narrativa" – o que ocorre no artigo "História e Ciências Sociais" (1958) – é ressaltado por Ricoeur como um dado interessante para a sua tese de que toda história apresenta, em última instância, um caráter narrativo (RICOEUR, 2010: 151, 353).

truído pela lógica narrativa do historiador. A intriga se apresenta como *mímesis*, uma imitação criadora da experiência temporal que faz concordar os diversos tempos da experiência vivida (temos aqui a "concordância discordante", uma noção introduzida por Ricoeur e sobre a qual discorreremos mais adiante). Deste modo, enfim, a intriga agencia os fatos dispersos da experiência em um sistema, em uma totalidade de sentido.

A poética – arte de compor intrigas que faz compreender e reconhecer o viver, e que até mesmo "ensina o viver" – é apresentada aqui como um modelo a ser considerado pela História. Uma narrativa histórica, ao produzir um relato sobre a ação humana acompanhado de um discorrer sobre os seus significados, pode contribuir para reconfigurar, em cada um dos interlocutores que a "compreendem", o seu entendimento sobre a ação humana e seus possíveis significados[7]. Para além do viver, a narrativa – e só a narrativa – permite compreender acima de tudo o próprio "tempo"[8].

---

7 Sustenta Ricoeur que as diversas tramas que são inventadas, seja no dia a dia, na ficção literária ou no modo narrativo da História, têm o papel primordial de ajudar a "configurar nossa experiência temporal confusa, informe e, em última instância, muda" (COSTA, 2007: 48). Desta maneira, conforme ressalta Arrisete Costa em texto que busca esclarecer o método hermenêutico de Ricoeur, "o mundo da ficção é um laboratório de formas em que ensaiamos configurações possíveis da ação para comprovar sua coerência e sua verossimilhança" (COSTA, 2007: 48). Podemos retomar também as palavras de David Pellauer sobre os modos como, de acordo com Ricoeur, este aprender o viver através do "contar" e "ouvir" narrativas se verifica: "[A narrativa, quando compreendida] contribui para reconfigurar nosso entendimento da ação humana e suas possibilidades [...] e tal ocorre porque] a narrativa enxerta novos elementos temporais às configurações pré-narrativas da ação e, através deles, à nossa compreensão tanto da ação humana quanto do próprio tempo" (PELLAUER, 2009: 101). Enfim, a narrativa nos ensina diuturnamente a "dialética do vir a ser, do ter sido, e do se fazer presente" (RICOEUR, 1983: 61).

8 Ricoeur irá sustentar que "narrar é ressignificar o mundo na sua dimensão temporal, na medida em que narrar, contar, recitar é refazer a ação seguindo

"Compreender" – uma palavra-chave que, no século XIX, havia ensejado a notória querela historicista sobre o contraste entre compreensão e explicação – torna-se um verbo basilar para a perspectiva ricoeuriana. Revisando as antigas posições de filósofos historicistas como Dilthey, Paul Ricoeur irá sustentar que, para a História, estabelece-se o domínio apenas relativo da compreensão narrativa sobre o explicativo, o que permite entrever a ultrapassagem da tradicional dicotomia entre estes polos (PELLAUER, 2009: 93). Compreender, explicar, e narrar, no sentido estrito, entrelaçam-se, ainda que em proporções diferentes, quando se trata de configurar uma narrativa. Mesmo a explicação é, inclusive, "necessária e articulada pelos diversos elementos de uma narrativa" (COSTA, 2007: 50)[9]. "Compreender" e "explicar" deixam de constituir para Ricoeur uma dicotomia de excludentes. De todo modo, "compreender na narrativa", é esta a fórmula que se entrevê a partir das considerações de Paul Ricoeur[10].

Como se dá este "compreender na narrativa" por dentro, no próprio entretecer da trama historiográfica? Com que ten-

---

o convite do poema" (1983: 81). O tempo, do qual Santo Agostinho já se queixava que não era possível explicar em palavras o que é, embora todos acreditem saber o que seja, só poderia ser compreendido de maneira prática, através do ato de narrar ou de entender uma narrativa.

9 De fato, com vistas a distinguir a narrativa histórica da livre "narrativa ficcional", Paul Ricoeur registrará em *Tempo e narrativa* o seu alerta para o fato de que "a propriedade especificamente histórica da narrativa histórica é preservada pelos laços, por mais tênues e ocultos que estejam, que seguem ligando a explicação histórica à nossa compreensão narrativa, a despeito da ruptura epistemológica que separa a primeira da segunda" (1983: 228).

10 Podemos contrastar o sentido de "compreensão" proposto por Paul Ricoeur em *Tempo e narrativa* com sentido de compreensão registrado por Gustav Droysen em *Historik* (1858). Para Droysen, "a essência do método histórico é compreender ao pesquisar" (2009: 38). Para Ricoeur, "compreende-se ao narrar".

sões internas a este fazer narrativo ele precisará lidar? Ricoeur nos mostra que o historiador, através da intriga que constituirá a base de seu trabalho, tem diante de si a possibilidade de estabelecer uma concordância a partir das discordâncias da experiência vivida, ao agenciá-las em uma "totalidade significante" (RICOEUR, 2010: 117)[11], fazendo-se notar mesmo que a "competição entre concordância e discordância" é um dos traços essenciais do "modelo trifásico" que estabelece a operação historiográfica (COSTA, 2007: 51)[12]. Para começar, existe acima de tudo, no próprio tramar da narrativa, uma tensão temporal a ser conciliada entre as dimensões cronológica e não cronológica (os já mencionados "tempo cósmico" e "tempo vivido agostiniano"). Isto se dá precisamente no momento em que a trama narrativa, ao buscar produzir um "todo significativo", extrai uma "configuração" de uma determinada sequência compreensível de eventos, conduzindo a este "terceiro tempo" que é "marcado por uma espécie de concordância discordante" (PELLAUER, 2009: 101-102).

Se retomarmos, a atrás mencionada oposição entre o "tempo agostiniano" e o "tempo aristotélico", poderemos entender mais facilmente o que Paul Ricoeur tem em vista quando define o "concordante discordante" com base principal do tramar nar-

---

11 Para uma compreensão em maior detalhe a respeito dos procedimentos narrativos de acordo com o modelo de Ricoeur, sugerimos dois textos de autores brasileiros: o artigo de José Carlos Reis intitulado "Tempo, História e compreensão narrativa em Paul Ricoeur" (2006) e o artigo "Explicação histórica e compreensão narrativa: na trilha de Paul Ricoeur", de Arrisete L. Costa (2008).

12 O modelo trifásico, conforme veremos mais adiante, corresponde à decomposição da operação historiográfica em três momentos diferenciados (mímesis 1, 2 e 3), conforme as proposições de Paul Ricoeur.

rativo. A percepção agostiniana do tempo era aquela que o compreendia como um tempo interior, "tempo da alma", e portanto um tempo do vivido. O tempo visto desta maneira não é um tempo único, universal e comum a todos. A própria alma de um único indivíduo não condiz com uma única percepção do tempo, pois aquele, em sua aventura pessoal, irá conviver necessariamente com diversos estados de espírito, variadas formas de confrontar o seu "campo de experiências" (o seu passado) ao seu "horizonte de expectativas" (o futuro)[13].

Para dar um exemplo, quando estamos empenhados em uma atividade desagradável, ou envolvidos por uma angustiante espera, a alma percebe a passagem do tempo como se este estivesse se desenvolvendo em ritmo lento – no primeiro caso produzindo tédio e insatisfação, no segundo caso produzindo ansiedade. Quando a alma se envolve em uma atividade que lhe dá um especial prazer, em contrapartida, a alma sente o tempo como se este estivesse passando em um ritmo rápido. Tudo isto pode se passar com um mesmo indivíduo em dois momentos diferenciados de sua vida pessoal, e por aí poderemos compreender que o "tempo da alma" atravessa uma mesma história individual como se fosse capaz de assumir ritmos discordantes, produzindo sensações também discordantes.

Com vistas a tornar mais complexo o exemplo, vamos imaginar agora que dois indivíduos diferentes assistem a uma mesma palestra. Um deles está entediado, e para ele o tempo no qual transcorre a palestra passa-se da maneira extremamente lenta; o outro está muito interessado no que diz o palestrante, e procura anotar cada uma de suas ideias porque sente que

---

13 Para estas noções, ver o quinto capítulo deste livro.

elas serão mesmo vitais para o seu desenvolvimento intelectual subsequente. Obviamente que neste segundo caso o indivíduo sentirá que a palestra passou rápido demais. A mesma palestra, portanto, produziu efeitos diferenciados em dois indivíduos distintos: em duas almas diversas envolvidas por estados de espírito diferenciados. Sabe-se também, através dos próprios estudos da Psicologia, que a relação de cada indivíduo com cada uma das instâncias de temporalidade – o passado, o presente, o futuro – vai se modificando na medida em que ele passa da infância à adolescência, desta à maturidade, e assim por diante. Estes exemplos e o anterior mostram que o tempo da alma é múltiplo, discordante mesmo no interior de um único indivíduo. Quando precisamos agenciar as experiências de diversos indivíduos, então, e este é o caso da construção de uma narrativa ou de uma intriga historiográfica, as discordâncias multiplicam-se. Mas há ainda mais.

Uma trama narrativa, por exemplo, precisa ser entretecida por diversos fios que são os vários destinos individuais, e acomodá-los em diversos episódios que, destarte, não poderão estar isolados e desconectados. Determinados *agentes* ou personagens podem ser constituídos à maneira de protagonistas que ocupam certa centralidade na trama maior; outros podem ter a seu cargo uma participação mínima, digamos que bastante "episódica", em uma trama. Uma determinada trajetória humana, dentro desta narrativa, pode estar saturada de eventos importantes (e uns mais importantes do que outros); e outra trajetória pode contribuir com apenas dois ou três eventos, ou mesmo se reduzir a uma participação praticamente pontual. Estas vidas, ou as várias *ações*, por outro lado, se fossem surpreendidas no próprio devir histórico, estariam longe de evoluir como se fossem fios presos por um único feixe. Elas na verdade constituem trajetórias dispersas. Tudo se tornará ainda mais complexo se pensarmos também nos significados das diversas ações, e "pensar os significados" também vem a ser uma das imposições do ato de narrar. Os tempos envolvidos em cada *ação* também se modificam de acordo com os *objetivos* de cada agente. E, naturalmente, podemos imaginar que cada agente também é capaz de compreender as suas próprias ações e as de outros de modos diferenciados. Expor o que se passa na mente destes agentes, ou pelo menos atribuir um sentido a cada um de seus atos, é também uma tarefa daquele que constrói a intriga.

Concordância dos discordantes

Em vista de toda esta diversidade, e de muitas outras complexidades para as quais poderíamos oferecer novos exemplos, pode-se dizer que o construtor de intrigas tem a tarefa de estabelecer um "concordante dos discordantes". Mais do que conciliar cada um destes elementos dispersos e discordantes em uma totalidade concordante, uma boa intriga precisa apresentá-los como necessários[14]. A gratuidade deve desaparecer, e as ações dos vários agentes precisam ser unificadas através de uma relação *necessária* e em uma *totalidade* de sentido, ao mesmo tempo em que a própria diversidade de "tempos interiores" precisa ser cotejada com um segundo tempo capaz de mediá-las. Neste último caso, o narrador precisará contar com o recurso do "tempo lógico", aquele tempo ao qual poderemos nos referir como um

---

14 "Entender a história é entender como e por que os sucessivos episódios conduziram a essa conclusão, que, longe de ser previsível, deve ser finalmente aceitável, como sendo congruente com os episódios reunidos" (RICOEUR, 2010: 116-117).

"tempo aristotélico", se pensarmos nas considerações que este filósofo grego registrou em sua *Poética*. Sem este acordo entre os diversos "tempos discordantes" e um "tempo concordante" que os mediará, a narrativa não teria sucesso em ser compreendida.

Acresce que, ainda no que concerne à concordância dos "discordantes do vivido", o historiador não apenas se obriga a reestruturá-los como *necessários* em suas relações mútuas (uns em relação aos outros, como nas relações causais e de outros tipos), como também não pode se furtar à obrigação de apresentar como *verossimilhantes*, através da intriga histórica, os incidentes, eventos e episódios discordantes, introduzindo entre eles uma série de mediações que deve ser bem-sucedida em harmonizar os confrontos que se dão entre as ações dos diversos *agentes*. Será tarefa essencial do historiador-narrador tornar palatáveis para o entendimento, conferindo-lhes as qualidades da *necessidade* e da *verossimilhança*, a tensa dinâmica entre os *objetivos* e *meios* que permeiam cada uma dessas ações, as súbitas inversões de expectativas e reviravoltas, os resultados inesperados, a reordenação de alianças e rivalidades. A tudo isto, posto que tenha emergido do devir caótico do viver, é preciso agora trazer uma *ordem*, atribuir um sentido de *totalidade*, assegurar um estatuto de *verossimilhança*, articular em relações plausíveis de *necessidade*, sendo precisamente esta a tarefa do historiador que narra. Como se não fosse tanto, devemos ainda lembrar que a intriga pressupõe ainda a necessidade de escolher o "estilo da narrativa", uma questão que foi examinada não apenas por Ricoeur, mas também por diversos outros filósofos e historiadores[15].

---

15 O retorno do reconhecimento da "narratividade da História", mesmo antes da brilhante análise de Ricoeur, já havia provocado nas últimas décadas do século XX uma corrida para descobrir os fundamentos estilísticos específicos

A escolha dos eventos e das relações entre eventos

Outro ponto muito importante no conjunto de reflexões de Paul Ricoeur sobre a narrativa histórica refere-se ao fato de que a própria escolha da ordem de acontecimentos, ou a simples decisão sobre que eventos mencionar, pode implicar em trazer para uma narrativa determinados significados[16]. Um suicídio, por exemplo, pode vir a se constituir em um evento no interior de uma narrativa ambientada na vida cotidiana de uma pequena cidade. Se, em meu relato, faço este suicídio ser precedido imediatamente de um imenso desgosto por parte daquele que

---

da narrativa historiográfica. Seria a narrativa histórica uma tragédia, uma comédia, um romance ou uma sátira? Ou seria ela qualquer outra coisa? Um dos textos mais impactantes nesta direção foi o fascinante e controvertido ensaio de Hayden White sobre a *Meta-história* (1973), o qual parte da ideia de que uma obra historiográfica é fundamentalmente uma "estrutura verbal na forma de um discurso narrativo em prosa" (WHITE, 1992: 11). Em *Meta-história*, o historiador inglês procura identificar as figuras retóricas que fundam os quatro modos possíveis de narrativa que, para ele, limitam o campo de possibilidades autorais: a metáfora, a metonímia, a sinédoque e a ironia. O projeto de White é decifrar linguística e discursivamente filósofos da História do porte de Hegel, Marx, Nietzsche e Croce, e seus correspondentes ao nível de produção de um conhecimento historiográfico: Michelet, Ranke, Tocqueville, Burckhardt. O que os une? A sinédoque, a metonímia, a metáfora, a ironia, respectivamente. Rearrumados desta maneira, relativamente aos quatro tropos poéticos que de alguma maneira regeriam as possibilidades de consciência histórica, o fundador do materialismo histórico se aproxima do pai do historicismo alemão, Leopold von Ranke, e Nietzsche se aproxima de Tocqueville! A análise, é preciso dizer, não é de fato tão simples assim, embora não possamos aprofundá-la neste momento. Para além disto, e entrecruzando com estas figuras de linguagem estes historiadores/filósofos, White registra os quatro modos de elaboração de enredo possíveis: o romance, a comédia, a tragédia, a sátira. Por fim, acrescenta ao seu sistema os quatro modelos de argumentação formal: o formismo, o organicismo, o mecanicismo, o contextualismo.

16 Conforme ressalta Ricoeur "a composição da intriga [ou a elaboração da narrativa] é a operação que tira de uma simples sucessão uma configuração" (RICOEUR, 2010: 214).

o praticará, automaticamente parece ter se estabelecido uma conexão entre as duas coisas, um elo narrativo. A disposição dos dois eventos em uma intriga, um depois do outro, produziu um significado. Os historiadores também lidam diuturnamente com decisões como estas. Precisam selecionar eventos e decidir em que ordem eles ficarão uns em relações aos outros. Por exemplo, os suicídios também podem vir a ser integrados em uma narrativa histórica, o mesmo se dando com os levantes populares. Se, porém, informo que no dia 24 de agosto de 1954 Getúlio Vargas suicidou-se com um tiro no peito, e logo em seguida acrescento que eclodiram vários levantes populares no país, estabeleci, apenas com estes dois eventos, uma relação. A não ser que o narrador acrescente que uma coisa nada teve a ver com a outra (o que, em todo o caso, tornaria despropositado os dois eventos terem sido mencionados juntos) o fato de um evento ter se seguido ao outro na narrativa, neste caso, parece produzir uma relação de causalidade.

Muitas vezes os historiadores também criam relações entre eventos que estão muito distanciados um do outro no tempo cronológico. No tempo narrativo, porém, estes eventos podem ser situados um depois do outro, e desta forma estabelece-se uma conexão, cria-se um significado. Pode ocorrer ainda que a narrativa apresente um evento situado em um determinado momento no tempo, e que depois seja apresentado um outro, cronologicamente anterior a este. Posso mesmo unir a vida e a morte de um determinado personagem em uma única sentença: "Em 1882, nasce na pequena cidade de São Borja Getúlio Vargas, o futuro presidente do Brasil que, 72 anos depois, se suicidaria com um tiro no peito". Com esta simples sentença, estabeleceu-se um ponto nodal entre três momentos no tempo. A narrativa histórica (como, aliás, a da ficção) pode lidar com deslocamentos através do tempo, para a frente e para trás, aos saltos ou por degraus, e unindo personagens distintos, separados um dos outros no tempo e no espaço, que talvez nunca tenham se encontrado pessoalmente ou ouvido falar um do outro. Em uma totalidade narrativa, estas vidas desligadas podem fazer sentido. O tempo da lógica narrativa, por outro lado, não corresponde necessariamente ao tempo físico-cronológico que avança para o futuro. Deslocar-se para frente, ultrapassando certo horizonte de expectativas, ou para trás, explorando determinado campo de experiências em múltiplas direções, é prerrogativa do historiador que constrói a sua narrativa. Nestes momentos o historiador, que sempre estará preocupado com o tempo cronológico para estabelecer as suas referências à realidade, poderá também lidar com esta propriedade que já vimos ser pertinente ao "tempo da alma", de Santo Agostinho.

O círculo hermenêutico e as três mímesis

Para avançarmos na compreensão do modelo ricoeuriano de narrativa histórica será preciso compreender um dos aspectos mais originais de seu pensamento. Além de propor uma nova concepção sobre o que é uma narrativa histórica, a intenção de Ricoeur é também oferecer à comunidade histórico-filosófica um novo modelo de análise de textos, sejam estes narrativas historiográficas ou narrativas ficcionais. Trata-se, de fato, de um novo modelo de hermenêutica que se funda na ambição mais ampla de examinar as relações entre um texto e o viver. Mais do que isto – e fiel à tradição que faz da Hermenêutica uma "ciência sobre o outro" – a Hermenêutica de Paul Ricoeur procurará recolocar o complexo de questões que envolvem a autoria, a circulação e a recepção em um círculo eternamente renovado no qual adquirem a mesma importância os produtores de textos e os leitores (ou os artistas e os consumidores de arte), integrando-se todos em um movimento criador que parte do vivido e retorna a este mesmo vivido. Paul Ricoeur chamará a este processo de "círculo hermenêutico" (uma expressão que já havia sido utilizada por Heidegger e Gadamer), considerando que, para ele, este círculo apresenta três momentos (uma estrutura trifásica e móvel que retorna sobre ela mesma).

Ricoeur denomina estes três momentos do "círculo hermenêutico" de *mímesis*[17], uma vez que considera cada um destes três momentos como instâncias criadoras e que recolocam em ação o poder humano da imaginação e da representação do mundo.

Na *operação historiográfica* – isto é, no "círculo hermenêutico" dentro do qual o *historiador* vai buscar seus materiais historiográficos e instâncias narrativas no vivido para, a partir daí, construir uma "intriga historiográfica" com vistas a oferecê-la à atividade recriadora do *leitor* – esta mesma estrutura trifásica se estabelece. Em suma, também na narrativa historiográfica (como na narrativa ficcional) esta interação entre vivência e reconheci-

---

17 A *mímesis* – "imitação criadora" – é a base do modelo hermenêutico proposto por Paul Ricoeur, conforme ressalta Arrisete Cleide de Lemos Costa em sua tese de doutorado *Uma biografia micro-histórica: interpretação hermenêutica da narrativa na obra* O queijo e os vermes, *de Carlo Ginzburg* (COSTA, 2007: 48). Originalmente, na Grécia Antiga, a palavra significava "imitação" ou "representação", e Platão e Aristóteles a utilizaram no sentido de "representação da natureza". É oportuno lembrar ainda que, para o idealismo platônico (ilustrado pelo "Mito da Caverna", incluído no livro VII de *República*) toda "criação" era na verdade a imitação de um mundo verdadeiro, que se encontrava oculto, uma vez que o próprio mundo físico não era mais do que um jogo de aparências. Quanto a Aristóteles, procurou especificar as diversas formas de mímesis; o drama, por exemplo, seria uma "imitação da ação" (*Poética*).

mento estabelece-se entrelaçando três momentos, que Ricoeur denomina mímesis 1, 2 e 3: (1) a *prefiguração* do campo prático, que se aproxima do viver na sua versão mais indiferenciada; (2) a *configuração* textual deste campo (que coincide com o texto construído como intriga pelo historiador); e, por fim, (3) a *refiguração* pela recepção da obra (este último aspecto envolve o papel recriador do leitor que apreende a narrativa historiográfica, o que também ocorre para a narrativa ficcional). Um esquema simples, a seguir, pode ser útil para fixar a relação circular entre estes três momentos que interagem no processo de produção, circulação e leitura recriadora do texto histórico:

Figura 21 As três mímesis segundo Ricoeur

Pode-se perceber, através do esquema acima exposto, que a "mímesis 2" desempenha um papel de mediação entre o leitor (que se situa na "mímesis 3") e o próprio viver (que corresponde à "mímesis 1"). Dito de outra forma, o *autor*, através da "mímesis 2" (configuração do texto) estabelece uma mediação entre as profundezas do viver ("mímesis 1") e a vida do próprio *leitor* (que no momento da leitura ou audição de um texto encontra-se na "mímesis 3"). Depois, o círculo se completa porque, aprendendo a viver através da compreensão da narrativa, o leitor a devolve ao próprio vivido.

Este processo não tem fim: é realmente um círculo, e se reinicia inúmeras vezes. Se não se trata de um "círculo" propriamente dito, podemos entendê-lo como uma espiral que recoloca cada ponto de uma nova maneira – imagem uma imagem preferida por Ricoeur (2010: 124)[18]. Leitores diversos também poderão percorrer este "círculo hermenêutico" através de um texto quantas vezes acharem necessárias. Pode-se perceber a partir desta proposição de Paul Ricoeur um novo papel social para cada texto. Não é sequer inútil ler um mesmo texto inúmeras vezes, pois a cada momento o leitor estará aprendendo de uma nova maneira a viver. Parodiando o dito popular "navegar é preciso", poderíamos dizer que "ler é preciso" (e "ler é preciso" porque "viver é preciso")[19].

Aquele que escreve ou lê narrativas (históricas ou ficcionais), vive. Quando não se é nem um leitor nem um autor (ou

---

18 Ver nota 27 deste capítulo.

19 Esta célebre frase – "navegar é preciso; viver não é preciso" – é atribuída por Plutarco (46 a 126 dC) a Pompeu (106 aC-48 aC), o general romano costumava utilizá-la para motivar os marinheiros amedrontados que "recusavam viajar durante a guerra" (PLUTARCO. *Vida de Pompeu*). A frase teria passado à cultura popular, sendo muito proferida pelos antigos navegadores. Fernando Pessoa a retoma em um poema que intitulou "Navegar é preciso". Acrescentará, em seus versos, a ideia de que "Viver não é preciso / Criar é preciso" ("viver não é necessário / o que é necessário é criar"). Poderemos aqui agregar a ideia de que "ler" – que na hermenêutica de Ricoeur equivale a "criar" – também "é preciso". "ler" é "criar"; e "criar" é "viver".

nem um espectador de filmes ou um cineasta), ainda assim são necessárias as narrativas como uma substância vital. A vida oferece diversos substitutos: contar e ouvir piadas poderia ser indicado como um deles; falar da vida alheia (a popular "fofoca") seria outro. Em cada uma destas atividades – através das quais "aprendemos a seguir uma narrativa" – estabelecemos uma ligação com o vivido; melhoramos a nossa própria compreensão sobre a vida[20]. Adicionalmente – conforme ficamos autorizados a pensar a partir da meditação de Paul Ricoeur – no próprio esforço de autorrepresentação que cada indivíduo faz acerca de sua vida dormitam "história em potencial", ou "histórias (ainda) não contadas". A vida cotidiana não pode ser vivida adequadamente sem esta construção de histórias acerca de si mesmo e dos outros[21]. A necessidade de ligar os fragmentos dispersos de uma vida individual pode se apresentar, inclusive, como um caminho terapêutico. Não parece ser este o caminho proposto pela Psicanálise?[22] Ao mesmo tempo, se o narrar pode dar vazão a esta ânsia de esclarecer, para si mesmo ou para os outros, Ricoeur também admite que "certas narrativas podem visar não a esclarecer, mas a obscurecer e dissimular" (RICOEUR, 2010: 130)[23].

---

20 "Compreender uma história é compreender ao mesmo tempo a linguagem do 'fazer' e a tradição cultural da qual procede a tipologia das intrigas" (RICOEUR, 2010: 100).

21 "Sem abandonar a experiência cotidiana, não tendemos a ver em um determinado encadeamento de episódios de nossa vida histórias '(ainda) não contadas', histórias que pedem para ser contadas, histórias que fornecem os pontos de ancoragem para a narrativa?" (RICOEUR, 2010: 128).

22 "O paciente que fala com o psicanalista lhe traz fragmentos de histórias vividas, sonhos, 'cenas primitivas', episódios conflituosos; pode-se perfeitamente dizer sobre as sessões de análise que elas têm por finalidade e por efeito que o analisando tire desses fragmentos de história uma narrativa que seria ao mesmo tempo mais insuportável e mais inteligível" (RICOEUR, 2010: 129).

23 Ricoeur prossegue: "Este seria o caso, entre outros, das Parábolas de Jesus, que, segundo a interpretação do evangelista Marcos, são ditas para não serem

Uma nova hermenêutica

Com esta brilhante solução que integra em uma "relação dialógica" estes dois agentes culturais que são o *autor* e o *receptor* de uma obra, e que unifica em um único movimento diversas questões que já vinham sendo tratadas por outros campos de saber (a Linguística, a Semiótica, a Crítica Literária, a Comunicação, e a própria História, para o caso das narrativas historiográficas), a Hermenêutica adquire em Paul Ricoeur um novo objetivo, nunca antes formulado desta maneira. A finalidade da hermenêutica deixa de ser apenas a compreensão de um texto ou de seus sentidos, e passa a ser a compreensão mais profunda de uma série de momentos e disposições através dos quais o *texto* (obra de ciência ou arte) irá brotar do âmago do próprio viver para ser construído por um *autor*, de modo a ser ofertado a um *leitor* que através da compreensão recriadora da obra irá se modificar no seu próprio viver[24]. Lembremos o que já foi dito sobre a narrativa: quando compreendemos cada narrativa que nos é contada, estamos aprendendo a viver, pois passamos a conhecer de uma forma cada vez mais melhorada as leis e disposições da própria vida, inclusive o tempo, que só pode ser compreendido desta forma. É este o sentido último da proposição de Ricoeur de que, através do "círculo hermenêutico", o texto emerge do vivido e retorna a este mesmo vivido.

---

compreendidas pelos "de fora". Ademais, também os de dentro podem ser desalojados, pelas narrativas, de sua posição privilegiada, já que "existem muitas outras narrativas que têm esse poder enigmático de 'banir os intérpretes de seus lugares secretos'" (RICOEUR, 2010: 130).

24 Ou, nas próprias palavras de Ricoeur: "É tarefa da hermenêutica reconstruir o conjunto de operações pelas quais uma obra se destaca do fundo opaco do viver, do agir e do sofrer, para ser dada por um autor a um leitor que a recebe e assim muda o seu agir" (RICOEUR, 2010: 94-95).

Para além disto, o processo de emergência das narrativas também é fundamental para a construção de identidades:

> Essa "pré-história" da História [esta pré-história da configuração narrativa] é o que liga esta a um todo mais vasto e lhe dá um "pano de fundo". Esse pano de fundo é feito da "imbricação viva" de todas as histórias vividas umas nas outras. Portanto, é preciso que as histórias contadas possam "emergir" desse pano de fundo. Com essa emergência, o sujeito implicado também emerge" (RICOEUR, 2010: 129)[25].

As histórias (historiográficas, "autobiográficas" ou ficcionais) mostram-se, portanto, imprescindíveis para a própria construção dos sujeitos que as enunciam ou que as assimilam quando são contadas por outros. Por fim, "contamos histórias porque, afinal, as vidas humanas precisam e merecem ser contadas" (RICOEUR, 2010: 129)[26].

É exatamente em vista desta compreensão trifásica da operação historiográfica (e da operação narrativa, de modo mais geral, pois também ocorre o mesmo com a ficção) que a hermenêutica de Paul Ricoeur não se interessa pelo texto isolado, tal como ocorre com algumas correntes metodológicas que trabalham a crítica literária, pois frequentemente estas ficam presas no interior da "mímesis 2" (o mundo do autor)

---

25 Ricoeur vale-se aqui de uma reflexão desenvolvida por Wilhelm Schapp no livro *Envolvido por Histórias* (SCHAPP, 1976: 100).

26 Ricoeur a esta observação acrescenta: "Essa observação ganha toda a sua força quando evocamos a necessidade de salvar a história dos vencidos e dos perdedores. Toda a história do sofrimento clama por vingança e pede narração" (RICOEUR, 2010: 129). Esta passagem sintoniza-se admiravelmente com a proposta desenvolvida por Walter Benjamin em suas *Teses sobre o conceito de História* (BENJAMIN, 2008).

notadamente quando o analista relaciona-se às correntes que procuram explicar o texto apenas por ele mesmo. Também as análises estruturalistas do texto ficam não raramente presas a certo setor da fronteira entre a "mímesis 1" e a "mímesis 2", uma vez que procuram de fato compreender cada texto a partir de estruturas profundas que estariam inscritas na própria língua (que está incluída "mímesis 1"), e que se projetam no texto ("mímesis 2"). Não há nenhum problema nisto, e também Paul Ricoeur trabalha com a perspectiva de que a língua já contém elementos "pré-narrativos", e que portanto a "narrativa configurada" atualiza estes elementos que já estavam prefigurados na língua, dando-lhes um rosto, nomeando agentes, selecionando ações que já estão contidas na língua (isto é, construindo uma "intriga"). Deste modo, é possível enxergar em uma narrativa configurada os elementos que já se encontram prefigurados na língua. Até aqui, não há maiores problemas. O problema é apenas quando se para por aí, ao menos na ótica da hermenêutica ricoeuriana. Esta, como se disse, não se interessa pelo texto isolado (preso à "mímesis 2"), e nem pela análise que apenas se contenta em revelar as "estruturas profundas de um texto" (o caminho invertido que liga a "mímesis 2" à "mímesis 1" apenas através de um aspecto desta, que é a estrutura da língua). A hermenêutica ricoeuriana pretende enxergar o texto em articulação com a própria vida, seja no que se refere à sua ligação com a "mímesis 1" (o viver prefigurado), seja no que se refere à sua ligação com a "mímesis 2" (o leitor que o recria). Na verdade, a hermenêutica ricoeuriana se interessa pelo texto como mediação entre as mímesis 1 e 2 (entre o "vivido prefigurado" e o "vivido refigurado pelo leitor").

Pode-se notar, através do esquema visual que construímos, que a "mímesis 2" (o território definido texto configurado pelo autor) se apresenta de fato como mediadora entre a "mímesis 1" e a "mímesis 3". Mas na verdade trata-se de um círculo – de um "círculo hermenêutico"[27]. Cada uma das mímesis pode ser intermediária entre as outras duas. É através do autor (ou melhor, do seu texto configurado) que o vivido ("mímesis 1") atinge o leitor. Mas é também através do vivido ("mímesis 1") que o leitor se liga ao autor, ambos partilhando de uma mesma estrutura de saberes prefigurados que estão na "mímesis 1". Por fim, é através do leitor, que compreende a sua obra, que o autor (ou o texto do autor) pode retornar ao vivido ("mímesis 1").

Síntese do círculo hermenêutico: considerações finais

Com vistas a um entendimento mais pleno, sintetizemos cada um dos momentos que correspondem a cada uma das três mímesis. A "mímesis 1", conforme foi dito, corresponde à "prefiguração do campo prático" – universo vivido no qual se agitam as ações e sentimentos humanos. Ela contém já, tal como foi frisado em momento anterior, uma "pré-narrativa", ou pré-narrativas possíveis que podem e precisam ser apreendidas pelo historiador-autor, e ao mesmo tempo já contém em si mesma elementos que permitirão ao leitor, na experiência recriadora da "mímesis 3", compreender e identificar-se com o vivido

---

27 Dizer que temos aqui um círculo hermenêutico, ou um padrão de circularidade, não é o mesmo que falar em um "círculo vicioso". Sobre isto, Ricoeur alerta: "Que a análise é circular é incontestável. Mas que o círculo seja vicioso pode ser refutado. Quanto a isso, preferiria falar de uma espiral sem fim que faz a meditação passar várias vezes pelo mesmo ponto, mas numa atitude diferente" (RICOEUR, 2010: 124).

prefigurado. A "prefiguração" é também uma "pré-compreensão do mundo". Assim, o vivido, no seu estado prefigurado, autonarra-se de alguma maneira, pois contém possibilidades e virtualidades narrativas dentro de si (basta lembrar aqui, além disto, o que já foi dito sobre os elementos pré-narrativos que já se encontram inscritos na língua, e que permitem que se estabeleça um universo comum de comunicação e compreensão entre os diversos sujeitos que compõem uma dada comunidade discursiva).

Particularmente, qualquer texto que fale de seres humanos, e de ações levadas a cabo por estes seres mesmos humanos, terá de lidar com uma série de elementos pré-narrativos que se referem à "prefiguração do campo prático" ("mímesis 1"). Mesmo nos textos historiográficos que evitam premeditadamente a narrativa na sua forma configurada – o que teria ocorrido em determinados modelos como o da "história estrutural" e o da historiografia serial proposta pelos historiadores da segunda geração dos *Annales* – ainda assim estará sempre presente uma "quase narração".

Há outras coisas que se afirmam ou que se insinuam na "mímesis 1", que é quando se restabelece a "pré-figuração do campo prático". Além da língua, com suas estruturas que já fixam de alguma maneira os limites e o formato do que é possível dizer, também tramitam neste "campo prático" os recursos simbólicos que podem ser compartilhados pelo autor e pelo leitor. Além disto, insinuam-se aqui as estruturas inteligíveis; espreita, sobretudo, o enigmático *tempo*, que não se deixará conhecer senão através de uma narrativa como a que está prestes a ser configurada. Ele está lá: sem se deixar definir, e por isto falharam até hoje todas as tentativas de definirem o tempo, ele poderá ser mostrado através de uma narrativa que se realiza e que é compreendida. As dimensões temporais estão implícitas no "campo prefigurado". Também estão lá os conceitos da ação: "quem", "como", "por que", "contra quem", e tantos outros (RICOEUR, 2010: 98). Todo este complexo universo de elementos, este vivido indiferenciado, este véu de penumbras que recobre a possibilidade humana de agir e sofrer ações, precisa ser pré-compreendido pelos seres humanos, sejam eles autores ou leitores. Sem esta capacidade de pré-compreensão sequer seria possível viver. Os loucos talvez a tenham perdido; ou quem sabe a terão ampliado. De todo modo, esta "compreensão prática", tal como a denomina Ricoeur (2010: 98), é condição necessária para se passar à etapa seguinte, a possibilidade de inventar ou compreender uma narrativa já configurada[28].

Chegamos então à configuração textual – ou à intriga construída pelo historiador ("mímesis 2"). Os elementos indiferenciados da "mímesis 1" aqui ganharão um rosto; a ação encontrará a carne de um discurso. O "quem", o "com quem" e o "contra quem" se incorporarão cada qual ao seu personagem. O "como" buscará o seu formato; o "por que" deixará de ser uma pergunta implícita para se tornar uma explicação concreta das ações que se desenrolarão na narrativa. No caso da narrativa historiográfica, o autor não inventará estes rostos, estes nomes de personagens e estas ações, mas as terá de encontrar dispersas

---

28 Assim se expressa Ricoeur: "toda narrativa pressupõe da parte do narrador e de seu auditório uma familiaridade com termos tais como agente, objetivo, meio, circunstância, ajuda, hostilidade, cooperação, conflito, sucesso, fracasso etc. Nesse sentido, a frase narrativa mínima é uma frase de ação na forma X faz A, em tais ou tais circunstâncias, e levando em conta o fato de que Y faz B em circunstâncias idênticas ou diferentes. No fim das contas, as narrativas têm por tema agir e sofrer" (RICOEUR, 2010: 96-97).

pelas fontes. Uma primeira função da "mímesis 2" (em nosso caso, o texto do historiador) será, aliás, a de ligar eventos separados em um todo compreensível. Para tal, a intriga irá estabelecer uma configuração lógica, e não uma sucessão cronológica, tal como já foi exemplificado anteriormente. Para além disso, o tempo a ser constituído pela intriga não prescindirá de realizar uma síntese, um acordo ou uma reconfiguração que abarca o "tempo cronológico" da sucessão episódica e o submete à ordenação lógica, esta que corresponde ao tempo narrativo propriamente dito, terminando por constituir, por fim, uma ordem que se tornará compreensível. Uma vez que a "mímesis 2" clama pela reapropriação do leitor (que se dará somente na "mímesis 3"), o historiador-autor deverá assegurar a inteligibilidade e receptividade do seu texto valendo-se de formas narrativas consagradas pela sua tradição cultural (a tradição textual ocidental, por exemplo, disponibiliza um certo número de paradigmas, alguns derivados de outras culturas, e outros nela mesma criados). Estes paradigmas são também aqueles com os quais o leitor estará familiarizado, e o autor precisa considerá-los. Inovar é possível; mas é preciso trabalhar, alternadamente, com um repertório prévio de recursos já conhecidos.

Vale ainda lembrar, a respeito da questão dos objetivos da prática historiográfica, que a narrativa histórica, consubstanciada em intriga, não pretende em Ricoeur apreender o universal lógico dos filósofos, mas sim o particular "possível" e "verossímil". Tal como já postulava Aristóteles, tratamos aqui do "universal possível" da poesia. No caso da historiografia, ela tem as suas próprias regras para legitimar, ante outros autores-historiadores, e diante do universo de leitores, este "possível" e este "verossímil". Outro dado fundamental emerge daqui, permitindo contrastar as proposições de Ricoeur com a "história historizante", tal como era denominada pelos historiadores dos *Annales* que buscaram estigmatizar através deste rótulo os historiadores metódicos. A História, como já se deu a perceber, não pode conduzir a uma narrativa de forma meramente episódica, acontecimental, desconectada, gratuita (ou "factual", como diriam os historiadores dos *Annales*); ao contrário, o conhecimento histórico a ser produzido deve lograr constituir uma intriga no sentido aristotélico, no qual o ordenamento lógico é que comanda o espetáculo dos acontecimentos. Todos os modos narrativos e estilos são possíveis. Mas, ao mesmo tempo em que parece querer se afastar do tradicional modelo de narrativa da história historizante, o historiador de Ricoeur também se distancia da atemporalidade estrutural e lógica – do tempo imóvel proposto pelos *Annales* através do enquadramento da longa duração e a partir da formulação de uma história-problema predominantemente analítica, radicalmente avessa à narrativa (embora esta não narratividade absoluta, conforme já visto, não seja efetivamente possível em função da própria estrutura pré-narrativa da língua).

Aspecto igualmente importante nas proposições de Ricoeur, conforme vimos, é o papel do receptor – o leitor da intriga historiográfica – o que em alguma medida o aproxima das teorias de recepção e outras correntes da análise comunicacional que recolocam o leitor de um texto em um lugar recriador. Já vimos, em todo o caso, que o "círculo hermenêutico" de Ricoeur vai além, mostra-se mais completo. O momento em que se dá esta convocação do *leitor*, na tríade ricoeuriana, é a "mímesis 3".

Uma função importante para o leitor afirma-se aqui. A narrativa histórica apresenta um elemento de controle sobre o seu potencial ficcional não apenas através da documentação que serve de base ao trabalho do historiador, mas também através do leitor, que da História espera sempre o verossímil e a intenção de verdade. De qualquer maneira, este leitor irá aprender com a História não apenas fatos e elementos de uma realidade que um dia poderá ter existido; com a narrativa histórica, também aprenderá mais um pouco sobre a vida. Aprenderá por exemplo sobre o tempo, ao qual não poderia ter alcançado de nenhum outro modo. O tempo não se deixa apreender conceitualmente, mas se deixa mostrar através da narrativa. Através do círculo hermenêutico, o tempo passou de prefigurado a configurado, e por fim a refigurado pelo leitor.

O leitor, ao final de tudo – compreendido por Paul Ricoeur como o grande operador que assume a unidade de percurso da "mímesis 1" à "mímesis 3" através de "mímesis 2" –, é precisamente quem permite que a História retorne ao vivido, aspecto este que se mostra fundamental nas proposições ricoeurianas[29]. A refiguração – reinvenção da intriga através da "compreensão" da mesma – é assim produzida pelo receptor da obra historiográfica, que se vê elevado a uma posição de coautor.

Vale lembrar ainda que, através da apropriação particular da intriga, o leitor constrói sua identidade por contraste com a identidade de outros, estabelece reconhecimentos, compara situações com a sua própria experiência vivida, elabora uma "visão" de si mesmo, do mundo e do outro, bem como de suas relações recíprocas. Desta maneira, acrescenta algo de si aos sentidos propostos pela intriga. A narrativa adquire precisamen-

---

29 "O leitor é o operador por excelência que, por seu fazer – a ação de ler –, assume a unidade do percurso de 'mímesis 1', a 'mímesis 3' através de 'mímesis 2'" (RICOEUR, 2010: 95).

te o seu sentido pleno na intersecção entre o "mundo do texto" e o "Mundo do leitor" (RICOEUR, 2010: 123). O "mundo lógico do texto", ofertado pela "mímesis 2", e o "mundo do viver" da "mímesis 1" (na verdade um viver que já podia ser pré-compreendido pelo leitor em sua própria vivência), produzem esse espaço de intersecção que se oferece à recriação leitora na "mímesis 3". É desta maneira que se pode dizer que a narrativa histórica parte do vivido e retorna a este mesmo vivido. Por isto mesmo, ao lado das narrativas ficcionais, as narrativas históricas são vitais para a vida humana. Seria sequer imaginável um mundo sem narrativas?[30]

---

30 No quarto volume da coleção *Teoria da História* ("Acordes historiográficos") propusemos uma análise do romance de ficção científica *Fahrenheit 451*, de Ray Bradbury (1953). Através desta obra ficcional, também transformada em filme, entramos em contato com uma sombria sociedade distópica na qual a cultura escrita foi considerada a origem de todos os males. Os livros estão proibidos, e os "livres-pensadores" (sobretudo os leitores de livros) são perseguidos. De resto, tal como propusemos em nossa análise, a distopia totalitária imaginada por Bradbury – uma sociedade na qual a função dos bombeiros deslocou-se para a tarefa de incendiar livros – discute a (im)possibilidade de um mundo sem a circulação de narrativas. Um mundo sem narrativas seria um mundo sem vida. Por isto, nesta sociedade, os guerrilheiros culturais resolveram salvar os livros decorando-os. Memorizam cada palavra um dia pensada pelo seu autor, e finalmente configurada em texto, com o fito de salvarem cada grande obra da perseguição material à qual todos os livros acham-se submetidos. Em uma floresta a salvo da repressão, o território dos "homens-livro", passeiam seres humanos que assumiram como nomes os títulos dos vários livros que decoraram, e que se dedicam ao permanente esforço de reforçar a memorização de seus livros e de proferir através da recitação da sua ordem narrativa cada uma de suas palavras, por vezes se sociabilizando e trocando ideias que revelam que os próprios livros que eles incorporaram já transformaram radicalmente o seu viver ao lhes conferir uma sabedoria específica de vida. O próprio protagonista, o ex-bombeiro Guy Montag, ao ser convertido à subversiva causa livresca irá assumir para si a alma do livro "*Eclesiastes*" (BARROS, 2011d: 254-264).

7

RETRODIÇÃO: UM PROBLEMA PARA A CONSTRUÇÃO DO TEMPO HISTÓRICO

As filosofias da História e a perspectiva teleológica

As "filosofias da História", desde a segunda metade do século XVIII e no decorrer do século XIX, e mesmo mais além, costumavam acreditar que a história humana conduzia-se para algum fim já estabelecido. A partir daí, com uma espécie de roteiro cujo fim, situado em um futuro longínquo, já se sabe de antemão, os "filósofos da história buscavam enquadrar todos os eventos e processos conhecidos para que coubessem neste roteiro. O modelo mais conhecido deste padrão historiográfico foi desenvolvido por Hegel em sua *Filosofia da História* (1830), mas também iremos encontrá-lo em Kant e outros autores da segunda metade do século XVIII e do século XIX". A concepção de tempo que aqui se estabelece, a qual já discutimos em um dos capítulos anteriores, é a do tempo linear que aponta como uma seta renitente para o futuro, a qual poderia ser comparada a um par de trilhos através do qual se movimenta a onipotente locomotiva do progresso.

Habitualmente, chamamos a este modelo historiográfico de "teleológico". O filósofo ou historiador fixa um "telos" – isto é, um "fim" – e a partir daí constrói a sua história, pois acredita que o desenvolvimento natural ou histórico da história humana ou da história de um determinado povo conduz àquele destino, seja por desenvolvimento lógico, dialético, ou por obra de alguma força transcendente ou inerente à história humana. A este modelo, adaptam-se tanto as crenças em uma providência divina, em uma razão universal que se atualiza através da história da humanidade, em um plano secreto da natureza, como também as perspectivas de que existe algum tipo de mecanismo preciso e determinista regendo o desenvolvimento da História. Tal visão teleológica do tempo histórico também se adapta perfeitamente a ideia de que a realidade é tão lógica que se torna possível prever os seus desenvolvimentos necessários no decurso do tempo.

Nesta perspectiva teleológica, não importando quais destas motivações a tenham alimentado, tudo o que aconteceu no passado, e o que acontece no presente, é exposto como se colaborasse para a condução necessária a este fim, e o que não parece se ajustar é discretamente desprezado ou esquecido. Com o modelo teleológico, ou finalista, o filósofo ou historiador está tão convencido de que a história humana dirige-se ao fim que ele mesmo já conhece de antemão, que seu olhar para os eventos e acontecimentos tende a desprezar o que não se presta àquela explicação histórica que busca explicar a caminhada da humanidade para esse fim.

Embora este modelo tenha adquirido seu primeiro sucesso com as "filosofias da história" setecentistas – campo de especulações que por definição se presta a discorrer sobre o "sentido da História" – ele chegou a contaminar mesmo algumas das "teorias da História" que começaram a surgir no século XIX, ou pelo menos isso ocorreu com as contribuições pessoais de alguns historiadores e filósofos a estas teorias. Apesar do rigor de cientificidade de que se revestiram as teorias da História a partir do momento em que surge a historiografia científica, e da sistematização metodológica a que se impuseram os novos historiadores profissionais no seu trato com as fontes históricas – e, mesmo, ao lado da rejeição pelos novos historiadores de toda especulação que não pudesse ser demonstrada através das fontes –, é particularmente interessante notar que o traço "finalista", embora se reduza, não desaparece de toda a vasta historiografia que será produzida a partir de então nas diversas alternativas paradigmáticas que se abrem com as teorias da História.

O que seria, senão uma visão teleológica da História, a visão histórica pessoal de Marx – fundador do materialismo histórico – de que a humanidade marchava necessariamente e de maneira inevitável para a triunfal implantação do socialismo como futura forma de organização econômica e política? O que seria, senão uma leitura também finalista da história humana, a conhecida "Teoria dos Três Estágios" proposta pelo positivismo de Augusto Comte, que preconizava que, em sua caminhada regida pela "ordem" e pelo "progresso", a humanidade passara por três estágios de modo a atingir a sua fase "positiva", para, a partir daí, adentrar a senda de um progresso social e tecnológico que seria doravante cumulativo e irrefreável, transformando-se ele mesmo nas bases de uma nova "religião da humanidade"?

O materialismo histórico e o positivismo são "teorias da História" (ou paradigmas historiográficos), assim como o historicismo. Eles não pressupõem necessariamente uma leitura teleológica do mundo humano a partir dos sistemas conceituais que movimentam. Assim mesmo, Marx e Comte – fundadores de um e de outro destes paradigmas – deixaram-se enredar pela leitura teleológica da história humana. O "progresso", em sua época, era uma noção que poucos intelectuais pensaram em questionar; e a tendência a pensar que o progresso conduziria a um fim já estabelecido, que quase poderia ser previsto ou intuído, era uma tentação bastante forte. Poucos já haviam dado a perceber, e Rousseau foi um pioneiro com o seu ensaio sobre a *Origem da desigualdade humana* (1750), que o progresso tecnológico e o progresso da justiça social não andam necessariamente superpostos. Outros também se aventuram em opor suas inquietações e críticas diante da avassaladora corrente de otimismo em relação ao progresso da humanidade, mas são poucos estes pensadores quando os comparamos com a tendência geral dominante[1].

Neste capítulo discorreremos não tanto sobre a rejeição da perspectiva finalista na história da historiografia, mas sim

---

1 Se a ideia de "progresso" tem a sua história (NISBET, 1985) – uma história que remonta, em uma primeira menção desta expressão, a autores como Leibniz (1697: 150), mas que só no século XVIII se conceitualiza, particularmente com Kant (1798), para daí seguir se reafirmando até o terceiro milênio – é preciso também registrar uma história da rejeição ao conceito de progresso, desde os seus desenvolvimentos iluministas e em contraposição aos seus desdobramentos no século XIX. Rousseau já se opusera à ideia de progresso no próprio século XVIII, e, para ele, o que estava em franca progressão era a "desigualdade humana". Charles Fourier, enxergando além da exploração das classes sociais menos favorecidas, chamaria atenção para o fato de que o progresso tecnológico da chamada "civilização" encobria a exploração crescente do gênero feminino, e ressaltava que, na verdade, o "progresso social" de uma nação deveria ser medido pelo nível de emancipação feminina por esta permitido (FOURIER, 1808). Hermann Lotze (1817-1881), em uma obra de 1864 intitulada *Mikrokosmos*, irá rejeitar uma concepção oitocentista de progresso que deixa atrás de si milhões de excluídos em relação à possibilidade de obter a felicidade. Em uma perspectiva distinta, sem uma preocupação social como a esboçada pelos seus antecessores na crítica da ideologia do progresso, Nietzsche oporá à concepção de um desenvolvimento linear e progressivo da História a perspectiva da descontinuidade, da História que se joga como uma aposta de resultados imprevisíveis, e que não permite assegurar em nenhum momento que a humanidade "caminha em direção ao melhor", tal como haviam proposto Kant (1798), Hegel (1830) ou Augusto Comte (1830-1842).

sobre um problema teórico-metodológico relacionado aos modos historiográficos de tratar o tempo que pode afetar a pesquisa histórica a todo momento. Trata-se de um problema bastante semelhante ao da "leitura teleológica da História". Na verdade, pode-se mesmo dizer que a leitura teleológica da História é um caso particular deste problema mais amplo, que se insinua por vezes de maneira imperceptível no fazer historiográfico, e não foi senão por isto que esboçamos este pequeno preâmbulo com vistas aos aspectos que envolvem a perspectiva teleológica da História. Friedrich Nietzsche, um filósofo oitocentista que criticara a nova historiografia científica no próprio "século da história"[2], foi talvez um dos primeiros cérebros a perceber este aspecto do qual diversos historiadores iriam se tornar apenas mais conscientes a partir do século XX: o fenômeno da "retrodição". Este fenômeno típico da construção historiográfica não é analisado por Nietzsche com esta denominação, mais moderna; mas de todo modo ele toca de maneira surpreendentemente perspicaz nesta questão fundamental que pode afetar o fazer historiográfico. A retrodição, conforme veremos, não deixa de ser uma espécie de finalismo, de "teleologia" que fixa um fim para a História e que insiste em submeter todos os processos e acontecimentos ao *telos* idealizado – mas trata-se de um finalismo mais sutil, e que por isso pode quase passar despercebido[3].

---

2 A frase de que o século XIX é o século da História foi proferida pela primeira vez pelo historiador oitocentista Thierry (1827).

3 Rigorosamente falando, fazer uma "retrodição" é presumir uma causa para um evento; é estender um olhar para trás buscando a sua origem ou algum elo que está faltando em determinada cadeia causal explicativa.

O que é a retrodição na historiografia

Procuremos, antes de tudo mais, uma delimitação mais sistemática do problema em questão. O moderno conceito de "retrodição" foi criado para iluminar uma peculiar situação que se produz em função das especificidades do trabalho do historiador. Trata-se, se pudermos empregar esta imagem, de uma espécie de "profecia" ao avesso. Na "profecia", o profeta faz previsões relacionadas a um futuro que ainda não conhece – o *seu* futuro. O historiador, por outro lado, acha-se em uma posição peculiar quando analisa um período histórico qualquer. Através das fontes e de seu conhecimento prévio sobre a história de vários períodos, ele está na singular posição que o permite analisar um passado do qual já conhece o futuro. Isto não apenas porque ele mesmo, historiador, pode se referir ao seu próprio presente como um futuro, por vezes distante, em relação aos acontecimentos e processos que está analisando. Na verdade, o historiador também tem conhecimento ou pensa ter conhecimento de todos (ou de um bom número) dos futuros intermediários de um certo passado em relação à sua própria época de historiador: ele conhece, por exemplo, o futuro próximo de um determinado passado que está analisando, pois este futuro é também seu passado: ele pode lê-lo através das fontes. Esta discussão foi bem desenvolvida na obra de Koselleck, no conjunto de ensaios articulados que recebeu o título de *Passado futuro* (1979).

Para dar um exemplo inicial, um historiador que se proponha a examinar os primórdios dos movimentos que conduziram à Revolução Francesa já conhece, de antemão, todas as etapas deste processo, a tomada da Bastilha, a proclamação da república, o terror atingindo sucessivamente realistas, girondinos e jacobinos, a repressão dos movimentos mais à esquerda, a entrega do poder ao diretório, a posterior concentração do poder nas mãos de Napoleão, as guerras por ele promovidas, seus sucessos, seu fracasso, o Waterloo, o Congresso de Viena, a Restauração... deste modo, aqueles primórdios revolucionários, dos quais partíramos, podem ser pensados, equivocadamente, como algo que conduziria necessariamente a cada uma destas etapas que se verificaram de maneira efetiva na História. Uma coisa se encadeia na outra, como se a revolução e seus desdobramentos já pudessem ser previstos ao se falar dos primórdios revolucionários (e esta expressão "primórdios revolucionários" já é de si mesma uma retrodição).

O caso mais banal de retrodição, talvez o mais evidente, é aquele que estabelece como um ponto de chegada o próprio presente do historiador, e a partir daí avalia os demais momentos como elos que o produzem linearmente, indo buscar, no limite, as origens do presente que se tem por bem conhecido e quase como um contexto dado. Tal procedimento deixa de perceber essencialmente duas coisas: (1) Em primeiro lugar todo presente, inclusive o nosso, deve ser sempre problematizado. De fato, o nosso presente – isto é, o presente do historiador – não pode ser tomado como um dado imóvel e tampouco como um contexto passível de ser lido consensualmente por todos: ele é produto de leituras diversas que se estabelecem a partir de cada um dos seres humanos que vivem nele. (2) Em segundo lugar, qualquer ponto no passado também deve ser sempre problematizado, e nenhum ponto no passado faz parte de uma cadeia linear que estaria destinada a conduzir de forma inelutável ao nosso presente ou ao que pensamos ser o nosso presente. Com a retrodição, que não atenta para estes aspectos, a História passa a se assemelhar a uma estreita e sólida "rua de mão única", e não a um vasto oceano de possibilidades cujas águas se projetam para o futuro.

Em vista do que foi dito, se queremos nos tornar navegantes que se arriscam neste vasto e complexo oceano da História, devemos evitar a ideia um tanto vulgar de que a função do historiador é encontrar definitivamente a "origem" de seu mundo histórico, na verdade da pequena ilha onde se ergueu uma singela cabana. Marc Bloch, aprofundando uma observação que já havia sido feita por François Simiand no início do século XX (1903), iria criticar precisamente esta pretensão que ele denomina "mito das origens". Esta antiga pretensão de encontrar as origens ou a "causa primeira" de uma cadeia de acontecimentos pode ser entrevista no famoso manual escrito por Langlois e Seignobos, escrito em fins do século XIX: "A História nos faz compreender o presente, explicando-nos, onde for possível, as origens do atual estado das coisas" (1944: 75)[4].

Uma ressalva deve ser feita antes de prosseguirmos. O vício da retrodição, e a busca do "mito das origens", nada têm a ver com o fato de os historiadores compreenderem, e cada vez mais nos dias de hoje, que toda História é produzida de um

---

4 Também Johann Gustav Droysen já alertara em seu *Historik* (1858) para o problema da retrodição, embora sem lhe dar este nome e não lhe dispensando um maior aprofundamento. Em certa passagem do seu *Manual de História*, ele critica a linearidade historiográfica e a busca ingênua de causas e efeitos, em uma passagem que também apresenta uma crítica à ambição positivista de encontrar as leis de história: "A pesquisa histórica não tem por ambição explicar, ou seja, não pretende deduzir do anterior o posterior; os fenômenos necessariamente como efeitos de evoluções e leis que os regem. / Se a necessidade lógica do posterior residisse no anterior, então existiria, ao invés do mundo ético, um análogo de matéria eterna e da transformação dos materiais. / Se a vida histórica fosse somente uma nova geração do que é sempre igual, então ela seria sem liberdade e sem responsabilidade, desprovida de conteúdo ético; ela seria apenas de natureza orgânica" (DROYSEN, 2009: 54).

presente; também não têm relação com a ideia de que se pode revitalizar o presente a partir de novos olhares sobre o passado, como propõe Walter Benjamin em texto que já discutiremos (1940). O vício da retrodição está ligado à ideia de que existe uma cadeia linear e única de acontecimentos em uma estreita e necessária relação de causa/efeito que pode ser recuperada pelo historiador. Por outro lado, é sempre bom lembrar que o "mito de origens", nesta sua versão que o direciona para o presente, é apenas um dos casos particulares da retrodição. O mesmo procedimento que gera uma retrodição em relação ao tempo presente pode ser aplicado para qualquer ponto do passado, ou seja, para qualquer "presente" anterior, e são estas situações mais sofisticadas que nos interessarão neste momento, considerando ainda que, embora elas nem sempre sejam percebidas facilmente, mesmo pelos historiadores, elas foram percebidas com especial clareza por Nietzsche, este filósofo de cuja crítica à historiografia nos ocuparemos nas próximas linhas, e posteriormente por Walter Benjamin, filósofo marxista que escreve nas primeiras décadas do século XX (1940).

Um exemplo de retrodição

Pensemos a partir de um exemplo. Suponhamos que estamos trabalhando no âmbito daquela modalidade historiográfica que hoje é denominada "História intelectual", e que desejamos examinar a figura histórica do célebre doutor Philippe Pinel (1745-1826) – médico francês que viveu neste período da Revolução Francesa. Poderíamos começar por tentar construir uma história para compreender as ideias de Pinel, autor do primeiro esforço conhecido de elaboração de uma classificação para as diversas formas de loucura, dividindo-as em "manias", "melancolias", "demências", "idiotias" (PINEL, 1801). Gradualmente surgiriam, depois de Pinel, outros sistemas classificatórios, alguns bem mais complexos, de modo que ao médico francês é atribuído muito habitualmente um papel importante nesta história das ideias e das práticas clínicas. Pinel pode ser mesmo pintado como um ator histórico fundador da Psiquiatria. Frequentemente a Psiquiatria, através dos historiadores deste campo disciplinar, reivindica para si a figura fundacional de Pinel.

Deixemos por um instante a História intelectual, e passemos à modalidade da biografia – outro gênero historiográfico que é frequentemente elaborado por historiadores, mas também por intelectuais de tipos diversos. Para traçar a biografia deste personagem ilustre talvez fosse oportuno pesquisarmos, em algum momento, os anos de sua formação, o seu interesse pelos excluídos que eram situados no campo da "desrazão", e por fim a sua ascensão profissional até assumir a função de diretor do manicômio de Bicêtre, nos arredores de Paris. No calor e no espírito dos acontecimentos revolucionários e pós-revolucionários, veremos que Pinel consegue autorização para libertar, das correntes de ferro que os aprisionavam, certos indivíduos considerados loucos. Nossa biografia avança por este caminho, mas poderiam ter sido escolhidos outros.

Abandonemos neste momento o campo da biografia, mas sem retornar à História intelectual, e situemo-nos agora na própria perspectiva de uma História da psiquiatria. Já fizemos notar que, neste domínio temático da História, frequentemente os historiadores deste campo disciplinar fazem suas narrativas remontarem a Pinel, já que este foi um dos primeiros autores a tentarem elaborar uma classificação que desse conta dos excluídos da *desrazão* (evitemos, ainda, chamá-los de loucos, o que já nos introduziria no campo mais problematizado da história da loucura). Para escrever a história da Psiquiatria, de que ponto partiremos? Ao escolher historiar a instituição deste campo de saber que é a Psiquiatria, somos tentados a percorrer em pontilhado uma certa narrativa com vistas a esclarecer a origem e o desenvolvimento subsequente deste campo disciplinar que começa por separar os "loucos" da sociedade, e logo depois por separar estes mesmos loucos uns dos outros através de sistemas de classificação que parecem culminar, no decurso de um longo processo de formação deste campo de saber, com a tábua de classificação hoje predominantemente aceita pelas associações psiquiátricas internacionais. É lugar bastante comum que o historiador da Psiquiatria comece por falar sobre as origens deste campo disciplinar, e que tenha ideia de buscar esta origem neste personagem que foi Philippe Pinel. O papel de "fundador" de um campo de saber como este lhe cai bem – é o que muito habitualmente se pensa.

Suponhamos, agora, que o nosso historiador é ele mesmo um médico ligado ao estudo e tratamento de alienados mentais, mas que seja mais particularmente ligado ao chamado movimento da "antipsiquiatria". Sua história, agora, talvez seja construída de outra forma. Pode-se mesmo dizer que a sua história *será* obrigatoriamente outra, bem distinta da História, que é habitualmente elaborada pelos psiquiatras favoráveis ao tratamento de "alienados mentais" através da internação. Contudo, mesmo a história da antipsiquiatria poderá também incorporar a figura do Dr. Pinel, e de um ponto de vista bastante positivo. Vamos lembrar que, quando escrevíamos a sua biografia, lidamos com os fatos relacionados à decisão de Pinel de libertar de suas correntes os excluídos da desrazão, aqueles homens que se encontravam acorrentados no manicômio de Bicêtre. Se nos encontramos prestes a escrever uma "História do Movimento da Antipsiquiatria", a figura do Dr. Pinel encontrará aí o seu lugar, até mesmo um lugar fundacional. Afinal, seu gesto de libertar das correntes de ferro os excluídos da desrazão não deixa de ser um gesto radicalmente antipsiquiátrico, ao menos do ponto de vista dos teóricos que militam nesta perspectiva teórica. Pinel aparece, então, como o emblemático fundador da antipsiquiatria. Mas como? Quando estávamos dispostos a escrever a história da Psiquiatria, Pinel – autor de uma das primeiras tábuas de classificação que iriam ajudar a consolidar um novo campo de saber que hoje é compreendido como Psiquiatria – aparecera como fundador desta prática. Agora, aparece como fundador de outra?

O pequeno conjunto de considerações e centelhas factuais que entretecemos em torno da figura de Philippe Pinel, e de seus relatos possíveis, constitui um bom exemplo da "retrodição historiográfica". Conforme se situe o historiador diante de certa questão, é muito comum que ele reconstrua a história de uma determinada maneira. Vale lembrar que, quando existe certa riqueza de possibilidades narrativas envolvidas, o jogo de relatos historiográficos possíveis sobre um mesmo tema mostra-se um universo bastante vivo. Por outro lado, quando toda uma cultura pensa de maneira mais ou menos homogênea a respeito de uma questão específica, com um mínimo de variações, a retrodição pode produzir resultados empobrecedores. A riqueza possível de narrativas historiográficas corre o risco, em certos casos, de se reduzir a uma única linha, aniquilando todas as possibilidades de passados anteriores. Se no exemplo atrás desenvolvido pudemos fazer que aparecessem alguns relatos distintos sobre a figura de um mesmo personagem histórico – no caso o médico francês Philippe Pinel do final do século XVIII – isto se deu precisamente porque pudemos contrapor a perspectiva tradicional da Psiquiatria e a perspectiva teórica do movimento da antipsiquiatria. Duas leituras distintas acerca das formas de tratamento ideais para determinado conjunto de patologias conduziram a relatos diferenciados.

A contraposição de perspectivas teóricas, de alguma maneira, é quase sempre enriquecedora para fazer emergir novas possibilidades de composições historiográficas. Já a história estereotipada de certos processos e acontecimentos, que todos passam a reproduzir acriticamente, e mais ainda as leituras históricas impostas dogmaticamente, às vezes com a força dos governos ditatoriais ou do poder econômico, podem contribuir para soterrar tudo aquilo que não se adéqua ao relato pretendido, oficializado, canonizado. Ao historiador, ao verdadeiro historiador que se recusa a glosar a historiografia que lhe é imposta de cima, cabe se tornar arqueólogo dos elementos esquecidos, bem como se fazer reconstrutor de outras narrativas possíveis. Ele deve "nadar contra a corrente" da historiografia oficial que emana dos grandes governos e interesses institucionais e que, servindo a estes interesses, deixa de servir à vida. Nas palavras de Walter Benjamin, o historiador deve "escovar a história a contrapelo" (BENJAMIN, tese n. 7, 2008: 225).

A possibilidade da "retrodição", tal como procuramos esclarecer através dos exemplos evocados, leva o historiador à possibilidade de analisar um determinado passado já conhecendo o que aconteceu depois (o que aconteceu imediatamente depois, por exemplo). A "retrodição" consistirá, aqui, em uma "predição para trás". Alguns teóricos e historiadores sugerem que, mal administrada, a "retrodição" pode vir a constituir-se em um fator de empobrecimento de perspectivas, em uma verdadeira "armadilha historiográfica". Julio Aróstegui, no capítulo "A análise da temporalidade" de seu livro *A pesquisa histórica* (1995), sugere que "o historiador deve explicar as situações históricas como se não conhecesse o seu futuro" (2006: 354)[5].

O problema da retrodição segundo Nietzsche

Em um dos *Fragmentos póstumos* escritos por Nietzsche entre os outonos de 1884 e 1885, e em outras passagens que poderiam ser citadas, encontraremos – possivelmente pela primeira vez – a discussão do problema da retrodição:

> [...] todos os órgãos de animais exerceram originariamente outras funções diferentes daquelas que nos fizeram chamá-las de "órgãos" e em geral cada coisa teve uma gênese diferente daquela que a sua utilização final deixa supor. Mostrar o que é nada esclarece ainda sobre a sua gênese, e a história de uma gênese nada ensina a respeito dela, mas somente o que existe agora. Os historiadores de todo tipo se enganam quase todos neste ponto: pois eles partem do dado e olham para trás. Mas o dado é algo de *novo* e do qual não se pode absolutamente *tirar conclusão*: nenhum químico poderia predizer o que resultaria da síntese de dois elementos, se ele já não o soubesse (NIETZSCHE, 2005: 306).

Muito antes de Marc Bloch (1942) discutir a questão do "mito das origens", e, antes deste último, François Simiand ter falado no "mito das origens" como um dos "ídolos" da "tribo dos historiadores" (SIMIAND, 1903), já em pleno século XX Nietzsche vinha chamando atenção para esta questão, que mais

---

5 "Quer dizer, não deve explicá-las somente pelo conhecido desenlace de uma situação, como não deve fazê-lo tampouco pelas 'intenções dos atores'. A explicação fundamenta-se na dialética precisa entre ambas as coisas" (ARÓSTEGUI, 2006: 354).

tarde Foucault retomaria na sua busca de um método genealógico que contornasse essa obsessão historiográfica pelas origens (voltaremos a esta questão). O filósofo alemão já percebia, por exemplo, que um erro historiográfico comum ocorria quando, ao identificar um certo elemento que fazia parte de um conjunto inter-relacionável, ou ao identificar a utilidade ou finalidade que certos aspectos vieram a adquirir depois, não raro os historiadores incorriam no erro de presumir que o elemento que assume posteriormente certo papel em relação a um outro era a sua própria origem. Em um dos *Fragmentos póstumos* de Nietzsche, datável da primavera de 1874, encontraremos um exemplo:

> Em todas as questões que levam à origem dos costumes, dos direitos e da moral, devemos também nos impedir de considerar a utilidade que um certo costume ou crença moral apresenta, seja para a comunidade ou para um indivíduo, como sendo também a *razão* do seu surgimento: como fazem os ingênuos da pesquisa histórica. Pois a própria utilidade é algo móvel, cambiante; sempre se reintroduz um sentido novo nas formas antigas e o sentido "que chega mais rapidamente ao espírito" de uma instituição é frequentemente aquele que lhe fora concedido mais tardiamente. Ocorre aqui como nos "órgãos" do mundo orgânico: aqui também os ingênuos acreditam que o olho nasceu por causa da visão (NIETZSCHE, 2005: 305).

As ilusões historiográficas produzidas pela retrodição passariam a se constituir em um dos temas percorridos pelas discussões historiográficas das últimas décadas do século XX. Podemos ter uma ideia, aqui, da acuidade de Nietzsche ao perceber pioneiramente esta sutil questão que pode enredar o trabalho do historiador, ainda no século XIX.

Autores contemporâneos os mais diversos, desde o filósofo Walter Benjamin (1940), na primeira metade do século XX, até o historiador Josep Fontana (2000), nos anos mais recentes, começaram a se dar cada vez mais conta deste problema que havia sido diagnosticado por Nietzsche. Para além das críticas que se tornaram clássicas contra as modalidades de finalismo que apontam para o futuro (o velho modelo das "filosofias da história" e outros tipos de metanarrativas), estes autores estão de fato se referindo a uma teleologia mais sutil, que reconstrói a história de uma maneira igualmente linear, mas que aponta para o nosso próprio presente como ponto de chegada. Quando está sob esta perspectiva e não a reelabora criticamente, o que um historiador faz é selecionar os seus objetos e fatos históricos apenas levando em conta uma certa história cujo final ele já conhece, e que se situa no seu presente.

Em outras palavras, o historiador "retroditor" escolhe tudo aquilo que se encaixa no aparente desenvolvimento histórico linear que teria resultado em seu (nosso) mundo presente, e despreza tudo o mais: as experiências humanas não concluídas, as grandes e pequenas descontinuidades, as hesitações e tateamentos, os desenvolvimentos interrompidos, os atalhos históricos não percorridos – enfim, o historiador, ao trabalhar com esse tipo de "teleologia reversa", termina por desprezar todo um material histórico de grande riqueza, tal como já havia vaticinado Nietzsche – um material histórico que poderia trazer contribuições para a reinvenção do nosso próprio presente, mas que é literalmente condenado ao esquecimento através deste sutil processo que se inscreve simultaneamente em nosso padrão historiográfico e em nossos recursos de escrita.

Alguns esclarecimentos se fazem necessários para que possamos compreender todos os aspectos implicados na intrincada questão da retrodição historiográfica. O problema não é, obviamente, escrever a História amparado em um certo presente, pois isto é inevitável – como já sustentara Nietzsche, e tal como sustentariam os historicistas e materialistas históricos do século XX. Mais do que inevitável, este escrever a História de um determinado ponto de vista temporal e historiográfico pode se configurar mesmo em um aspecto enriquecedor para a História. O problema, na verdade, é escrever essa história acriticamente, não apenas esquecendo que se está escrevendo a História a partir de um presente, mas também se deixando enredar pela ideia de que este presente teria sido o único presente possível, e que o passado que ele parece trazer atrás de si a partir da historiografia retroditora é o único passado possível: um passado linear, único, que conduz mecanicamente a este presente, e que cumpre apenas registrar desapaixonadamente.

O problema da retrodição segundo Walter Benjamin

Será útil retomar as considerações de Walter Benjamin (1892-1940), um filósofo que foi mesmo além de Nietzsche nesta reflexão sobre a prática da "retrodição", além de desenvolver uma crítica igualmente mordaz contra a ideia de progresso na Modernidade ocidental[6]. O principal escrito de Walter Benjamin sobre a História – no qual ele aborda tanto a questão da crítica à noção mecanicista de progresso histórico como o problema metodológico da "retrodição historiográfica", embora sem denominá-la assim – foi o manuscrito intitulado

---

6 As críticas à noção de progresso e à formatação linear da História já aparecem nas primeiras obras de Walter Benjamin. Iremos encontrá-las desde seus textos da segunda década do século XX, como "A vida dos estudantes" (1915), até os últimos textos, como as "Teses sobre o conceito de história" (1940) e alguns dos textos incluídos em *Passagens* (1927-1940).

Teses sobre o conceito de História (1940)[7]. A elaboração deste texto no último ano de sua vida, quando estava sob perseguição das autoridades nazistas, apresentou-se ao filósofo alemão como uma oportunidade exemplar para criticar a prática historiográfica de sua época, mas também veio a se constituir em um grito de alerta que buscou submeter a uma implacável crítica não apenas o pensamento liberal da primeira metade do século XX, como também as ações das esquerdas de sua época – sejam as das correntes que aderiram às ações e propostas stalinistas, como também os encaminhamentos que já vinham sendo propostos pela social-democracia alemã desde o início do século[8].

A questão historiográfica, neste momento, é a que mais nos interessa. Benjamin considera, à partida, que há algo de sombriamente equivocado em considerarmos que vivemos o único presente possível – este presente que surge mecanicamente e linearmente de um passado, que por sua vez é ele mesmo o único passado possível, e sob um quadro fatalista no qual as três instâncias da temporalidade (o passado, o presente e o

---

7 Walter Benjamin conhecia bem o texto de Nietzsche "Sobre a utilidade e os inconvenientes da História para a vida". Ele o cita implicitamente em diversas passagens de suas "Teses sobre o conceito de História", e transcreve uma passagem deste texto de Nietzsche como epígrafe para a sua "Tese n. 11".

8 A esquerda alemã, durante as primeiras décadas do século XX, estava bastante dividida, o que inclusive é apontado como um dos fatores que favoreceram a ascensão do Nazismo no quadro político da Alemanha após a Primeira Guerra. Em 1918 o Partido Político Alemão (KPD) havia se destacado do Partido Social-democrata Alemão (SPD). Depois, ocorreriam novas divisões no interior do primeiro (1920: formação do KAPD, Partido Comunista Operário Alemão). A influência do bolchevismo soviético sobre parte da esquerda alemã entra como outro fator complicador, particularmente com a ascensão de Stalin. Benjamin mostrará mais simpatia pela dissidência trotskista, mas conservará sempre um pensamento político independente.

futuro) estariam enredadas por um progresso inevitável, naturalizado, no qual podemos sempre confiar cegamente, no sentido de que trará um mundo sempre melhor (na verdade não apenas um mundo melhor, mas de fato "o único mundo possível").

A crítica à ideia de progresso, em Benjamin, é visceral, e ele irá opor um "pessimismo revolucionário" ao otimismo burguês que procura associar progresso técnico e progresso da humanidade[9]. O que a modernidade capitalista estaria entendendo como progresso, para Benjamin, corresponderia na verdade a uma "evolução para a catástrofe", e somente a Revolução poderia interromper esta "evolução" fatídica, que é na verdade uma "involução", uma precipitação que conduziria à barbárie. Estas ideias já aparecem claramente desenvolvidas em uma obra da década de 1920 – *Rua de mão única* (1923-1926) – e Benjamin irá retomá-las também em seus últimos escritos: as *Teses sobre o conceito de História* (1940)[10].

É preciso chamar atenção para o fato de que esta crítica ao progresso, em Benjamin, não se dirige apenas contra a mo-

---

9 O "pessimismo revolucionário" proposto por Benjamin guarda sua distância em relação aos modelos românticos de pessimismo, sejam os pessimismos resignados e alienantes, sejam os pessimismos da evasão; tampouco se identificará com outros modelos de pessimismo de sua própria época, como o do *Declínio do Ocidente*, de Oswald Spengler (1920). O modelo de pessimismo revolucionário aparecerá em diversos textos de Benjamin, para além das *Teses sobre o conceito de história*, tal como no ensaio intitulado "O surrealismo" (1929: 312).

10 Em um dos comentários de *Rua de mão única*, intitulado "Alarme de incêndio", Benjamin chama atenção para os perigos do progresso técnico desalinhado dos progressos da justiça social e dos valores éticos: "[...] se a eliminação da burguesia não estiver efetivada, até um momento quase calculável do desenvolvimento econômico e técnico (a inflação e a guerra de gases o assinalam), tudo está perdido. Antes que a centelha chegue à dinamite, é preciso que o pavio que queima seja cortado" (BENJAMIN, 1995: 45-46).

dernidade capitalista, mas também contra os setores do materialismo histórico que ele encara como um "marxismo vulgar", por acreditar que a revolução seria o resultado final de uma evolução que ocorreria inevitavelmente. Benjamin retoma aqui um alerta que já havia sido proferido décadas antes por Rosa Luxemburgo em *Socialismo ou barbárie*[11], e sustenta que a revolução socialista não é um produto inevitável do desenvolvimento histórico que cedo ou tarde irá acontecer em decorrência do progresso técnico e da dialética entre as "forças de produção" e as "relações de produção". Ao contrário, a revolução, para ocorrer, teria que constituir em uma "tomada de decisão" – ela não poderia ser senão um acontecimento transversal que interrompe a "marcha para a catástrofe".

O que mais nos interessa neste momento é a leitura do problema historiográfico da "retrodição" que é encaminhado por Benjamin em suas *Teses sobre o conceito de História* (1940). Falávamos há pouco da crítica de Benjamin à ideia de que vivemos o único presente possível, decorrente do único passado possível, e que conduz a um futuro igualmente definido sob a ingerência de um tempo linear e ditado pelo progresso. Uma certa História, falseada pelos historiadores a partir da "retrodição", acompanha esta concepção linear e progressista do tempo. Por trás desta historiografia, estende-se uma única metodologia: a História que nos chega através da massa de produtos historiográficos, a maior parte dos quais produzidos a partir da retrodição historiográfica, é uma história que eliminou tudo

---

11 Sobre os pontos de contacto entre as posições de Walter Benjamin e esta obra escrita por Rosa Luxemburgo, ver os comentários de Michael LÖWY em *Walter Benjamin: aviso de incêndio – uma leitura das reses "sobre o conceito de história"* (2005: 23).

aquilo que não se encaixava nos projetos que triunfaram. Ela eliminou "centelhas de esperança" que foram importantes no passado, e que seriam igualmente importantes para agir com vistas a um certo futuro[12]. A História, com a sua seleção retroditora, tornou-se um imenso "cortejo triunfal dos vencedores", que carrega em procissão os despojos dos vencidos, muitos dos quais sob a forma de bens culturais. A massa dos historiadores – que Benjamin irá reunir sob o rótulo generalizador de "historicistas" – produz a sua história a partir de uma "empatia com os vencedores", ao fim do qual não se tem mais do que uma história bajulatória[13]. Estes historiadores consideram que a História seguiu o seu curso natural, um curso ditado pelo progresso, mesmo que com desvios momentâneos e horrores vários. O progresso desenrola-se naturalmente. Não há mesmo, no limite, necessidade de lutar por um futuro que virá naturalmente, e pode-se entregar-se à "inércia do coração". Assim pensam estes historiadores, que na verdade constituem a ampla maioria, de acordo com as percepções de Benjamin:

---

12 "O dom de despertar no passado as centelhas de esperança é privilégio exclusivo do historiador convencido de que também os mortos não estarão em segurança se o inimigo vencer. E esse inimigo não tem cessado de vencer" (BENJAMIN, tese n. 6, 2008: 224).

13 Há um curioso exemplo, na literatura sobre a História, que antecipa milenarmente essa crítica de Benjamin, e também a de Nietzsche, ao "elogio dos vencedores". Trata-se da obra de Luciano de Samósata, escrita em 165 dC. Luciano não era propriamente um historiador, e sim um ficcionista, mas defendia a "história justa" e escreveu um ensaio intitulado "Como se deve escrever a História", no qual criticava a grande quantidade de historiadores que se dedicava a "adular" os vencedores. Seu texto procura dar uma resposta ao contexto dos historiadores romanos que, no contexto das vitórias do imperador de Lúcio Vero contra os partos, tinham se posto a escrever uma história laudatória e mesmo "aduladora". Luciano, então, passa a criticar os historiadores de sua época como exemplos de "como a História não deve ser escrita".

> Todos os que até hoje venceram participam do cortejo triunfal, em que os dominadores de hoje espezinham os corpos dos que estão prostrados no chão. Os despojos são carregados no cortejo, como de praxe. Esses despojos são o que chamamos de bens culturais. O materialista histórico os contempla com distanciamento. Pois todos os bens culturais que ele vê têm uma origem sobre a qual ele não pode refletir sem horror. Devem sua existência não somente ao esforço dos grandes gênios que os criaram, como à corveia anônima dos seus contemporâneos. Nunca houve um monumento da cultura que não fosse também um monumento da barbárie. E assim como a cultura não é isenta de barbárie, não o é, tampouco, o processo de transmissão da cultura. Por isso, na medida do possível, o materialista histórico se desvia dela. Considera sua tarefa escovar a História a contrapelo (BENJAMIM, tese 7, 2008: 225).

O historiador, particularmente aquele preocupado em reabrir cada presente como um portal de tomadas de decisão, deveria reformular o seu projeto de historicidade e se converter em um "apanhador de centelhas de esperanças" (pelo menos aqueles historiadores interessados em reverter a eterna tirania dos poderosos). Nesta perspectiva, cada esforço de emancipação e de luta pela libertação, ainda que frustrado à sua época e por menor que tenha sido, deveria ser objeto de interesse deste historiador que toma a seu cargo a rememoração redentora que restitui um sentido para cada voz silenciada no passado. As lutas de hoje, de acordo com Benjamim, permitem iluminar o passado, e as lutas do passado incorporam-se aos combates de hoje, libertando-se das prisões de silêncio que lhes são impostas pela historiografia tradicional dos vencedores[14]. Esta ideia

---

14 Exata ideia de que o silêncio dos vencidos possa ser redimido pelos historiadores, tal como observa Michael Löwy em seu ensaio sobre as "Teses

de que o presente ilumina o passado, e este fortalece o presente (LÖWI, 2005: 61), encontrou no talento poético de Walter Benjamin uma de suas mais belas metáforas:

> Assim como as flores dirigem sua corola para o sol, o passado, graças a um misterioso heliotropismo, tenta se dirigir para o sol que se levanta no céu da história (BENJAMIN, tese n. 4, 2008: 224).

O Sol, na metáfora de Benjamin, corresponde a cada novo momento, em um presente, no qual se abre uma nova possibilidade de luta, real ou simbólica; as flores representam todas as ações e esforços dos oprimidos do passado e dos heróis que um dia se empenharam em sua libertação; de um ponto de vista mais estritamente metodológico, são também as fontes e discursos de um passado que podem sintonizar com este novo presente que se ergue no horizonte. Subitamente iluminadas pelo sol de um novo presente, estas flores oferecem-se aos historiadores, que buscam nas fontes históricas as "centelhas de esperança". É aliás notável que Benjamin mencione, nestas lutas de classes que se atualizam através do trabalho historiográfico, e que "agem de longe, do fundo dos tempos", não apenas os combates físicos e concretos, espetaculares e impactantes. Ao lado da "coragem" e da "firmeza", as lutas que veem do passado também podem se dar através da "astúcia", do "humor", e de outras qualidades espirituais (BENJAMIN, tese n. 4, 2008: 224).

---

sobre o conceito de história" de Walter Benjamin, é similar às propostas de Max Horkheimer (1895-1973) – outro dos filósofos ligados à Escola de Frankfurt – particularmente no texto *Crépuscules: notes em Allemagne* (1926-1931). Depois de mencionar os oprimidos da história e seu eterno "sonho de libertação", Horkheimer ressalta: "é doloroso ser desconhecido e morrer na obscuridade. Clarear essa obscuridade, essa é a honra da pesquisa histórica" (HORKHEIMER, 1994: 159).

Desta maneira, torna-se legítimo ao historiador, poderíamos acrescentar, não apenas arrancar do passado as batalhas e marchas heroicas, as resistências obstinadas dos indivíduos e das comunidades em revolta, os escravos sangrados por seus feitores e os heróis queimados na inquisição, mas também as coisas aparentemente mais simples: um jogral que afronta o rei através de sua poesia, o humorista que combate à sombra de suas anedotas, o artista que imortaliza em imagens a luta ou a opressão, o literato que astuciosamente denuncia as mazelas de sua época, os trabalhadores que se dissolvem no modo de produção, ou mesmo o louco que, ao fugir da realidade que o oprime, neste mesmo instante já a afronta. É este o sentido das palavras registradas por Benjamin na sua terceira tese, quando diz que "nada do que um dia aconteceu pode ser considerado perdido para a História". É também este o sentido mais íntimo da observação de Walter Benjamin de que o historiador não deve "distinguir entre os grandes e os pequenos" (BENJAMIN, tese n. 3, 2008: 223). Para a História que a cada novo presente reapresenta no seu horizonte historiográfico um novo sol, têm igualmente valor tanto o Napoleão que atravessa os gélidos desertos da Rússia, como o Beato Antônio Conselheiro, que conduz através do sertão brasileiro a sua massa de desvalidos. Iluminar Joana d'Arc, queimando nas fogueiras da Inquisição, mostra-se uma tarefa de igual valor à de seguir os passos de uma família de retirantes nordestinos, ou de uma pequena caravana de cristãos-novos anônimos que força a sua entrada em uma nova e perigosa realidade. A partir de cada flor que oferece sua corola à nova contemplação historiográfica, e que se deixa colorir de uma nova maneira por esta mesma contemplação, não será a tarefa do historiador conhecer o passado "como ele de fato foi"[15], mas sim "apropriar-se de uma reminiscência, tal como ela relampeja no momento de um perigo" (BENJAMIN, tese n. 6, 2008: 224)[16].

O papel deste "momento de perigo" ao qual se refere Benjamin é particularmente importante para a sua proposta historiográfica. O "momento de perigo" é este limiar no qual as apostas podem ser colocadas, este portal através do qual se torna evidente que tudo se encontra aberto a cada instante do devir histórico: somente neste momento o passado oferece a sua verdadeira imagem, múltipla, instável, provisória, lampejando de liberdade, pois é precisamente neste "instante de perigo" que se dissolve a falsa imagem do progresso ininterrupto. Em nenhum outro momento a História se oferece tão transparente à contemplação de suas várias faces como neste instante de perigo – que não é necessariamente o momento de uma batalha ou de uma fogueira, mas também aquele em que se exerce uma astúcia ou no qual o humor se pronuncia, ou aquele outro momento em que uma negociação se estabelece e que a História se abre para uma decisão. Existe, aliás, uma dialética que se estabelece entre o perigo de hoje e o "instante de perigo" que nos chega atra-

---

15 Ao citar esta frase em sua sexta tese, Benjamin está se referindo ao célebre dito de Leopold von Ranke, que pretendia contar os fatos tal como eles se sucederam. A esta altura, na primeira etapa da fundação do paradigma historicista, alguns elementos positivistas ainda o perpassam, particularmente no que se refere à pretensão de neutralidade por parte do sujeito que produz o conhecimento histórico. Obviamente que, à época do próprio Walter Benjamin, o historicismo já tinha desenvolvido em maior profundidade os seus desdobramentos relativistas.

16 Segue Benjamin, na mesma sequência, com as seguintes palavras: "Cabe ao materialismo histórico fixar uma imagem do passado, como ela se apresenta, no momento do perigo, ao sujeito histórico, sem que ele tenha consciência disso" (BENJAMIN, tese n. 6, 2008: 224).

vés de uma imagem do passado, como uma flor que volta sua corola para o sol do presente. Sob a excitação de uma ameaça iminente, no tempo presente, é que se oferece a oportunidade exemplar para que se volte ao passado um olhar crítico, em busca de outros momentos de perigo diante dos quais os homens se mostraram realmente livres para a tomada de decisões[17].

A bela imagem das flores do passado que se voltam para o sol do presente, "através de um misterioso heliotropismo", também aparece de uma outra maneira na segunda tese de Benjamin sob a forma do "encontro secreto, marcado entre as gerações precedentes e a nossa" (BENJAMIN, tese n. 2, 2008: 223)[18]. É este também o sentido do "messianismo" de Walter Benjamin. Para ele, o Messias não é um ser sobrenatural que desce à terra como um miraculoso salvador que vem reger os altissonantes acordes do juízo final, mas a própria humanidade oprimida que, através do trabalho do historiador, adquire a pos-

---

17 Michael Löwy, em sua excelente análise sobre as "Teses sobre o conceito de história", entretece algumas considerações importantes a respeito deste aspecto: "O perigo de uma derrota atual aguça a sensibilidade pelas anteriores, suscita o interesse dos vencidos pelo combate, estimula um olhar crítico voltado pela História. Benjamin talvez pense em sua própria situação: não foi o perigo iminente em que ele se encontrava entre 1939 e 1940 – prisão, internação nos campos de concentração, entrega pelas autoridades vichystas à Gestapo – que provocou a visão singular, única mesmo, do passado que emana das "Teses sobre o conceito de história?" (LÖWY, 2005: 65). O nazismo, de fato, e a perseguição que levou Benjamin à morte em 1940, no mesmo ano em que escrevia as suas "Teses sobre o conceito de história", constituem o grande contexto deste singular manuscrito. É em um momento de extremo perigo que Benjamin o redige.

18 Prossegue Benjamin na mesma sequência: "Alguém na terra esta à nossa espera. Nesse caso, como a cada geração, foi-nos dada uma frágil força messiânica para a qual o passado dirige um apelo. Esse apelo não pode ser rejeitado impunemente. O materialista histórico sabe disso" (BENJAMIN, tese n. 2, 2008: 223).

sibilidade de redimir os seus heróis e as vítimas da opressão, os inúmeros homens e mulheres que foram condenados à obscuridade e ao silêncio dos inocentes, os que combateram com coragem, astúcia ou humor, e que agora "falam do fundo dos tempos" e recolorem-se através da rememoração orquestrada por um novo sol historiográfico[19].

História: campo de lutas inscrito no tempo

Dar a perceber que a História é um campo de lutas inscrito no tempo, e que "o estado de exceção em que vivemos é na verdade a regra geral" (BENJAMIN, tese n. 8, 2008: 226), seria a função deste "historiador combatente" que é idealizado por Walter Benjamin nas suas *Teses sobre o Conceito de História* – um historiador de novo tipo que deveria tomar a si a tarefa de "escovar a História a contrapelo" (2008: 225). Visto de outra maneira, Benjamin parece convidar os historiadores a percorrer o tempo de maneira mais criativa e previsível, ao invés de seguir mecanicamente os trilhos já traçados por uma cultura historiográfica que impôs, predominantemente, uma certa visão teleológica que abandonou muitas centelhas importantes

---

19 "Pois o Messias não vem apenas como salvador, mas também como o vencedor do anticristo. O dom de despertar do passado as centelhas de esperança é privilégio exclusivo do historiador convencido de que também os mortos não estarão em segurança se o inimigo vencer. E esse inimigo não cessa de vencer" (BENJAMIN, tese n. 6, 2008: 224-225). Essa passagem, e a menção à imagem do "anticristo", pode ser particularmente compreendida à luz dos enfrentamentos contra o nazismo. Por outro lado, se o anticristo pode ser mais diretamente referido ao próprio nazismo, com relação ao contexto mais imediato, também é uma imagem que se refere às classes dominantes, o que ficará ainda mais claro nas teses seguintes. De todo modo, não foram raras, na época do II Reich, as interpretações que ressignificaram o nazismo como o anticristo moderno.

pelo caminho. Ao reconhecer a História como arena na qual se defrontam forças diversas, tal como já fizera Nietzsche, mas também Marx, Walter Benjamin adere ao compromisso deste último com relação à possibilidade de contribuir para a transformação efetiva do mundo em favor da imensa maioria explorada. Nietzsche tendia a valorizar uma escrita da História que colocasse em relevo os pontos culminantes da humanidade – os grandes homens entre os quais a História poderia construir uma ponte de intercomunicação. Benjamin invocará uma historiografia que possa mostrar aos oprimidos que o processo histórico até hoje vivido pela humanidade tem constituído um grande "estado de exceção" no qual se perpetuam horrores e se exigem sacrifícios das classes desfavorecidas. O fascismo dos anos de 1940, que contextualiza esta obra de Benjamin, nada mais seria do que um momento no qual este "estado de exceção" ficara mais claro[20].

De fato, ao fazer a temática dos rumos da história de sua época ser atravessada por sua radical crítica à noção mecani-

---

[20] Benjamin escreve estas "Teses sobre o conceito de história" em 1940, em pleno período de luta contra o nazismo. O momento é, inclusive, particularmente decepcionante para alguns setores mais críticos dos pensadores e políticos ligados ao materialismo histórico, pois a União Socialista das Repúblicas Soviéticas, através de Stalin, acabara de assinar um pacto de não agressão com a Alemanha Nazista de Hitler (o pacto "Molotov-Ribbentrop"). De igual maneira, certos encaminhamentos da social-democracia alemã, propondo uma espécie de "evolucionismo social" e refreando a ação direta e o projeto de trabalhar com uma maior conscientização do proletariado, teriam contribuído para a ascensão do nazismo, de modo que não apenas as posições stalinistas, como também as posições da social-democracia alemã são criticadas por Benjamin nas "teses". A grande crítica, de todo modo, é ao sistema capitalista e à ilusão de progresso consolidada na sociedade burguesa. Apesar da tenaz crítica às atrocidades fascistas, Benjamin preocupa-se em demonstrar a ligação entre o fascismo e a Modernidade capitalista, bem como situá-lo em uma longa linha de opressões e dominações de classe que constituem a própria história europeia.

cista de "progresso", Benjamin irá questionar as concomitantemente interpretações liberais, ou mesmo vinculadas a setores do materialismo histórico, de acordo com as quais a emergência do fascismo teria correspondido a uma "ruptura do progresso", a uma explosão de irracionalidade, a um absurdo desvio da história europeia que interrompera a marcha do progresso. Ele se pergunta se o fascismo não é precisamente a consequência natural do desenvolvimento da sociedade burguesa, ou mesmo se a própria história deste desenvolvimento das sociedades burguesas não seria ela mesma uma sucessão de estados de exceção da qual o fascismo não seria mais do que uma expressão mais intensa, avivada inclusive pela possibilidade de dirigir o próprio "progresso tecnológico" e o desenvolvimento as comunicações para resultados extremamente destrutivos[21].

---

21 A sutileza das considerações de Walter Benjamin está em dar a perceber que, assim que o fascismo fosse vencido, nada mudaria tanto a não ser na forma e na intensidade, pois a História seguiria sendo a imposição de sistemas de opressão acobertados pela ilusão do progresso. Diz a "tese n. 8": "A tradição dos oprimidos nos ensina que o 'estado de exceção' em que vivemos é a regra geral. Precisamos construir um conceito de história que corresponda a esta verdade. Nesse momento, percebemos que nossa tarefa é originar um verdadeiro estado de exceção; com isso, nossa posição ficará mais forte na luta contra o fascismo. Este se beneficia da circunstância de que seus adversários o enfrentam em nome do progresso, considerado como uma norma histórica. O assombro com o fato de que os episódios que vivemos no século XX 'ainda' sejam possíveis não é um assombro filosófico. Ele não gera conhecimento, a não ser o conhecimento de que a concepção de história da qual emana semelhante assombro é insustentável" (BENJAMIN, tese n. 8; 2008: 226). Desta forma, Benjamin se insurge contra a percepção ingênua do fascismo como desvio ou como aberração, demonstrando que sua eclosão está perfeitamente atrelada à História europeia e aos desenvolvimentos da Modernidade. Desconstrói, desta maneira, a tradicional pergunta: "Como o nazismo foi possível *ainda* nos dias de hoje?", formulada por aqueles que não concebem que o "progresso" tecnológico seja compatível com a barbárie e os retrocessos sociais, e procura mostrar que, ao contrário, o fascismo fora um

Este conjunto de reflexões de Walter Benjamin sobre a emergência dos totalitarismos é singular e único em sua época. À parte os horrores do fascismo, o filósofo alemão considera que não muito menos nocivo seria o convite à inação implicado naqueles outros tempos aparentemente mais amenos, e que por isto mesmo melhor conseguem esconder a eterna catástrofe que se abate sobre os trabalhadores e oprimidos da História. A ideologia do progresso, dirá Benjamin também aqui, distorce o significado que a História poderia oferecer aos oprimidos na sua árdua luta por um mundo efetivamente melhor para todos, e por isto a crítica da ideia de progresso a partir de suas evidências deveria ser colocada como a principal tarefa dos historiadores solidários com um futuro que não quisesse perpetuar a catástrofe[22]. A crítica desta ideologia, na verdade, deveria vir acompanhada da própria crítica da imagem de tempo que a ampara:

> A ideia de um progresso da humanidade na História é inseparável da ideia de sua marcha no interior de um tempo vazio e homogêneo. A crítica da ideia de progresso tem como pressuposto a crítica da ideia desta marcha (BENJAMIN, tese n. 13, 2008: 229).

Romper a inércia através de uma correta compreensão de como vem funcionando a História seria fundamental para que

---

desdobramento daquilo que tem sido a história da Modernidade ocidental até chegar aos dias de hoje.

22 Benjamin pontuará na tese n. 13 que seria preciso combater a ideia de progresso em três aspectos interligados: (1) desmistificar a confusão de que o progresso "das capacidades e conhecimentos" corresponde a um concomitante progresso da humanidade em si mesma; (2) desmentir a ideia de que o progresso pode ser "um processo sem limites"; (3) desfazer a ideia de que o progresso seria "um processo essencialmente automático, percorrendo, irresistível, uma trajetória em flecha ou espiral" (BENJAMIN, tese n. 13, 2008: 229).

234

os seres humanos retomassem a perspectiva de uma história que se abre diuturnamente à tomada de decisões (uma perspectiva que já vimos ter sido também invocada por Nietzsche). Somente ao compreender e assumir seu papel de ator histórico capaz de interferir a cada instante nos destinos do mundo, cada homem poderia vislumbrar a História como "objeto de uma construção cujo lugar não é o tempo homogêneo e vazio, mas um tempo saturado de 'agoras'" (BENJAMIN, tese n. 14, 2008: 229)[23].

Retrodição, à esquerda e à direita

Se Benjamin desfecha algumas de suas mais viscerais críticas contra os historicistas que vinham atrelando o seu trabalho ao sistema de poderes constituídos e ao capital dominante, devemos compreender, por outro lado, que a retrodição acrítica, como tendência ou prática de fazer a História, não seria apanágio dos historiadores cujo trabalho termina por apoiar os poderes dominantes: de fato, também os historiadores solidários com as lutas sociais frequentemente poderiam ver-se enre-

---

23 Benjamin segue mostrando um exemplo de como o passado pode ser retomado pelos historiadores e outros agentes históricos de modo a alimentar o presente e favorecer o reencaminhamento de um futuro: "a Roma antiga era para Robespierre um passado carregado de 'agoras', que ele fez explodir num *continuum* de história. A Revolução Francesa se via como uma Roma ressurecta. Ela citava a Roma antiga como a moda cita um vestuário antigo. A moda tem um faro para o atual, onde quer que esteja na folhagem do antigamente. Ele é um salto de tigre em direção ao passado. Somente ele se dá duma arena comandada pela classe dominante. O mesmo salto, sob o livre céu da história, é o salto dialético da Revolução como o concebeu Marx" (BENJAMIN, tese n. 14; 2008: 229-230). Mais adiante Benjamin dirá: "A consciência de fazer explodir o *continuum* da História é própria às classes revolucionárias no momento da ação" (tese n. 15; 2008: 230).

dados pela prática acrítica da retrodição. Escapar à tendência da "retrodição historiográfica" não seria tão fácil, mesmo porque este modo de ver a história estaria sempre surgindo espontaneamente da própria prática historiográfica, ainda que fosse a mais honesta e desinteressada, como um *modus operandi* não questionado. Vejamos as palavras de Joseph Fontana (n. 1931), um historiador que escreve a partir das últimas décadas do século XX, com base em uma perspectiva integralmente associada ao materialismo histórico, mas que sempre se empenhou em evitar qualquer forma de determinismo ingênuo, procurando pensar e repensar constantemente as possibilidades de ultrapassar tanto os "becos sem saída" da historiografia pós-moderna como os dilemas do marxismo no tempo presente:

> Abandonar a linearidade ajudará a superar não só o eurocentrismo, mas também o determinismo. Ao propor as formas de desenvolvimento econômico e social como o ponto culminante do progresso – como o único ponto de chegada possível, apesar de suas deficiências e de sua irracionalidade – escolhemos, dentre todas as possibilidades abertas aos homens do passado, somente as que conduziram ao presente e menosprezamos alternativas que alguns propuseram, ou tentaram, sem nos determos em explorar as possibilidades de futuro que continham (FONTANA, 2004: 478).

O padrão específico de fazer historiográfico ao qual se refere Josep Fontana – a já referida tendência a imaginar de antemão um ponto de chegada (que neste caso específico é o nosso próprio presente) e a partir daí ir selecionando apenas o que interessa do vasto material empírico que a História nos oferece – corresponderia na verdade a uma variação de um modo de pensar e de uma postura metodológica mais amplos, já de muito arraigada na prática historiográfica ocidental. Em seu célebre ensaio "As peculiaridades dos ingleses", incluído pela primeira vez na coletânea *A miséria da teoria* (1978), Edward Thompson já ressaltava que "nada é mais fácil do que levar um modelo até o prolífero desenvolvimento da realidade, dele selecionando apenas as evidências que estiverem em conformidade com os princípios seletivos" (THOMPSON, 2001: 154). No caso da grande tendência ocidental a construir a História de acordo com a teleologia reversa, essa mesma prática é construída sob o signo da linearidade, do enquadramento de tudo em uma História da qual já se sabe de antemão o final, e do silenciamento de todas as vozes que atrapalham o enredo coerente, construído à maneira do romance tradicional.

A contraproposta a este fazer historiográfico que surge quase naturalmente em nossa cultura já teria sido aventada por alguns historiadores, em falas isoladas e que foram pouco percebidas. Fontana cita Christopher Hill (1912-2003), outro historiador marxista que teria comentado que valeria a pena "adentrarmos imaginariamente o passado no tempo em que as diversas opções pareciam abertas" (FONTANA, 2004: 479)[24]. Christopher Hill, aliás, é um dos historiadores que de algum modo trabalha com esta perspectiva complexa. Um grande número destas alternativas, descontinuidades e bifurcações não percorridas é-nos trazido pela leitura de seu livro *O mundo de ponta-cabeça* (1972), um estudo sobre os reformistas radicais do século XVII que foram engolidos pela reforma oficial que passou a vigorar na Inglaterra e se adaptou ao sistema. O que Hill procurou fazer em seus estudos da reforma radical da Inglaterra seiscentista foi precisamente ultrapassar o formato linear da historiografia tradicional, dando voz aos movimentos que ficaram de fora desta História oficial.

---

24 A obra citada por Fontana é *Some intellectual consequences of the English revolution* (HILL, 1980: 33).

Outro historiador a se preocupar com os inconvenientes da prática da "retrodição" foi Renajit Guha – um historiador sul- asiático que tem desempenhado um papel importante nos chamados "estudos de grupos subalternos". Guha discute o problema da retrodição historiográfica a partir de um interessante exemplo que mostra que a manipulação historiográfica pode ser mesmo involuntária, por estar visceralmente inscrita no próprio "padrão de escrever a História" seguido pelo historiador. Ele discute algumas situações elucidativas no ensaio *History at the Limit of World-History* (2002), e também no artigo *The Small voice of History*, publicado na série dos *Estudos subalternos* em 1996.

O principal alvo de críticas de Guha é aquele a que este historiador indiano se refere como um padrão "estatista" de historiografia – e que termina por se inscrever nos esquemas interpretativos que, voluntária ou involuntariamente, terminam por remeter às estruturas estatais ou às diversas formas de estruturação do poder social típicas de nosso tempo. Os exemplos mais abundantes já são velhos conhecidos desde o século XIX, e coincidem com as próprias realidades nacionais que ainda inscrevem muito da historiografia do nosso tempo. Muito da velha, e mesmo da nova História política, mas também de outras modalidades historiográficas, acaba por legitimar retrospectivamente as estruturas estatais da época em que escreve o historiador, conforme a discussão proposta por Guha. Na época das grandes sínteses historicistas financiadas pelos estados-nacionais europeus isso era bastante explícito, e era até mesmo assumido profissionalmente por historiadores como Ranke, Droysen e tantos outros. Mas mesmo na historiografia não atrelada diretamente a uma instituição estatal pode-se dar que a estrutura estatal se veja confirmada ou mesmo legitimada através do próprio padrão linear de escrita historiográfica que ainda vigora em nosso tempo.

Guha fornece exemplos sobre isto, e não apenas relacionados ao poder estatal institucionalizado, mas também a muitas outras instâncias políticas, inclusive aquelas que atuam ativamente contra o poder estatal vigente. Pensemos em um partido político de esquerda que propõe a escritura de sua própria história. A narrativa resultante desta história poderá se valer de inúmeros materiais, bem como se apropriar de diversificadas vozes sociais, mas ao final da escrita historiográfica tem-se uma narrativa coerente, que eliminou tudo aquilo que não estaria conformado à narrativa de sua gloriosa luta pelo poder ou de sua tenaz resistência contra os poderes que lhe oprimem. O exemplo clássico desenvolvido por Guha, e que é retomado posteriormente por Joseph Fontana em seu livro *História dos homens* (2004: 482), refere-se a um relato historiográfico sobre a frustrada revolta hindu de Telangana, liderada pelo Partido Comunista indiano entre 1946 e 1951. Trata-se, neste caso, de um relato que se acha inteiramente subordinado à História (ainda não vitoriosa) da construção de um poder alternativo: o do Partido Comunista indiano. A Revolta de Telangana dera-se na História efetiva a partir da combinação das ações de diversos grupos com reivindicações próprias, inclusive um setor importante de mulheres politizadas que apoiaram a revolta tendo em vista as suas próprias reivindicações. No relato escrito pelos historiadores ligados ao Partido Comunista indiano, continua Guha, elas terminam por ser reduzidas a simples "colaboradoras do programa dos dirigentes do partido" (FONTANA, 2004: 482). Por mais que os autores do relato tenham simpatia por estas mulheres rebeladas – e esta é uma observação acrescentada por Josep Fontana em sua análise sobre a produção historiográfica contrarretroditora de Guha – tudo o que não se faz é "escutar o que elas diziam, já que isto destruiria o estatismo dominante no relato" (FONTANA, 2004: 482).

Ou seja, o que vemos a partir deste magistral exemplo abordado por Renajit Guha é a confirmação de que a historiografia deve se prevenir contra a armadilha da retrodição, a qual também habita nos modos narrativos mais tradicionais que se mostram disponíveis aos historiadores. Um autor historiográfico, é o que se deve considerar, encontra-se habitualmente preso à estrutura de construção de um texto unilinear e coerente que converge para um enredo único. No decorrer da sua operação historiográfica, ele seleciona, dentre os fatos e elementos que entrarão na composição do relato, apenas os que interessarão a este enredo. De igual maneira, os depoimentos e discursos das diversas vozes sociais investigadas são desconstruídos para serem integrados a uma trama. A reivindicação específica das mulheres que atuaram no movimento, singularizadas por sua luta contra as desigualdades de gênero, são descontextualizadas desta inscrição mais importante de seus atos e de seus discursos, e recontextualizadas pela história de um partido político. Suas reivindicações e ações perdem a singularidade, são convertidas em peças que se encaixam em um quebra-cabeças construído pela história de um partido político em sua luta, ela mesma alternativa, contra um poder estatal vigente. Ao fim de tudo, o relato encaixa-se como todos os demais – a favor ou contra – em um determinado padrão estatista. Este padrão deformou a natureza dos discursos que foram reapropriados pelo relato – é isto o que nos sugere Guha no artigo "The small voice of history" (1996).

O que nos propõe Guha como alternativa para o problema tão bem levantado por ele mesmo? O historiador indiano considera, em primeiro lugar, que a substituição de um relato unilinear por um outro pouco acrescentaria ao problema levantado. Um relato feminista das lutas sociais encaminhadas pela Revolta de Telangana, embora deslocando os atores sociais e ressignificando suas posições, apenas confirmaria os mesmos procedimentos historiográficos da história partidária antes descrita, pois também eliminaria outros dados e fatos que não interessassem, terminando por ajustar todos os discursos a uma nova finalidade: a de denunciar a opressão do gênero feminino. A sugestão de Guha, em vista disto, aponta para a construção de um relato polifônico. Trata-se de romper a unilinearidade e de complicar o argumento (FONTANA, 2004: 483). O historiador indiano sustenta que ainda não sabe exatamente como isto se dará, mas que muito provavelmente estariam por ocorrer ainda, em um futuro não muito distante, importantes modificações nos modos de fazer a História, e isso como única maneira de romper o padrão de linearidade e coerência que estaria tão arraigado na própria escrita historiográfica.

A proposta seria desenvolver um tipo de "escrita polifônica" na qual diversas vozes se manifestassem em pé de igualdade do ponto de vista do direito a um espaço discursivo. Este arranjo polifônico, contudo, deveria primar por corrigir problemas de "assimetria" que sempre aparecem na prática discursiva. Isto é, deveria ser evitado que uma determinada voz adquirisse um peso maior e uma posição discursiva privilegiada em relação às demais. Como se daria isto? Certamente que o desenvolvimento de uma escrita polifônica, e outros padrões para além da escrita historiográfica linear, teria de ser aprendido pelos historiadores em formação, o que dificilmente poderia se dar sem a inclusão no currículo de ensino universitário de disciplinas voltadas para a própria escritura da História, em sentido literal. O historiador, em seus anos de formação, precisaria ser também treinado para se tornar artista – e isto nos remete mais uma vez às reflexões pioneiras desenvolvidas por Nietzsche em fins do século XIX.

Retrodição e tempo presente

Será oportuno, ao final deste capítulo, apontar uma situação peculiar do problema da "retrodição" diante de um dos campos históricos mais recentes da história da historiografia: a História do tempo presente. Aqui temos uma modalidade da História ou na qual a retrodição não se torna ainda possível, ou na qual ela se apresenta na sua mais problemática forma, a da História que se propõe a estabelecer prognósticos ou mesmo a fazer profecias. Alguns esclarecimentos tornarão mais claros o problema do qual tratamos.

Tal como assinala François Dosse, a história do tempo presente apresenta ao historiador e ao consumidor de história "um tempo truncado de seu futuro" (DOSSE, 2001: 93). De fato, nesta modalidade "o historiador não conhece a destinação final dos fatos estudados, dado que na maioria das vezes o sentido só se revela depois" (DOSSE, 2001: 93). Este ponto é particularmente notável! O que era um problema no caso que vínhamos tratando, a tendência do historiador em se enredar quase que automaticamente pela "retrodição", configura-se agora em novo problema: a impossibilidade de retrodição!

Não ter a possibilidade de ler o futuro de um presente que já ocorreu, porque na verdade este presente ainda está ocorrendo, situa o historiador do tempo presente em meio a um fascinante desafio. Há os que já estão excessivamente acostumados à prática da "retrodição", viciados em se deixar enredar por ela quando examinam processos históricos (e no século XXI, e mesmo no século anterior, o ritmo histórico é tão acelerado que o presente rapidamente se torna passado). Por isto, quando estudam o presente muito recente (o que ainda não se tornou passado!) buscam na imaginação um apoio: não mais conhecedores do futuro, caem na tentação de fabricar um. Este é o momento em que o historiador se dispõe a fazer profecias. Profetizar, nestes tempos de ritmos muito acelerados, é sempre um risco: rapidamente a página do livro da História é virada, e a profecia revelou-se falsa (ou, se o historiador teve sorte, suas profecias se confirmaram).

Mas há também fascinantes ambiguidades. Citar um futuro inexistente na "profecia falhada" também pode ter o seu valor para revelar uma história que poderia ter ocorrido. Não eram as histórias que se perderam no caminho uma das lástimas levantadas pelos que têm alertado contra os riscos da erudição? A História do tempo presente, se por um lado oferece aos historiadores que a ela se dedicam uma perigosa floresta de possibilidades diante da qual já não há a aconchegante clareira de um futuro conhecido, oferece-lhes, de outro lado, uma nova possibilidade de aprendizado acerca do fazer histórico. O historiador, aqui, poderá reeducar o seu olhar. Percebendo em seu próprio presente que todas as possibilidades estão em aberto, diante de um futuro ainda não determinado, o historiador pode aqui reaprender aquilo de que não deveria ter um dia esquecido: também os atores históricos de qualquer passado que ele examine, do mais recente ao mais distante, tiveram um dia diante de si um labirinto de possibilidades abertas; para cada um deles a História foi uma tomada de decisão, o momento em que o futuro estava em jogo, sendo possível conduzi-lo para um ou para outro lado. Percebendo as centelhas que se formam no seu próprio tempo presente, o historiador pode voltar para o passado mais distanciado um olhar mais humano; é possível que, depois de trabalhar neste laboratório que é a história do tempo presente, ou de ler as realizações de seus colegas de ofício nesta modalidade, o historiador de períodos mais recuados também se sensibilize com a ideia de recolher as centelhas que um dia ficaram perdidas, tal como propunha Walter Benjamin. O tempo presente pode ensinar aos historiadores a trabalhar de maneira rica com a História de todas as épocas. Eis aqui um enigma para os historiadores resolverem.

Falando em enigmas, podemos encerrar esta reflexão sobre a "retrodição" na historiografia evocando, à maneira de uma imagem final, uma das mais emblemáticas passagens das suas *Teses sobre o conceito de história*, de Walter Benjamin (1940). Eis o enigma que, mais do que todos os seus aforismos, expressa as inquietações de Walter Benjamin em relação ao futuro da História e aos caminhos do fazer historiográfico:

> Há um quadro de Klee que se chama *Angelus Novus*. Representa um anjo que parece querer afastar-se de algo que ele encara fixamente. Seus olhos estão escancarados, sua boca dilatada, suas asas abertas. O anjo da História deve ter este aspecto. Seu rosto está dirigido para o passado. Onde nós vemos uma cadeia de acontecimentos, ele vê uma catástrofe única, que acumula incansavelmente ruína sobre ruína e as dispersa a nossos pés. Ele gostaria de deter-se para acordar os mortos e juntar os fragmentos. Mas uma tempestade sopra do paraíso e prende-o em suas asas com tanta força que ele não pode mais fechá-la. Essa tempestade o impele

irresistivelmente para o futuro, ao qual ele vira as costas, enquanto o amontoado de ruínas cresce até o céu. Essa tempestade é o que chamamos progresso (BENJAMIN, tese n. 9, 2008: 226)[25].

---

25 Este fragmento – a "tese n. 9" – é certamente o texto mais conhecido das *Teses sobre o conceito de história*, de Walter Benjamin (1940). Aqui ele expõe um dos principais alvos de suas críticas: a noção mecanicista de progresso, acoplada à ideia de que o progresso técnico, por si só, assegura o desenvolvimento da humanidade (a ingênua ideia de que o progresso técnico basta por si mesmo, como se não fosse possível haver progresso técnico e deterioração das relações sociais, barbárie, opressão, e uso da tecnologia para oprimir, destruir, ou mesmo aniquilar o mundo).

8

NOVOS MODOS DE NARRAR O TEMPO HISTÓRICO

Conforme vimos no último capítulo, talvez alguns dos maiores desafios dos historiadores contemporâneos, particularmente no que se refere às suas relações com o tempo, ainda precisem ser enfrentados no âmbito da escrita da História. Ocorre que algumas das maiores restrições que têm perseguido os historiadores, sem que boa parte deles disto se dê conta, são precisamente aquelas que impõem determinadas formas estereotipadas de tratar o tempo – o que vai desde uma determinada maneira de representar o tempo ou de narrar os eventos sob a forma de uma sucessão frequentemente linear e progressiva, até às possibilidades demasiado restringidas de elaborar recortes temáticos para a pesquisa histórica[1]. O objetivo dos próximos parágrafos será refletir sobre estes padrões limitadores, impos-

---

1 Neste texto, sempre que nos referirmos de maneira genérica a "historiador" ou "historiadores", estaremos nos remetendo aos historiadores ocidentais modernos. Naturalmente que as concepções de história, do que é um historiador, do que é o tempo, ou quaisquer outras relacionadas ao fazer historiográfico, devem ser sempre historicizadas. O presente texto busca refletir, nuclearmente, sobre as limitações que são impostas presentemente ao "fazer historiográfico" do homem ocidental, e não ao "fazer historiográfico" enquanto uma abstração em si mesma, independente da própria História na qual estamos todos mergulhados.

tos ora a partir do âmbito institucional, ora a partir do âmbito do infindável jogo de repetições de modelos e práticas historiográficas em que se formam sucessivamente as gerações de historiadores.

As imagens do tempo

Antes de mais nada, pode-se dizer que a primeira imagem de tempo que acompanha o historiador na elaboração de seu texto, e que parece impor limites às suas possibilidades expressivas e suas práticas narrativas e descritivas, é uma determinada imagem de temporalidade fundada em um tempo linear que avança para frente e que não admite recuos. Este modo linear de tratar o tempo para expor uma sucessão de acontecimentos, um processo social que é descrito, ou mesmo uma alternância de estruturas sociais que se sucedem, parece em alguns casos constituir uma espécie de sombra fiel que de muitos historiadores não se desgarra, embora nem sempre seja percebida. O historiador, na maioria das vezes, acaba guiando as suas possibilidades expressivas e a própria estruturação de seu pensamento consoante a imagem vulgar que lhe chega do tempo cotidiano, à qual todo indivíduo parece estar acorrentado pelos fios da sua própria existência. Inconscientemente o historiador se prende, sem contestá-la, a esta imagem que lhe parece ser a representação natural do tempo cotidiano: linear, progressiva, irreversível, geradora de eventos singulares que se encadeiam sucessivamente do passado para o futuro em uma continuidade sem fim à qual deve se render o homem comum.

De passagem, é imprescindível relembrar mais uma vez o fato de que toda "representação do tempo" é subjetiva, socialmente localizada, e que a própria representação do "tempo histórico" é ela mesma histórica (REIS, 1998: 20). Não existe o "tempo histórico" em si mesmo, mas apenas formas variadas e predominantes de se conceber o tempo histórico nas várias sociedades e nas várias épocas, ou, em algumas situações, no interior mesmo de determinados setores de uma sociedade historicamente determinada[2]. A questão é complexa, conforme vimos nos capítulos anteriores, e não a retomaremos aqui sob pena de desviar-nos do nosso principal tema de reflexão. Basta deixar estabelecido, por ora, que uma representação do tempo não é sempre necessariamente linear – mesmo da parte do "homem comum" que não tem por função ou por necessidade meditar sobre as questões da temporalidade, mas que simplesmente vive a sua própria temporalidade cotidianamente, produzindo diariamente uma determinada maneira de conceber a duração e o transcorrer da sua própria vida.

Apenas para situar um exemplo, um camponês da Idade Média tendia a representar o seu tempo cotidiano de maneira *cíclica*, sob a influência das atividades que lhe pautavam a existência e que eram regidas pelos ciclos da noite e do dia, das estações, da alternância entre plantio e colheita. A invenção do relógio no século XIII, a elaboração de um "tempo dos mercadores", tão bem estudado por Jacques Le Goff (1979-b: 43-73), viriam trazer a este mundo uma nova noção de temporalidade – fundada em um tempo que a partir daí seria medido, contado, percorrido cronologicamente de uma maneira que pudesse acompanhar os novos

---

2 Como assinala José Carlos Reis em um texto sobre a questão, "o tempo histórico não é exterior ao sujeito e à História", mas é a construção de sujeitos históricos em um dado momento da História efetiva. As representações do tempo histórico revelam as mudanças da sociedade e a sua eficácia depende de sua capacidade para acompanhar os desdobramentos desta sociedade" (REIS, 1998: 20).

desenvolvimentos de uma sociedade regida pelo comércio, pelos intercâmbios intensos, por um ritmo progressivamente acelerado da vida nos meios urbanos. No trânsito da sociedade medieval para a sociedade moderna, passava-se, ao mesmo tempo, de uma divisão eclesiástica do tempo para uma divisão laica do tempo (BILFINGER, 1892; LE GOFF, 1979: 62).

Esta nova noção de temporalidade foi sendo progressivamente elaborada pelo mundo moderno, conforme vimos nos capítulos anteriores. O homem ocidental moderno passava a se imaginar enredado por um tempo dos relógios, dos calendários, das datas contratuais, das certidões de nascimento, dos registros diários de idade para cada indivíduo que era obrigado a conceber a cada instante e com precisão a duração de sua própria vida, de modo que um homem passava a ser definido também por sua idade (para além de uma série de outros números). Tudo isto contribuía para compor no imaginário social um registro linear e progressivo de tempo que logo seria intensificado pelos jornais, a martelar insistentemente para cada indivíduo e para a sociedade inteira uma consciência de que o homem está definitivamente amarrado a uma cadeia de eventos irrepetíveis que o empurram em direção ao futuro. Para além disto, outros registros de tempo se superpunham a este registro individual da temporalidade, mas sem interferir na natureza linear e progressiva da representação do tempo que vinha a reboque dos tempos modernos. Assim, a história das nações seguia sendo contada pelo tempo político dos governos e da administração pública, organizando no registro mais amplo da "vida das nações" a vida singular e medida da sua multidão de indivíduos.

É esta mesma visão de tempo, que subsiste entranhada no homem ocidental moderno, a que impregna o imaginário de boa parte dos historiadores nos dias de hoje. Preso à imagem que julga muitas vezes ser a representação natural, e talvez única, do tempo cotidiano – e em algumas ocasiões sem tomar qualquer consciência desta representação do tempo que deixa marcas indeléveis no seu próprio discurso – o historiador desavisado adota quase que automaticamente certos procedimentos narrativos na sua prática historiográfica. Quando se trata de dar à sua história uma feição narrativa, o historiador recua habitualmente até um ponto do passado, e a partir daí vai percorrendo o tempo linearmente para frente. A História é então contada de maneira muito simples, mesmo quando se lança mão de toda uma parafernália de quadros, tabelas, digressões e citações com os quais se adorna um texto em que o "tempo narrativo" se vê escravizado pelo "tempo dos acontecimentos" que são narrados. E, no entanto, veremos logo a seguir que o "tempo narrativo", que pode ser manipulado criativamente por aquele que narra, não deve ser confundido com o "tempo dos acontecimentos que são narrados".

Tempo dos acontecimentos, tempo da pesquisa e tempo da narrativa

Os historiadores mais tradicionais nos seus modos de escrever a História esquecem-se de que, ao elaborar o seu texto, eles mesmos são os "senhores do tempo" – isto é, do seu "tempo narrativo" – e de que não precisam se prender à linearidade cronológica e à fixidez progressiva ao ocuparem o lugar de narradores de uma história ou ao se converterem naqueles que descrevem um processo histórico. Se o texto historiográfico é como que um mundo regido pelo historiador, por que não investir no domínio de novas formas de dizer o tempo? Por que tratar o tempo sempre da mesma maneira, banal e estereotipada, como se estivéssemos tão presos a este tempo quanto os próprios personagens da trama histórica que descrevemos, ou como se fôssemos mais as vítimas do discurso do que os seus próprios criadores? Indagações como estas, naturalmente, implicam em considerar que a feitura do texto historiográfico se inscreve em um ato criativo destinado a produzir novas leituras do mundo, e não em um ato burocrático destinado a produzir um relatório padronizado que pretensamente descreveria uma realidade objetiva independente do autor do texto e de seus leitores.

O moderno romance do século XX, na sua incessante busca por novos modos de expressão e de apresentação do texto literário, e também o cinema desde os seus primórdios, já acenaram há muito com uma riqueza de possibilidades narrativas que não parecem ter sido assimiladas por uma historiografia que, pelo menos neste aspecto, é ainda demasiado tradicional. Acompanhar este movimento iniciado no âmbito da literatura do último século, mas também no campo do cinema e das artes em geral – e podemos lembrar aqui, adicionalmente, as experiências cubistas de representação de diversos momentos de uma mesma figura na simultaneidade de um único quadro –, poderia contribuir para enriquecer significativamente o discurso historiográfico, ajudando-o a romper os tabus e as restrições que têm limitado a historiografia profissional enquanto uma disciplina que acaba reproduzindo os mesmos padrões, mesmo que nem sempre adequados aos novos objetos e abordagens já conquistados pelos historiadores.

Romper os padrões habituais de representação do tempo, como ousaram fazer os grandes romancistas, artistas e cineastas modernos, implicaria em inventar novos recursos discursivos no que se refere ao tratamento da temporalidade, com possibilidades regressivas, alternâncias diversas, descrições simultâneas, avanços e recuos, tempos psicológicos a partir dos vários agentes – ou o que quer que permita novas maneiras de representar o passado, mais ou menos na mesma linha de ousadias e novidades que os romancistas modernos encontraram para pôr em enredo as suas estórias de uma maneira mais rica e criativa.

Marc Bloch já havia pressentido o problema dos condicionamentos do historiador com relação ao tempo. Em *Introdução à História* (BLOCH, 2011: 44) é ele quem afirma que "seria grave erro julgar que a ordem adotada pelos historiadores nas suas investigações tenha necessariamente de modelar-se pela dos acontecimentos". Sugere que os historiadores incorporem no seu *métier* o que chamou de "método regressivo", e que consistiria em partir do presente mais conhecido para ir recuando em direção ao passado durante o processo de investigação. Mas, em seguida, verifica-se que Bloch ainda se mostra preso a uma determinada imagem de tempo: ao sugerir a possibilidade de um método regressivo de investigação, não deixa porém de interditar para a elaboração final do enredo a possibilidade regressiva, ou qualquer outra quebra da linearidade cronológica progressiva:

> [alguns historiadores] tiraram frequentemente proveito, *sob a condição de restituírem depois à História o seu movimento verdadeiro*, de começarem a lê-la, como dizia Maitland, "às avessas" [grifo nosso] (BLOCH, 2011: 44).

Desta forma, apesar de sua intuição acerca dos modelos de tempo que ameaçam oprimir o historiador na prática do seu ofício, Bloch parece no fim das contas recusar a este mesmo historiador – agora enquanto escritor e não mais como pesquisador – novas maneiras de representação da História que não as que estejam rigorosamente atreladas ao tempo linear progressivo convencional[3].

De outra parte, já vimos que Fernand Braudel também buscou enfrentar criativamente o problema do tempo, ao organizar sua obra *O Mediterrâneo* (1949) a partir de três modalidades de velocidade do tempo ou *durações*, embora tenha predominantemente compartimentado cada uma destas perspectivas temporais em um dos três volumes de sua obra. Já se tratava, em todo o caso, de uma quebra no padrão tradicional de tratamento historiográfico do tempo – não propriamente no que se refere ao aspecto da progressão linear, mas certamente no aspecto da duração. Propunha-se, de maneira inovadora, a percepção simultânea de ritmos diferenciados de duração temporal (BRAUDEL, 1949).

Uma digressão se faz aqui necessária. Em um texto recente, José Carlos Reis desenvolve a hipótese de que "o conhecimento histórico só se renova, uma 'nova história' só aparece quando realiza uma mudança significativa na representação do tempo histórico" (REIS, 1998: 20). E situa o momento da emergência dos *Annales* como uma renovação na maneira de conceber ou de representar o tempo, substituindo o tempo narrativo tradicional por um tempo estrutural. Esta hipótese parece-nos particularmente importante para compreender a renovação trazida

---

3 Sob outro viés, Michel de Certeau esclarece as implicações da contradição entre tempo da pesquisa e tempo da narrativa: "A cronologia indica um segundo aspecto do serviço que o tempo presta à História. Ela é a condição de possibilidade do recorte em períodos. Mas (no sentido geométrico) rebate, sobre o texto, a imagem invertida do tempo que, na pesquisa, vai do presente ao passado. Segue seu rastro pelo reverso" (CERTEAU, 1983: 97).

por certas escolas historiográficas. Por outro lado, gostaríamos de acrescentar que o conhecimento histórico não se renova *exclusivamente* quando ocorre uma mudança significativa na representação do tempo histórico, mas que ele também pode se renovar quando ocorre uma mudança significativa na *expressão* do tempo histórico. As maneiras inovadoras de tratar o tempo a partir do texto final em que o historiador expõe os resultados de sua pesquisa, e não apenas a inovação no modo de representar o tempo para si mesmo durante o próprio processo de pesquisa, conforme vimos para o exemplo de Marc Bloch, também podem constituir uma dimensão inovadora. É a este aspecto particular, o da *expressão* do tempo, ou da representação do tempo não mais para *si mesmo* – mas também para o *outro* no momento em que o historiador constrói um texto dirigido ao leitor –, que trataremos nos parágrafos a seguir.

Modos experimentais de narrar o tempo

Abordar a História com um "novo olhar" fora, sem dúvida, uma contribuição para a renovação da prática historiográfica. Mas seria preciso, para continuar incrementando novas possibilidades de renovação, abordar a História também com um "novo dizer". Não apenas "olhar o tempo" de uma maneira nova, mas também "dizer o tempo" de forma inovadora – eis aqui também um programa possível para novas escolas interessadas em renovar o conhecimento histórico. Assim, à parte a proposta inovadora de Braudel e de outros historiadores associados ao movimento dos *Annales* para repensar o tempo histórico, esta que teve efeitos sensivelmente duradouros na historiografia ocidental, seria preciso talvez esperar pelas últimas décadas do século XX para que alguns historiadores pioneiros – incorporando técnicas narrativas introduzidas pela literatura e pelo cinema moderno – ousassem retomar a narrativa historiográfica, mas sem deixar de assegurar a libertação em relação a uma determinada imagem de tempo mais linear ou mais fatalmente progressiva na apresentação de suas histórias (ou seja, na elaboração final dos seus textos).

Uma tentativa, citada por Peter Burke em artigo que examina precisamente os novos modelos de elaboração de narrativas (BURKE, 1992: 327-348), é a de Norman Davies em *Heart of Europe* (1984). Nesta obra, o autor focaliza uma história da Polônia encadeada da frente para trás em capítulos que começam no período posterior à Segunda Guerra Mundial e recuam até chegar ao período situado entre 1795 e 1918[4]. Trata-se, enfim, não apenas de uma história investigada às avessas, como também de uma história representada às avessas.

Outras tentativas são recolhidas por Peter Burke neste excelente panorama de novas experiências de elaborar uma narrativa ou descrição historiográfica. As experiências vão desde as histórias que se movimentam para frente e para trás e que oscilam entre os tempos público e privado[5], até as experiências de captação do fluxo mental dos agentes históricos e da expressão de uma "multivocalidade" que estabelece um diálogo entre os vários pontos de vista[6], sejam os oriundos

---

4 Esta e algumas das referências que se seguem devem ser creditadas ao artigo supracitado de Peter Burke (1992: 327-348).

5 Alguns exemplos podem ser encontrados nas obras sobre a China do historiador Jonathan Spence: *Emperor of China* (1974); *The Death of Woman Wang* (1978); *The Gate of Heavenly Peace* (1982); e *The Memory of Palace of Matteo Ricci* (1985).

6 Como exemplo deste tipo de experiência, Peter Burke cita a obra de Richard Price, onde o autor constrói um estudo do Suriname setecentista a

dos vários agentes históricos, dos vários grupos sociais, ou mesmo de culturas distintas[7].

Todas estas experiências narrativas pressupõem formas criativas de visualizar o tempo, ancoradas em percepções várias como as de que o tempo psicológico difere do tempo cronológico convencional, de que o tempo é uma experiência subjetiva (que varia de agente a agente), de que o tempo do próprio narrador externo diferencia-se dos tempos implícitos nos conteúdos narrativos[8], e de que mesmo o aspecto progressivo do tempo é apenas uma imagem a que estamos acorrentados enquanto passageiros da concretude cotidiana, mas que pode ser rompida pelo historiador no ato de construção e representação de suas histórias.

O tempo e o recorte da pesquisa

Para além de problemas estéticos (e heurísticos) relacionados à maneira de construir o texto final, a temporalidade também gera problemas científicos relativos à constituição do objeto de pesquisa. Assim, ainda em relação às imagens estereotipadas do tempo, uma prisão ainda maior costuma vir se erguer em torno do trabalho historiográfico, agora sob a forma de um *continuum* espaçotemporal que impõe um duplo limite ao pesquisador que se põe a constituir o seu objeto de estudo. Cedo o

---

partir de quatro vozes que são simbolizadas por quatro padrões tipográficos (PRICE, 1990) [BURKE, 1992: 337].

7 Uma referência para o estudo do encontro de culturas, abordado no sentido de conceder uma exposição de dois ou mais pontos de vista culturais, encontra-se nas obras de Marshall Sahlins, que estudou as sociedades do Havaí e das Ilhas Fuji (SAHLINS, 1981).

8 Hayden White chama atenção para a questão da descontinuidade entre os acontecimentos do mundo exterior e a sua representação sob a forma narrativa em "The Burden of History" (1966).

historiador de formação acadêmica vê-se habituado a recortar o seu objeto em consonância com imagens congeladas como a do "espaço nacional" ou do "tempo dinástico": o "Portugal durante o reinado de Dom Dinis", a "França de Luís XIV", o "Egito de Ramsés II" – pede-se ao pesquisador um problema que se encaixe dentro de limites como estes.

Esta imagem de espaço-tempo duplamente limitada pelos parâmetros nacionais e pela duração de governos – herança da velha História política que dominava explicitamente o século XIX e que ainda insistiu em dominar implicitamente boa parte da produção historiográfica do século XX – estende-se de resto para a História que almeja também o circuito extra-acadêmico. Mostra-se como um indício interessante de como esta imagem limitadora do espaço-tempo oprimia o historiador profissional, ainda no século XX, o fato de que em diversas ocasiões – sobretudo na primeira metade do século XX – foram os sociólogos que tomaram a seu cargo os grandes estudos de História Comparada: Weber ou Lewis Mumford nos seus estudos sobre a "Cidade através dos tempos"; Norbert Elias em seu estudo sobre o "Processo civilizador", e assim por diante. Paul Veyne identifica brilhantemente estes entraves que ainda no último século oprimiam a imaginação de diversos historiadores e que os impedem de tomar para si tarefas que lhes seriam de direito:

> Uma vez que todo acontecimento é tão histórico quanto um outro, pode-se dividir o campo factual com toda liberdade. Como se explica que ainda se insiste em dividi-lo tradicionalmente segundo o espaço e o tempo, "história da França" ou "o século XVII", segundo singularidades e não especificidades? Por que ainda são raros livros intitulados: "O messianismo revolucionário através da História?", "As hierarquias sociais de 1450 a nossos dias, na França, Chi-

> na, Tibet e URSS" ou "Paz e guerra entre as nações", para parafrasear títulos de três obras recentes? Não seria uma sobrevivência da adesão original à singularidade dos acontecimentos e do passado nacional?" (VEYNE, 1982a: 42).

Alguém poderia questionar esta linha de proposições lembrando que, na produção acadêmica, recorta-se pequeno para tornar a pesquisa viável. De nossa parte poderíamos retrucar que se pode recortar pequeno, chegando-se mesmo à perspectiva "micro", sem que se tenha que sujeitar necessariamente o trabalho ao *continuum* de espaço-tempo congelado em torno da imagem de governos nacionais ou outras. Tudo depende, naturalmente, do problema do qual se parte.

Muito dos modelos desgastados de recortar o tempo na historiografia ocidental (desgastados, mas francamente preponderantes) deve-se em parte a uma especificidade ocidental ressaltada por Michel de Certeau: uma clivagem que se estabelece, renovadamente, entre o presente e o passado. "Cada tempo 'novo' dá lugar a um discurso que considera 'morto' aquilo que o precedeu, recebendo um 'passado' já marcado pelas rupturas anteriores" (CERTEAU, 1983: 15). Esta ânsia "de distinguir-se do tempo precedente", que ao nível dos grandes acontecimentos históricos produz cortes sucessivos como o Renascimento ou a Revolução, arrasta-se também para os períodos menores não só na mente dos seus contemporâneos como também na construção dos historiadores, que recebem estes hábitos de periodização muitas vezes sem questioná-los. Da mesma forma que na sua época um novo reinado erige-se em tempo novo, o historiador da atualidade, na sua distância, embarca por vezes nestes recortes congelados e propõe o estudo de um tema dentro deste ou daquele reinado – quando muitas vezes o objeto construído desejaria romper de muitas maneiras estas muralhas artificiais que insistem em contê-lo, em aparar suas arestas e ângulos agudos, ou em mantê-lo sólido quando ele se quer fluido.

Convidamos a que se reflita sobre a quantidade de teses que já nascem deformadas por um recorte imposto por uma única maneira de recortar o espaço e o tempo[9]. As pressões das convenções acadêmicas, da imensa rede intertextual de trabalhos já realizados dentro de um único modelo de recorte, dos ditos e "não ditos" que circulam na instituição – tudo contribui para fornecer ao historiador imagens contra as quais ele deve criticamente se debater, mas às quais, frequentemente, ele costuma se render.

Limitações do discurso verbal

Muitas das limitações descritivas que aprisionam o historiador e que limitam suas possibilidades expressivas originam-se também das próprias limitações oriundas da natureza do discurso verbal – falado ou escrito. Como todo escritor, o historiador que produz o texto final no qual irá expor os resultados de sua pesquisa deve enfrentar as próprias limitações da linguagem verbalizada. Em vista disto, é a partir desta dimensão inevitável – a "estrutura verbal" ou o âmbito dos modos

---

9 O que foi dito para a questão dos recortes espaçotemporais pode ser estendido também para os recortes temáticos de uma maneira geral. Podemos acompanhar uma reflexão de Michel de Certeau relativa à história das ideias: "Esta unidade procurada, quer dizer, o objeto científico, presta-se à discussão. Deseja-se ultrapassar a concepção individualista que recorta e reúne os escritos segundo sua 'pertença' a um mesmo autor, que, então, fornece à biografia o poder de definir uma unidade ideológica, e supõe que a um homem corresponda um pensamento (como a arquitetura interpretativa que repete o mesmo singular nos três andares do plano clássico: o homem, a obra, o pensamento)" (CERTEAU, 1983: 39).

de expor verbalmente o pensamento histórico – que partiremos para desenvolver o próximo conjunto de considerações.

O que significa, antes de mais nada, esta tal "estrutura verbal" que é a primeira prisão a que é obrigado se condicionar o escritor de uma maneira geral ou o historiador de uma maneira específica? Luiz Costa Lima observa que "na impossibilidade de uma técnica semelhante à do contraponto ou da organização orquestral das massas sonoras, a escrita verbal traz sempre a marca da linearidade" (LIMA, 1989: 166). Durante muito tempo ainda o escritor terá de se defrontar contra esta "ausência de um contraponto", que encontra uma relativa válvula de escape em um sistema mais elaborado de notas eruditas de pé de página e apêndices ou, com mais propriedade ainda, na linguagem computacional dos intertextos entrelaçados. Mas, até mesmo nestes casos, não há como se deixar de prestar contas à evidência de que o olho humano só pode ler uma linha de cada vez, e de que mesmo o ouvido humano, quando presta atenção em um discurso do tipo verbal, só pode captar com atenção concentrada uma linha discursiva de cada vez. Somente na música – através da magia dos timbres, do contraponto e da harmonia – o ouvido pode "ler" ou captar simultaneamente várias realidades sonoras que se entrelaçam e que encaminham simultaneamente vários desenvolvimentos sem impossibilitar uma plena compreensão por parte do ouvinte.

Na escrita verbal, naturalmente, não é assim. Se estou desenvolvendo um tema, e ele abre possibilidades de desenvolvimento a um ou mais temas alternativos, eu devo constrangê-los a um comentário discreto ou a uma posição coadjuvante, sob o risco de que estes desenvolvimentos alternativos ameacem "romper a harmonia expositiva" (LIMA, 1989: 166). Empurrar o desenvolvimento alternativo para uma nota de pé de página, prática rejeitada pelos escritores mais lineares que só utilizam as notas de pé de página para referências rápidas, é já um indício da luta surda que se trava entre o escritor e a imposição de uma estrutura verbal que não carrega consigo a possibilidade do contraponto. Se, no desenrolar de um discurso que segue coerentemente por uma via principal, os desenvolvimentos alternativos se impõem ao autor ou ao assunto de maneira imperativa, deve ser aberto um novo capítulo que traga para a centralidade discursiva isto que antes era um "segmento subordinado e fora excluído do capítulo precedente por força da *contrainte linear*" (LIMA, 1989: 167).

Desta forma a prisão da linearidade verbal, e outros elementos inerentes a qualquer "estrutura verbal", impõem ao escritor escolhas conscientes e constrangimentos inconscientes. Para o caso do discurso histórico, podemos acrescentar ainda as contradições entre o texto final e a pesquisa que o produziu. É bastante citar a admirável percepção de alguns destes problemas explicitada por Michel de Certeau:

> Enquanto a pesquisa é interminável, o texto deve ter um fim, e esta estrutura de parada chega até a introdução, já organizada pelo dever de terminar. Também o conjunto se apresenta como uma arquitetura estável de elementos, de regras e de conceitos históricos que constituem sistema entre si e cuja coerência vem de uma unidade designada pelo próprio nome do autor. Finalmente, para ater-se a alguns exemplos, a representação escriturária é "plena"; preenche ou oblitera as lacunas que constituem, ao contrário, o próprio princípio da pesquisa, sempre aguçada pela falta. Dito de outra maneira, através de um conjunto de figuras de relatos e de nomes próprios, torna *presente* aquilo que a prática percebe como seu limite, como exceção ou como

> diferença, como passa. Por estes poucos traços –
> a inversão da ordem, o encerramento do texto, a
> substituição de um trabalho de lacuna por uma pre-
> sença de sentido – pode-se medir a "servidão" que o
> discurso impõe à pesquisa (CERTEAU, 1983: 94).

Este e outros aspectos marcam as complexidades adicio-
nais do texto historiográfico, que se somam às complexidades
que possui qualquer texto por si mesmo, pelo fato de se mostrar
necessariamente como uma estrutura verbal linear. Conforme
vimos, as limitações que se impõem em um primeiro momento
ao discurso narrativo do historiador, e às suas tendências mais
habituais de tratamento do tempo, não estão em parte desvincu-
ladas do fato de que a História é antes de mais nada uma "estrutura verbal", tal como ressaltou Hayden White em mais de uma
oportunidade[10]. Contudo, reconhecer as limitações da História
diante dos obstáculos próprios do discurso verbal não deve exi-
mir os historiadores de experimentarem estruturas inovadoras
de apresentação do texto histórico. É em sintonia com esta linha
de reflexões que o próprio Hayden White (1966: 47-48) exorta
os historiadores a acompanharem também os movimentos mais
expressivos da arte moderna:

> Os historiadores poderiam, assim, aventar a possi-
> bilidade de usar modos de representação impres-
> sionistas, expressionistas, surrealista e (talvez) até
> mesmo ativistas para dramatizar a importância dos

---

10 Em *A meta-história*, Hayden White parte da ideia de que o texto de história é fundamentalmente uma "estrutura verbal na forma de um discurso
narrativo em prosa" (WHITE, 1995: 11). Em outro ponto de sua obra, o autor
dá uma definição ainda mais completa do trabalho historiográfico: "conside-
rarei o labor historiográfico como o que ele manifestamente é, a saber: uma
estrutura verbal na forma de um discurso narrativo em prosa que pretende
ser um modelo, ou ícone, de estruturas e processos passados no interesse
de explicar o que eram representando-os" (WHITE, 1995: 18).

> dados que descobriram, mas que, com excessiva frequência, se veem impedidos de considerar seriamente como evidência

O desafio, enfim, está em superar os antigos padrões de exposição textual, e com isto os próprios padrões mais tradicionais de tratamento da temporalidade. Afinal, sendo o "tempo" a base do próprio trabalho historiográfico, não há como não investir na própria experimentação literária que envolve as múltiplas possibilidades de reordenar o discurso em um tempo narrativo que, em última instância, deve ser controlado pelo próprio historiador. O historiador – poderíamos acrescentar para encerrar por ora as discussões aqui apresentadas sobre a temporalidade – deveria assumir antes a posição de um "senhor do tempo" do que a posição de uma de suas vítimas.

REFERÊNCIAS

Fontes

ADORNO T.W. (1995). "Educação pós-Auschwitz". *Palavras e sinais*. Petrópolis: Vozes, p. 104-123 [original: 1966].

AGOSTINHO [Santo] (2011). *Confissões* – Livro VII. Petrópolis: Vozes [original: 398 d.C.].

_____ (2005). "Elevações sobre os mistérios". *Confissões* – Livro XI. Petrópolis: Vozes [original: 398 d.C.].

ARENDT, H. (2009a). "A quebra entre o passado e o futuro". *Entre o passado e o futuro*. São Paulo: Perspectiva, p. 28-42 [original: 1954].

_____ (2009b). "O conceito de História: antigo e moderno". *Entre o passado e o futuro*. São Paulo: Perspectiva, p. 69-126. [original: 1957].

_____ (2009c). "A tradição e a Época Moderna". *Entre o passado e o futuro*. São Paulo: Perspectiva, p. 43-68 [original: 1956].

_____ (2008a). "Kierkegaard". *Compreender*: formação, exílio e totalitarismo. São Paulo: Companhia das Letras, p. 73-77 [original: 1932].

_____ (2008b). "Franz Kafka: uma reavaliação". *Compreender*: formação, exílio e totalitarismo. São Paulo: Companhia das Letras, p. 97-108 [original: 1944].

ARIÈS, P. (1990). "História das mentalidades". In: LE GOFF, J. (org.). *A História Nova*. São Paulo: Martins Fontes, p. 154-176 [original: 1978] [incluído em NOVAIS & SILVA (orgs.). *A História Nova*. São Paulo: Cosac & Naify, 2011, p. 169-195].

_____ (1989). *O tempo da História*. Rio de Janeiro: Francisco Alves [original: 1954].

_____ (1981a). *História social da criança e da família*. Rio de Janeiro: Zahar [original: 1964].

_____ (1981b). *O homem diante da morte*. 2 vols. Rio de Janeiro: Francisco Alves [original: 1977].

ARISTÓTELES (1993). *Poética*. São Paulo: Ars Poética.

_____ (1990). *Física*. Paris: Les Belles Lettres.

ARNDT, E.M. (1877). *Geist der Zeit* [Espírito do tempo]. Altona: Hammerich [original: 1807].

BAGBY, P. (1958). *Culture and History* – Prolegomena to the Comparative Study of Civilizations. Londres: Longmans.

BAKHTIN, M. (1985). *Cultura popular na Idade Média e no Renascimento*: o contexto de François Rabelais. São Paulo: Hucitec [original: 1941/1965].

BENJAMIN, W. (2008a). "Teses sobre o conceito de História". *Walter Benjamin: obras escolhidas* – Magia e técnica; arte e política. São Paulo: Brasiliense, p. 222-231 [original: 1940].

_____ (2008b). "A vida dos estudantes". *Reflexões sobre a criança, o brinquedo e a educação*. São Paulo: Duas Cidades [original: 1915].

_____ (2006). *Passagens*. Belo Horizonte/São Paulo: UFMG/Imep [originais: 1927-1940].

_____ (1995). *Walter Benjamin: obras escolhidas* – Rua de mão única. São Paulo: Brasiliense [original: 1923/1926].

_____ (1984). *Origem do drama barroco alemão*. São Paulo: Brasiliense [original: 1925].

_____ (1975). "O surrealismo – o mais recente instantâneo da inteligência europeia". *Os Pensadores* – Vol. XLVIII. São Paulo: Abril [original: 1929].

BILFINGER, G. (1982). *Die mittelalterlichen Horen und die modernen Stunden* – Ein Betrag zur Kulturgeschichte. Sttutgart: W. Kohlhammer.

BLOCH, M. (2001). *Apologia da História*. Rio de Janeiro: Zahar [original: 1941/1942].

_____ (1993). *Os reis taumaturgos* – O caráter sobrenatural do poder régio. França e Inglaterra. São Paulo: Companhia das Letras [original: 1924].

BOIS, P. (1970). *Paysans de l'Ouest* – Des structures économiques et sociales aux options politiques depuis l'époque révolutionnaire. Paris/Haia: Mouton.

BOSSUET, J.-B. (1802). *Discours sur l'histoire universelle, pour expliquer la suite de la religion et le changement des empires*. Paris: Lamy [original: 1681].

BRADBURY, R. (2010). *Fahrenhreit 451*. Rio de Janeiro: Globo.

BRAUDEL, F. (2011). "História e Ciências Sociais: a longa duração". In: NOVAIS & SILVA (orgs.). *Nova História em perspectiva*. São Paulo: Cosac & Naify, p. 87-127 [original: 1958].

_____ (1989). *Gramática das civilizações*. São Paulo: Martins Fontes, 1989.

_____ (1984). *O Mediterrâneo e o mundo mediterrânico*. São Paulo: Martins Fontes [original: 1949; revisto em 1965].

_____ (1959a). "Les *Annales* ont trente ans (1929-1959)". *Annales ESC*, vol. 14, n. 1, jan.-mar. Paris: A. Colin.

_____ (1959b). "Dans les Brèsil Bahianais: le présent explique le passé". *Annales ESC*, n. 2, abr.-jun., p. 325-336. Paris: A. Colin.

CERTEAU, M. (1982). "A Operação Historiográfica". *A escrita da História*. Rio de Janeiro: Forense Universitária, p. 65-119 [original: 1974].

COMTE, A. (1969). *Cours de Philosophie Positive*. Paris: Classique Garnier [originais: 1830-1842].

CONDORCET (1988). *Esboço de um quadro histórico dos progressos do espírito humano*. Campinas: Edunicamp, 1990 [original: 1793].

COULBORN, R. (1959). *The Origin of Civilized Societies*. Princeton: Princeton University Press.

DAVIES, N. (1984). *Heart of Europe*: a Short History of Poland. Oxford: [s.e.].

DAVIS, N. (1989). "Du conte et de l'histoire". *Le Debat*, n. 54, mar.-abr. Paris: Gallimard.

_____ (1987). *O retorno de Martin Guerre*. Rio de Janeiro: Paz e Terra [original: 1983].

DEWEY, J. (1949). *Logic* – The Theory of Inquire. Nova York: Henry Holt.

DILTHEY, W. (1991). *Introduction to the Human Sciences*. Princeton: Princeton University Press [original: 1883] [Disponível em http://www.marxists.org/reference/subject/philosophy/works/ge/dilthey1.htm].

DROYSEN, J.G. (1977). *Historik*: Vorlesungen über Enzyklopädie und Methodologie der Geschichte. Stuttgart: Fromann--Holzboog [org. por Peter Leyh] [em português: *Manual de Teoria da História*. Petrópolis: Vozes, 2009 [original: 1858].

ELIAS, N. (1998). *Sobre o tempo*. Rio de Janeiro: Zahar [original: 1984].

FEBVRE, L. (2011). "Face ao vento: manifesto dos novos *Annales*". In: NOVAIS, F. & SILVA, R. *Nova História em perspectiva*. São Paulo: Cosac & Naify, p. 75-85 [original: 1946].

_____ (1978). "História e Psicologia". In: MOTA, C.G. & FERNANDES, F. (orgs.). *Febvre*. São Paulo: Ática, p. 68-83 [original: 1938].

_____ (1968). *Le problème de l'incroyance au XVIᵉ siècle – La religion de Rabelais*. Paris: A. Michel [original: 1942].

_____ (1953). *Combats pour l'histoire*. Paris: A. Colin.

_____ (1941). "Comment reconstituer la vie affective d'outre fois". *Annales d'Histoire Sociale*, III. Paris.

FOURIER, C. (1966-1968). "Theorie des quatre mouvements". *Ouevres Completes*. Paris: Antropos [original: 1808].

GERVINUS, G.-G. (1853). *Einleitung in die Geschichte des neunzehnten Jahrhunderts* [Introdução à História do século XIX]. Leipzig: Erler.

GINZBURG C. (1989a). *O queijo e os vermes*. São Paulo: Cia. das Letras [original: 1976].

GUHA, R. (2002). *History at the Limit of World-History*. Colúmbia: Columbia University Press.

_____ (1996). *The Small voice of History* – Estudos Subalternos. Delhi: Oxford University Press.

_____ (1993). *Elementary aspects of peasant insurgency in colonial India*. Delhi: Oxford University Press.

HEGEL, F. (2008). *A Razão na História* – Uma introdução geral à Filosofia da História. São Paulo: Centauro.

_____ (2007). *Fenomenologia do espírito*. Petrópolis: Vozes.

HEIDEGGER, M. (1997). *O ser e o tempo*. Petrópolis: Vozes [original: 1927].

HERDER, J.G.V. (2013). *Ideias sobre a Filosofia da História da humanidade*. Berlim: Holzinger [originais: 1784 e 1791].

_____ (1995). *Mais uma Filosofia da História* [*Também uma Filosofia da História para a formação da humanidade*]. Lisboa: Antígona [original: 1774].

_____ (1955). *Metakritik zur Kritik der reinen Vernunft*. Berlim: Aufbau-Verlag [original: 1799].

HERÓDOTO (1988). *História*. Brasília: UnB.

HESÍODO (2005). *Teogonia*: os trabalhos e dias. Lisboa: Imprensa Nacional.

_____ (1991). *Teogonia*: a origem dos deuses. São Paulo: Iluminuras.

HILL, C. (1987). *O mundo de ponta-cabeça*. São Paulo: Companhia das Letras [original: 1972].

_____ (1980). *Some intellectual consequences of the English revolution*. Madisson: University of Wisconsin Press.

HOBSBAWM, E. (1998). "A volta da narrativa". *Sobre História*. São Paulo: Companhia das Letras, p. 201-206 [original: *Past and Present*, n. 86, 1980].

HOBSBAWM, E. & RANGER, T. (1997). *A invenção das tradições*. São Paulo: Paz e Terra [original: 1983].

HORKHEIMER, M. (1994). *Crépuscules*: notes en Allemagne. Paris: Payot [original: 1926-1931].

KAFKA, F. (2002). *Narrativas do espólio*. São Paulo: Companhia das Letras.

_____ (1945). *The Great Wall of China*: stories and reflections. Nova York: Willa & Edwin Muir.

KANT, I. (1993). *O conflito das faculdades*. Lisboa: Ed. 70 [original: 1798].

_____ (1986). *Ideia de uma história universal de um ponto de vista cosmopolita*. São Paulo: Brasiliense [original: 1774].

KOSELLECK, R. (2006). "Modernidade". *Futuro-passado* – Contribuição à semântica dos tempos históricos. Rio de Janeiro: Contraponto, p. 267-303 [original: 1979].

_____ (2006a). "Espaço de experiência e horizonte de expectativas". *Futuro-passado* – Contribuição à semântica dos tempos históricos. Rio de Janeiro: Contraponto, p. 311-337 [original: 1979].

_____ (1989). *Le régne de la critique*. Paris: Minuit [original: 1959].

LaCAPRA, D. (1985). *History and Criticism*. Nova York: Ithaca.

_____ (1983). *Rethinking Intellectual History*: Texts, Contexts, Language. Nova York: Ithaca.

LAMARTINE, A. (1851). *Histoire de la Restauration*. Paris: Pagnerre/Lecou Furne.

LE GOFF, J. (2011). "A História Nova". In: NOVAIS, F. & SILVA, R.F. (orgs.). *Nova História em perspectiva*. São Paulo: Cosac & Naify [original: 1978].

_____ (1979a) "O tempo de trabalho na 'crise do século XIV': do tempo medieval ao tempo moderno". *Para um novo conceito de Idade Média*. Lisboa: Estampa.

_____ (1979b). "Na Idade Média: tempo da Igreja e tempo do mercador". *Para um novo conceito de Idade Média*. Lisboa: Estampa, 1979, p. 43-73.

LEIBINIZ (1840). "De rerum originatione radicali". *Opera philosophica*. Berlim: J.E. Erdmann [original: 1697].

LE ROY LADURIE, E. (2011). "Acontecimento e longa duração na História Social: o exemplo dos chouans". In: NOVAIS, F. & SILVA, R. (orgs.). *Nova História em perspectiva*. São Paulo: Cosac & Naify, p. 248-267 [original: 1972].

_____ (1983). *Montaillou*: cátaros e católicos em uma aldeia francesa. Lisboa: Ed. 70 [original: 1975].

_____ (1979). *Le carnaval de romans*. Paris: Gallimard.

_____ (1978). "L'Histoire Immobile" [aula inaugural para o Collège de France]. In: *Le territoire de l'historien*. Paris: Gallimard.

_____ (1974). "L'Histoire Immobile". *Annales ESC*, 3, mai.-jun. Paris: A. Colin.

_____ (1973). "Un concept: l'unification microbienne du monde". *Revue d'Histoire Suisse*, 23, n. 4.

_____ (1967). *Histoire du climat*. Paris: Flammarion.

_____ (1966). *Les paysans de Languedoc*. Paris: Sevpen.

LOTZE, R.H. (1864). *Mikrokosmos* – Ideen Zur Natur-geschichte Und Geschichte Der Menschheit. Leipzig: Hirzel.

MACAULEY, T.B. (1849). *History of England*. Filadélfia: Porte & Coates.

MANDROU, R. (1979). *Magistrados e feiticeiros na França do século XVII*. São Paulo: Perspectiva [original: 1968].

_____ (1975). *De la culture populaire aux XVIIe et XVIIIe siècles*. Paris: Stock.

_____ (1968). "L'histoire des mentalités". *Encyclopaedia Universalis*. Vol. VIII. Paris: [s.e.], p. 436-438.

MELKO, M. (1969). *The Nature of Civilizations*. Boston: Porter Sargent.

MONTESQUIEU (1995). *Grandeza e decadência dos romanos*. São Paulo: Paumape [original: 1734].

NIETZSCHE, F. (1873). *Sobre a utilidade e desvantagens da História para a vida* [incluído em *Escritos sobre a História*. São Paulo: Loyola, 2005] [original: 1873; publicado em 1874].

POMIAN, K. (1990). "A história das estruturas". In: LE GOFF, J. (org.). *A Nova História*. São Paulo: Martins Fontes [original: 1978].

_____ (1984). *L'ordre du temps*. Paris: Gallimard.

PRICE, R. (1990). *Alabi's World*. Baltimore: John Hopkins University Press.

QUIGLEY, C. (1961). *The Evolution of Civilizations* – An Introduction to Historical Analysis. Nova York: Macmillan.

RANKE, L. (2004). *History of the Latin and Teutonic Nations from 1494 to 1514*. Londres: Kessinger [original: 1824].

RICOEUR, P. (2010). *Tempo e narrativa*. São Paulo: Martins Fontes [original: Paris: Seuil, 1983/1985].

SAHLINS, M. (1981). *Historical Metaphors and Mythical Realities*. Ann Arbor: University of Michigan Press.

SHAPP, W. (1976). *In Geschichten verstrickt* [Envolvido em histórias]. Wiesbaden: B. Heymann.

SPENCE, J. (1985). *The Memory of Palace of Matteo Ricci*. Nova York: The Viking Penguin.

_____ (1981). *The Gate of Heavenly Peace*. Nova York: The Viking Penguin.

_____ (1978). *The Death of Woman Wang*. Nova York: Viking Penguin.

_____ (1974). *Emperor of China*. Nova York: Knopf.

SPENGLER, O. (1920). *The Decline of the West*. Munique: Beck.

STONE, L. (1991). "O ressurgimento da narrativa – Reflexões sobre uma nova velha história". *Revista de História*, p. 13-46. Campinas: Unicamp [Dossiê História Narrativa].

THIERRY, A. (1820). *Lettres sur le histoire de France*. Paris: Le Courrier Français.

THOMPSON, E.P. (2001). *As peculiaridades dos ingleses*. Campinas: Unicamp, p. 75-179 [original: 1978].

_____ (1967). "Time, work-discipline, and industrial capitalism". *Past and Present*, n. 38 (1), p. 56-97.

TOCQUEVILLE, A. (1945). *Democracy in America*. Nova York: Vintage Books [original: 1835].

TOYNBEE, A. (1987). *Um estudo da História*. São Paulo: Martins Fontes. 12 vols. [*Study of History*. Londres: Oxford University Press [1934-1961].

VEYNE, P. (1982a). "Como se escreve a História" (1971). In: *Como se escreve a História*. Brasília: UnB, p. 7-148.

_____ (1982b). "Foucault revoluciona a História" (1978). In: *Como se escreve a História*. Brasília: UnB, p. 149-198.

VOVELLE, M. (2011). "História e longa duração". In: NOVAIS & SILVA (orgs.). *Nova História em perspectiva*. São Paulo: Cosac & Naify, p. 371-407 [original: 1978].

_____ (1982). *La mort et l'Occident de 1300 à nous jours*. Paris: Gallimard.

_____ (1978). *Piétè baroque et déchristianisation, les atitudes devant la mort en Provence au XVIIIe siècle*. Paris: Seuil.

WHITE, H. (1995). *A meta história* – A imaginação histórica no século XIX. São Paulo: Edusp [original: 1973].

_____ (1994) *Trópicos do discurso* – Ensaios sobre a crítica da cultura. São Paulo: Edusp [original inglês: 1978].

_____ (1966). "The Burden of History". *History and Theory*, 5, 1966.

Bibliografia

ANDERS, G. (1969). *Kafka*: pró e contra. São Paulo: Perspectiva.

ARÓSTEGUI, J. (2006). *A pesquisa histórica*: teoria e método. Bauru: Edusc [original: 1995].

ATTALI, J. (1982). *Histoire du temps*. Paris: Fayard.

BACHELARD, G. (1993). *A dialética da duração*. São Paulo: Ática [original: 1936].

BAGBY, P. (1958). *Culture and History* – Prolegomena to the Comparative Study of Civilizations. Londres: Longmans.

BARROS, J.D'A. (2013). *A expansão da História*. Petrópolis: Vozes.

_____(2012). *Teoria da História* – Vol. V: A Escola dos *Annales* e a Nova História. Petrópolis: Vozes.

_____ (2011a). *Teoria da História* – Vol. I: Princípios e conceitos fundamentais. Petrópolis: Vozes.

_____ (2011b). *Teoria da História* – Vol. II: Os primeiros paradigmas – Positivismo e historicismo. Petrópolis: Vozes.

_____ (2011c). *Teoria da História* – Vol. III: Paradigmas revolucionários. Petrópolis: Vozes.

_____ (2011d). *Teoria da História* – Vol. IV: Acordes historiográficos: uma nova proposta para a Teoria da História. Petrópolis: Vozes.

_____ (2006). "História, tempo e espaço – Interações necessárias". *Vária História* – Revista de História da UFMG, vol. 22, série 36, dez., p. 460-475.

BERGSON, H. (2006). *Duração e simultaneidade*. São Paulo: Martins Fontes [original: 1922].

_____ (1988). *Ensaio sobre os dados imediatos da consciência*. Lisboa: Ed. 70 [original: 1889].

BODEI, R. (2001). *A História tem um sentido?* Bauru: Edusc [original: 1997].

BRANDÃO, J.S. (1986). *Mitologia Grega*. Petrópolis: Vozes.

BROD, M. (1945). *Franz Kafka*. Paris: Gallimard.

BROWN, P.R.L. (2008). *Santo Agostinho*: uma biografia. Rio de Janeiro: Record.

_____ (2007). *Religion and Society in Age of Saint Augustine*. Eugene, Or.: Wipf & Stock.

BURGUIÈRE, A. (1993) *"Annales". Dicionário das Ciências Históricas*. Rio de Janeiro: Imago [original: 1986].

_____ (1983). "La notion de 'mentalités' chez M. Bloch et L. Febvre: deux conceptions, deux filiations". *Revue de Synthèse*, n. 111/112, jul.-dez. Paris: CIS/CNRS.

BURKE, P. (1992). "A história dos acontecimentos e o renascimento da narrativa". *A escrita da História*: novas perspectivas. São Paulo: Unesp, p. 327-348.

CASSIRER, E. (2004). "O conceito místico de tempo" e "A configuração do tempo na consciência mítica e religiosa". *A filosofia das formas simbólicas* – Parte II: O pensamento mítico. São Paulo: Martins Fontes, p. 186-244.

CHADWICK, H. (2009). *Augustine of Hippo*: a Life. Oxford: Oxford University Press.

CHARTIER, R. (1994). "A história hoje: dúvidas, desafios, propostas". *Estudos Históricos*, vol. 7, p. 97-113. Rio de Janeiro.

COSTA, A.C.L. (2008). "Explicação histórica e compreensão narrativa: na trilha de Paul Ricoeur". *Revista do Mestrado de História*, vol. 10, n. 11, p. 11-34.

_____ (2007). *Uma biografia micro-histórica* – Interpretação hermenêutica da obra *O queijo e os vermes*, *de Carlo Ginzburg*. Recife: UFPE.

COULBORN, R. (1959). *The Origin of Civilized Societies*. Princeton: Princeton University Press.

DIEHL, A. (2002). "Aspectos da desilusão da ideia de progresso na História e suas implicações". *Cultura Histórica* – Memória, identidade e representação. Bauru: Edusc, p. 21-44.

DOMINGUES, I. (1996). *O fio e a trama* – Reflexões sobre o tempo em História. Belo Horizonte: UFMG/Iluminuras.

DOSSE, F. (2001). "Paul Ricoeur revoluciona a História". *A História à prova do tempo* – Da história das migalhas ao resgate do sentido. São Paulo: Unesp, 71-100 [original: 1996].

_____ (2001). *A História à prova do tempo* – Da história das migalhas ao resgate do sentido. São Paulo: Unesp [original: textos entre 1995 e 1997].

_____ (1987). *L'histoire en miettes* – Des Annales à La Nouvelle Historie. Paris: La Découverte [*A História em migalhas*. São Paulo: Ensaio, 1994].

ELIADE, M. (1969) *Le mithe de l'éternel retour*. Paris: Gallimard.

FONTANA, J. (2004). *A história dos homens*. Bauru: Edusc [original: 2000].

FOUCAULT, M. (1999). *As palavras e as coisas*. São Paulo: Martins Fontes [original: 1966].

_____ (1995). *Arqueologia do saber*. Rio de Janeiro: Forense Universitária [original: 1969].

HARTOG, F. (2003). *Os antigos, o passado e o presente*. Brasília: UnB.

_____ (1998). "A arte da narrativa". In: BOUTIER, J. & JULIA, D. (orgs.). *Passados recompostos*: campos e canteiros da História. Rio de Janeiro: FGV, p. 193-202.

HOBSBAWM, E. (2006). *A era dos extremos* – Breve século XX. São Paulo: Companhia das Letras [original: 1994].

HUNTINGTON, S. (1997). *O choque das civilizações*. Rio de Janeiro: Objetiva.

LÉVI-STRAUSS, C. (1991). *O cru e o cozido*. São Paulo: Brasiliense [Mitológicas I] [original: 1964].

_____ (1985). "A estrutura dos mitos". *Antropologia estrutural*. Rio de Janeiro: Tempo Brasileiro, p. 237-265.

LIMA, L.C. (1989). "De que são feitos os tijolos da História". *O controle do imaginário* – Razão e imaginação nos tempos modernos. Rio de Janeiro: Forense Universitária.

LOWY, M. (2005). "Uma leitura das 'teses sobre o conceito de história', de Walter Benjamin". *Walter Benjamin: aviso de incêndio* – Uma leitura das teses "sobre o conceito de história". São Paulo: Boitempo, p. 33-159.

MARQUES, J.B. (2008). "O conceito de temporalidade e sua aplicação na historiografia antiga". *Revista de História* – USP, n. 58, 1° sem., p. 44-66.

MELKO, M. (1969). *The Nature of Civilizations*. Boston: Porter Sargent.

MEYERHOFF, H. (1976). *O tempo na literatura*. São Paulo: McGraw-Hill.

MILO, D.S. (1991). *Trahir le temps*: histoire. Paris: Les Belles Lettres.

NISBET, R. (1985). *História da ideia de progresso*. Brasília: UnB.

OZOUF, M. (1989). *L'homme régénéré* – Essais sur la Révolution Française. Paris: Gallimard.

PATTARO, G. (1975). "A concepção cristã do tempo". In: RICOEUR, P. (org.). *As culturas e o tempo*: estudos reunidos pela Unesco. Petrópolis: Vozes, p. 197-228.

PELLAUER, D. (2009). *Compreender Ricoeur*. Petrópolis: Vozes [original: 2007].

POMIAN, K. (1984). *L'ordre du temps*. Paris: Gallimard [*El orden del tiempo*. Madri: Júcar, 1990].

POUILLON, J. (1974). *O tempo no romance*. São Paulo: Cultrix.

PROST, A. (2008). *Doze lições sobre a História*. Belo Horizonte: Autêntica.

QUIGLEY, C. (1961). *The Evolution of Civilizations* – An Introduction to Historical Analysis. Nova York: Macmillan.

REIS, J.C. (2006). "Tempo, História e compreensão narrativa em Paul Ricoeur". *Locus*, vol. 12, n. 1, jan.-jul.

_____ (1998). "Os *Annales*: a renovação teórico-metodológica e 'utópica' da História pela reconstrução do tempo histórico". In: SAVIANI, D.; LOMBARDI, J.C. & SANFELICE, J.L. (orgs.). *História e História da Educação*: o debate teórico-metodológico atual. Campinas: Autores Associados.

_____ (1994a). *Nouvelle histoire e tempo histórico*. São Paulo: Ática.

_____ (1994b). *Tempo, História e evasão*. Campinas: Papirus.

ROSA, H. (2010). *Accélération* – Une critique sociale du temps. Paris: La Découverte.

SAHLINS, M. (2008). *Metáforas históricas e realidades míticas*. Rio de Janeiro: Zahar [original: 1981].

_____ (2006). *História e cultura* – Apologias a Tucídides. Rio de Janeiro: Zahar [original: 2004].

SOUZA, M.G. (2001). "Condorcet: História e revolução. *Ilustração e História*. São Paulo: Discurso, p. 151-196.

VERNANT, J.-P. (1973). "Aspectos míticos da memória e do tempo". *Mito e pensamento entre os gregos*. São Paulo: Difusão Europeia/Edusp, p. 71-112.

WALLERSTEIN, I. (1991). "The invention of time-space realities: Towards an understanding of our Historical Systems". *Unthinking Social Science*. Cambridge: Polity Press.

ÍNDICE ONOMÁSTICO

Adorno, T. 158, 159n.

Agostinho (Santo) 31, 40-42, 64-66, 136, 173s., 182n., 190

Arendt, H. 9, 134s., 137, 150-161

Ariès, P. 112, 113n., 115s., 119n., 132s.

Aristóteles 40, 136, 173s., 191n., 201

Aróstegui, J. 37, 218

Bachelard, G. 100n.

Bakhtin, M. 114n.

Beard, C. 86

Becker, C. 86

Benjamin, W. 9, 142n., 158, 160s., 196n., 213, 217, 219, 221-225, 227-235, 244s.

Bloch, M. 15, 21, 99, 122s., 126, 212, 218, 252, 254

Bodei, R. 63n., 65, 68, 70, 71n., 73s.

Bois, P. 103, 104n.

Bradbury, R. 204n.

Braudel, F. 34-37, 81, 94, 97n., 98-100, 102, 107-111, 117n., 120-122, 126n., 127, 133, 169-171, 179n., 180n., 253s.

Burguière, A. 97n., 123n., 126n., 130s.

Burke, P. 255, 256n.

Carlyle, T. 85

Cassirer, E. 64n., 253n., 258, 259n., 261s.

Certeau, M. 253n., 258, 259n., 261s.

Chartier, R. 170n.

Comte, A. 77s., 207, 208n.

Condorcet 74-76, 74n., 76n.

Cook (capitão) 62s.

Croce, B. 86, 127, 188n.

D'Alembert 77

Davies, N. 255

Dewey 86

Dosse, F. 168, 242

Droysen. J.-G. 182n., 212n., 238

Eliade, M. 63

Elias, N. 137, 138n., 257

Engels, F. 86

Febvre, L. 122, 123n., 127-129, 132

Fontana, J. 9, 85, 220, 236s., 239-241

Foucault, M. 98, 157n., 158n., 168, 219

Ginzburg, C. 114n., 191n.

Guha, R. 9, 238-241

Hartog, F. 177

Hegel, F. 68-70, 71n., 72n., 84, 86s., 188n., 205, 208n.

Heidegger, M. 32, 131, 136, 172, 191

Herder, J.G. 76, 80s.

Heródoto 14

Hesíodo 56n., 57s., 60

Hill, C. 237

Hobsbawm, E. 26, 104, 153, 159s., 170n., 171n.

Horkheimer, M. 227n.

Hume, D. 16s., 76

Huntington, S. 93

Kafka, F. 135, 137, 151, 152n., 153, 155

Kant, I. 68, 81n., 149n., 205, 208n.

Kierkegaard, S. 155n., 157n., 158

Koselleck, R. 9, 34, 38, 42, 64, 67, 71, 72n., 81n., 83, 93, 130, 134-151, 153-156, 157n., 160s., 163s., 171, 210

Krakauer, S. 36

Lafitteau 73

Lamartine 147n.

Le Goff, J. 119n., 248

Le Roy Ladurie, E. 106n., 124, 125n.

Macaulay, B. 85

Mandrou, R. 117s., 119n.

Maquiavel, N. 120, 149n.

Marx, K. 86, 137n., 155n., 157n., 188n., 207, 232, 235n.

Montesquieu 16s., 25, 77

Nietzsche, F. 9, 128s., 155n., 157n., 158, 188n., 208n., 209, 213, 218-221, 222n., 225n., 232, 235, 242

Nisbet, R. 67

Pinel, P. 213-217
Platão 40, 191n.
Plotino 41
Políbio 63n.
Pomian, K. 35, 106, 138n.
Price, R. 255n.

Ranke, L. 84, 188n., 229n., 238
Ricoeur, P. 9, 42s., 93, 130, 136, 138n., 167s., 170n., 171-178, 179n., 180-183, 187s., 190-197, 198n., 200-203
Rousseau, J.-J. 16, 77, 208

Sahlins, M. 54s., 62, 256n.
Spengler, O. 90, 92s., 223n.
Stone, L. 170n., 171n.

Thompson, E.P. 138, 237
Tocqueville, A. 164n., 188n.
Toynbee, A. 89-93
Turgot 76n., 142

Vernant, J.-P. 48
Veyne, P. 168, 257
Voltaire 16
Vovelle, M. 97, 98n., 103, 104n. 111-113, 115

Weber, M. 257
White. H. 188n., 256n., 262

ÍNDICE REMISSIVO

Annales 94-101, 104, 108, 113n., 118, 121-123, 126n., 127-131, 133, 169, 171s., 199, 202, 253s.

Arquitetura de durações 35-37, 101, 109, 116

Calendário 20s., 23, 26, 34, 41s., 175, 249

Compreensão 8, 28, 33, 39, 90, 121, 126s., 138, 140, 143, 151, 175, 177, 181n., 182, 183n., 190, 193-196, 199, 203, 234, 260

Cosmogonia hindu 49

Cristianismo 8, 27, 65, 118

Data 17, 24-27, 65, 153

Datação (sistemas de) 22s., 27, 41

Definição de História 8, 13, 126

Devir 32s., 38s., 110, 158, 162, 185, 229

Dialética das durações 36, 100, 109, 111, 116n., 121, 133

Duração 8, 21, 31, 34, 39, 60, 97n., 113n., 116n., 121, 178, 248s., 253, 257

Durações múltiplas 35, 97

Economia 20, 37, 88, 100n., 108s., 115, 137n., 169

Estrutura 8, 36, 38, 47, 51, 66, 83, 88, 97, 99, 101-104, 106-109, 111, 113-115, 117n., 118-123, 125, 132, 146n., 153, 169, 175, 188n., 191, 197-199, 202, 238, 240, 247, 261s.

Evento 8, 21, 31, 36, 38s., 41, 63s., 66s., 72, 79, 97, 100s., 103, 105, 106n., 120-123, 145, 155n., 169, 177-179, 183, 185, 187-199, 201, 205s., 209n., 246s., 249

Expectativa 76n., 119n., 139-143, 146-149, 173, 187

Experiência 15, 34s., 40-43, 67, 70, 71n., 102, 121, 139-142, 144-146, 148s., 157n., 171-173, 175, 180s., 183, 185, 194n., 198, 203, 220, 251, 255s.

Futuro 8s., 32-34, 40, 64-66, 69, 72, 76, 78-80, 83, 85, 87-89, 127, 135s., 138-142, 145-148, 149n., 150-155, 159n., 160s., 163s., 173, 184s., 190, 205, 210, 212, 218, 220, 223-225, 234, 235n., 241-245, 247, 249

Futuro-presente 141, 146s., 163

Genealogia 42, 48

Historiadores antigos 14

História imóvel 124, 139, 178

Longa duração 9, 35, 37, 94, 96-99, 100n., 101n., 102, 104, 107s., 109n., 110s., 114-116, 117n., 123s., 133, 169, 178s., 202

Materialismo histórico 8, 86-89, 142n., 188n., 207, 229n., 232n., 233, 236

Mentalidades 36s., 94, 112s., 115, 118, 119n., 120, 122n., 123n., 156n., 169

Mímesis 181, 183n., 190-193, 196-204

Mito 8, 47-50, 52, 53n., 54-58, 60, 61n., 62s., 120

Mitologia grega 57

Mitologia jainista 59

Música 110s., 157s., 162, 260

Narrativa 7, 9s., 14n., 21, 23, 28s., 38, 47-49, 51s., 54, 56-58, 60s., 63s., 76, 151, 167-183, 185, 187-197, 199-204, 214-217, 239, 247, 250s., 253n., 255s.

Passado 7, 9, 15, 18, 32-34, 40, 48n., 64, 66, 70, 76, 78s., 82-86, 97n., 104s., 117, 124-156, 157n., 159n., 160s., 163s., 167, 173, 184s., 206, 210s., 213, 216s., 221s., 224-230, 231sn., 235n., 236s., 243s., 247, 250, 252, 253n., 258

Periodização 130, 258

Polifonia de durações 110, 122

Positivismo 69, 78s., 207

Presente 7, 9, 19, 21, 32-34, 40, 64n., 66, 70, 71n., 72s., 75, 78, 82-84, 86, 112, 125-132, 134-141, 143-150, 152, 154s., 156n., 163s., 173, 176, 185, 206, 210-213, 220-222, 224, 226-228, 230, 235n., 236, 242-244, 252, 253n., 258

Processo 8, 10, 19, 23, 25, 27, 30s., 35s., 38s., 63n., 70s., 89, 103, 106, 109s., 123, 125n., 135, 138, 167, 178, 191-193, 196, 205, 209s., 215, 217, 220, 226, 232, 234n., 243, 247, 250, 252, 254, 262n.

Retrodição 9, 205, 209-213, 216-221, 224, 235s., 238, 240, 242-244

Rito 47, 60, 62

Tempo cronológico 26, 34, 43, 189s., 201, 256

Tempo externo 40s., 43

Tempo interno 34, 40, 43, 173

Tempo mítico 47, 61n.

Tempo narrativo 9, 23, 28s., 189, 201, 250, 253, 263

Tempo presente 19, 40, 127, 213, 230, 236, 242-244

Temporalidade 8-10, 19, 31-33, 36, 38-40, 42, 44, 65s., 78, 83, 96n., 121, 123, 126s., 129-132, 134, 136-139, 143, 148, 151-154, 156, 163s., 175, 185, 218, 222, 247-249, 252, 256, 263

Tempo social 22

Tradição inventada 104n., 105n.

ÍNDICE GERAL

Sumário, 5

Apresentação, 7

Primeira parte – Tempo histórico: horizontes e conceitos, 11

1 Introdução ao tempo histórico, 13

O tempo na definição de História, 13

Tempo humano e social, 20

Tempo elástico, tempo mensurável, 22

Tempo ordenado, tempo territorializado, 27

Tempo narrativo, 28

2 O tempo, conceitualmente, 30

O sistema conceitual relacionado ao tempo, 30

Temporalidade, 32

Duração, 34

Evento, processo, estrutura, 38

Tempo externo e tempo interno, 40

Segunda parte – Tempos para entender a História, 45

3 Os tempos da História: do tempo mítico aos tempos da historiografia, 47

O tempo do mito, 47

O tempo cristão: faça-se a linha, e a linha se fez, 63

O projeto histórico do Iluminismo e do idealismo hegeliano, 67

O tempo histórico historicista e os dois tempos do materialismo histórico, 79

Retomadas do tempo cíclico no século XX: Toynbee, 89

Atualizações contemporâneas da representação do tempo, 93

4 Contribuições dos *Annales* para uma nova visão do tempo histórico, 95

Os *Annales* e seus novos modos de ver o tempo, 95

O olhar longo e os novos modos de perceber o tempo, 97

Lições extraídas das demais ciências sociais, 99

Eventos que fundam estruturas, 103

O evento secundarizado pela estrutura, 105

A passagem entre estruturas, 106

Modelos para a dialética das durações, 109

História estrutural e permanências, 116

Modos de articulação entre evento e estrutura, 122

História imóvel, 124

Presente e passado: uma alteridade interativa, 125

O passado é uma terra estrangeira?, 132

Considerações finais, 133

5 Relações entre presente, futuro e passado: Koselleck, Hannah Arendt e Kafka, 135

As reflexões sobre as temporalidades no século XX, 136

Koselleck e as três temporalidades, 138

Um sistema conceitual para a compreensão do tempo, 140

Tensões entre expectativas e experiências, 148

A cesura entre presente e passado em Hannah Arendt, 150

A música como modelo para o tempo, 158

Considerações finais, 163

Terceira parte – Tempos para escrever a História, 165

6 Tempo e narrativa: as propostas de Paul Ricoeur, 167

A História se escreve com tempos e letras, 167

Tempo e narrativa: o contexto de uma obra, 168

Por uma dialética entre o vivido e a lógica narrativa, 172

Narrar, 175

Um terceiro tempo, 180

Concordância dos discordantes, 186

A escolha dos eventos e das relações entre eventos, 188

O círculo hermenêutico e as três mímesis, 190

Uma nova hermenêutica, 195

Síntese do círculo hermenêutico: considerações finais, 198

7 Retrodição: um problema para a construção do tempo histórico, 205

As filosofias da História e a perspectiva teleológica, 205

O que é a retrodição na historiografia, 210

Um exemplo de retrodição, 213

O problema da retrodição segundo Nietzsche, 218

O problema da retrodição segundo Walter Benjamin, 221

História: campo de lutas inscrito no tempo, 231

Retrodição, à esquerda e à direita, 235

Retrodição e tempo presente, 242

8 Novos modos de narrar o tempo histórico, 246

As imagens do tempo, 247

Tempo dos acontecimentos, tempo da pesquisa e tempo da narrativa, 250

Modos experimentais de narrar o tempo, 254

O tempo e o recorte da pesquisa, 256

Limitações do discurso verbal, 259

Referências, 265
    Fontes, 265
    Bibliografia, 277
Índice onomástico, 285
Índice remissivo, 289

Leia Também

BRASIL, CIDADES
Alternativas para a crise urbana
Ermínia Maricato

É possível comprometer a gestão urbana com a prioridade aos territorialmente excluídos? Como implementar a participação social no planejamento da cidade? Este livro lança luzes sobres estas e outras questões, relacionando o pensamento crítico a novas práticas urbanísticas circunscritas na esfera do planejamento, gestão e controle urbanístico.

A CIDADE DO PENSAMENTO ÚNICO
Desmanchando consensos
Otília Arantes, Carlos Vainer, Ermínia Maricato

Com o título, os autores sugerem que o regime da economia real e simbólica da cidade é parte constitutiva deste novo senso comum, ao qual certamente não se pode chamar pensamento, e já não é mais ideologia, na acepção clássica do termo, que remonta à Era Liberal-Burguesa do velho capitalismo.

O CAMPO DA HISTÓRIA
Especialidades e abordagens
José D'Assunção Barros

Traz um panorama dos campos historiográficos em que se organiza a História hoje, esclarece em linguagem objetiva modalidades como Micro-História, História Cultural, História Política, História Econômica, História Demográfica, História das Mentalidades, História Quantitativa e outras.

O PROJETO DE PESQUISA EM HISTÓRIA
Da escolha do tema ao quadro teórico
José D'Assunção Barros

Instrumento essencial para que o historiador tenha em sua mente os caminhos que serão percorridos. Orienta não só na elaboração de um projeto de pesquisa, mas também o desenvolvimento da pesquisa em História. Assim, se pode compreender como se faz História hoje, através de um raciocínio lógico pautado em diversos documentos.

CULTURAL

Administração
Antropologia
Biografias
Comunicação
Dinâmicas e Jogos
Ecologia e Meio Ambiente
Educação e Pedagogia
Filosofia
História
Letras e Literatura
Obras de referência
Política
Psicologia
Saúde e Nutrição
Serviço Social e Trabalho
Sociologia

CATEQUÉTICO PASTORAL

Catequese
Geral
Crisma
Primeira Eucaristia

Pastoral
Geral
Sacramental
Familiar
Social
Ensino Religioso Escolar

TEOLÓGICO ESPIRITUAL

Biografias
Devocionários
Espiritualidade e Mística
Espiritualidade Mariana
Franciscanismo
Autoconhecimento
Liturgia
Obras de referência
Sagrada Escritura e Livros Apócrifos

Teologia
Bíblica
Histórica
Prática
Sistemática

REVISTAS

Concilium
Estudos Bíblicos
Grande Sinal
REB (Revista Eclesiástica Brasileira)
SEDOC (Serviço de Documentação)

VOZES NOBILIS

Uma linha editorial especial, com importantes autores, alto valor agregado e qualidade superior.

VOZES DE BOLSO

Obras clássicas de Ciências Humanas em formato de bolso.

PRODUTOS SAZONAIS

Folhinha do Sagrado Coração de Jesus
Calendário de Mesa do Sagrado Coração de Jesus
Agenda do Sagrado Coração de Jesus
Almanaque Santo Antônio
Agendinha
Diário Vozes
Meditações para o dia a dia
Guia Litúrgico

CADASTRE-SE
www.vozes.com.br

EDITORA VOZES LTDA.
Rua Frei Luís, 100 – Centro – Cep 25689-900 – Petrópolis, RJ
Tel.: (24) 2233-9000 – Fax: (24) 2231-4676 – E-mail: vendas@vozes.com.br

UNIDADES NO BRASIL: Belo Horizonte, MG – Brasília, DF – Campinas, SP – Cuiabá, MT
Curitiba, PR – Florianópolis, SC – Fortaleza, CE – Goiânia, GO – Juiz de Fora, MG
Manaus, AM – Petrópolis, RJ – Porto Alegre, RS – Recife, PE – Rio de Janeiro, RJ
Salvador, BA – São Paulo, SP
UNIDADE NO EXTERIOR: Lisboa – Portugal